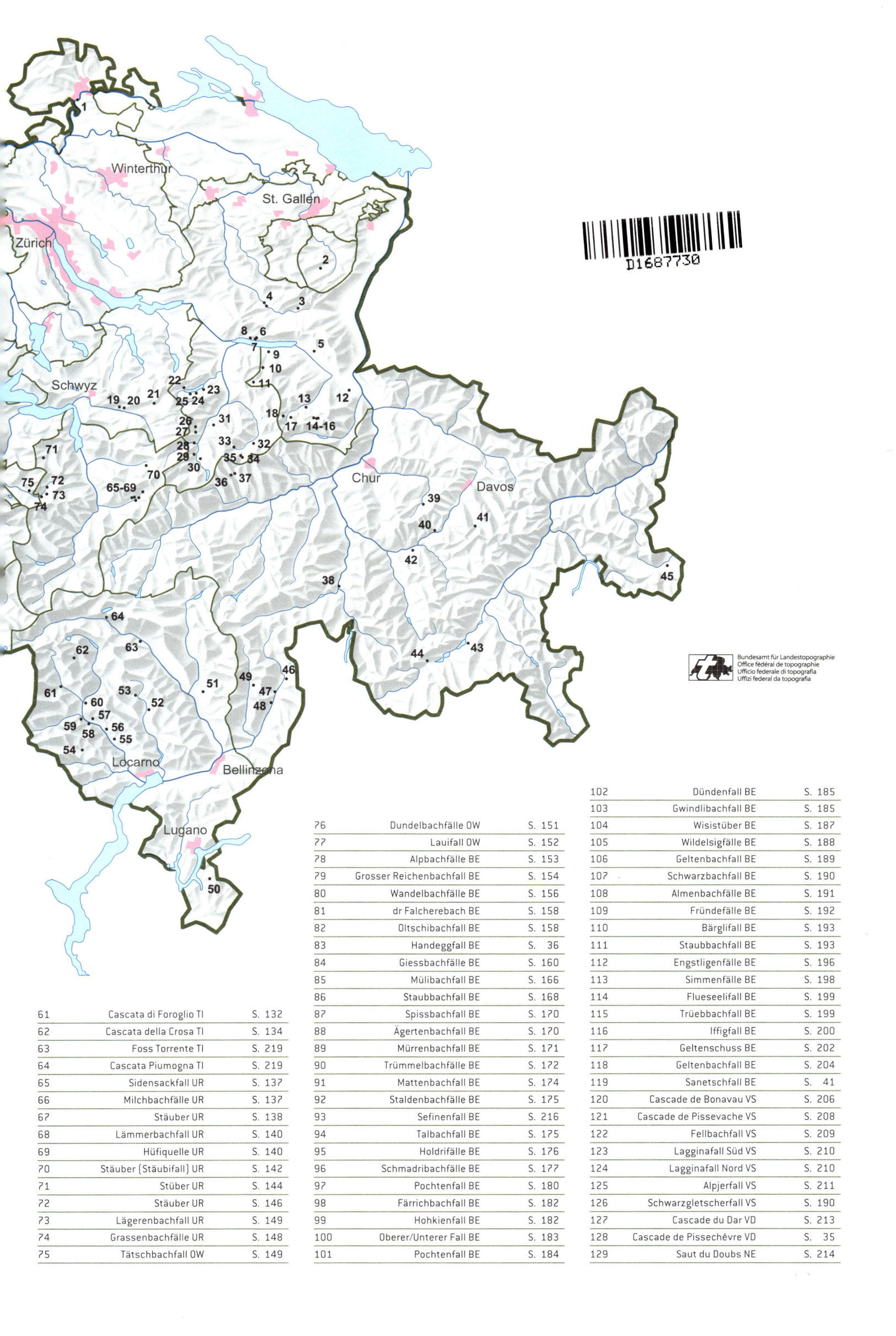

61	Cascata di Foroglio TI	S. 132
62	Cascata della Crosa TI	S. 134
63	Foss Torrente TI	S. 219
64	Cascata Piumogna TI	S. 219
65	Sidensackfall UR	S. 137
66	Milchbachfälle UR	S. 137
67	Stäuber UR	S. 138
68	Lämmerbachfall UR	S. 140
69	Hüfiquelle UR	S. 140
70	Stäuber (Stäubifall) UR	S. 142
71	Stüber UR	S. 144
72	Stäuber UR	S. 146
73	Lägerenbachfall UR	S. 149
74	Grassenbachfälle UR	S. 148
75	Tätschbachfall OW	S. 149

76	Dundelbachfälle OW	S. 151
77	Lauifall OW	S. 152
78	Alpbachfälle BE	S. 153
79	Grosser Reichenbachfall BE	S. 154
80	Wandelbachfälle BE	S. 156
81	dr Falcherebach BE	S. 158
82	Oltschibachfall BE	S. 158
83	Handeggfall BE	S. 36
84	Giessbachfälle BE	S. 160
85	Mülibachfall BE	S. 166
86	Staubbachfall BE	S. 168
87	Spissbachfall BE	S. 170
88	Ägertenbachfall BE	S. 170
89	Mürrenbachfall BE	S. 171
90	Trümmelbachfälle BE	S. 172
91	Mattenbachfall BE	S. 174
92	Staldenbachfälle BE	S. 175
93	Sefinenfall BE	S. 216
94	Talbachfall BE	S. 175
95	Holdrifälle BE	S. 176
96	Schmadribachfälle BE	S. 177
97	Pochtenfall BE	S. 180
98	Färrichbachfall BE	S. 182
99	Hohkienfall BE	S. 182
100	Oberer/Unterer Fall BE	S. 183
101	Pochtenfall BE	S. 184

102	Dündenfall BE	S. 185
103	Gwindlibachfall BE	S. 185
104	Wisistüber BE	S. 187
105	Wildelsigfälle BE	S. 188
106	Geltenbachfall BE	S. 189
107	Schwarzbachfall BE	S. 190
108	Almenbachfälle BE	S. 191
109	Fründefälle BE	S. 192
110	Bärglifall BE	S. 193
111	Staubbachfall BE	S. 193
112	Engstligenfälle BE	S. 196
113	Simmenfälle BE	S. 198
114	Flueseelifall BE	S. 199
115	Trüebbachfall BE	S. 199
116	Iffigfall BE	S. 200
117	Geltenschuss BE	S. 202
118	Geltenbachfall BE	S. 204
119	Sanetschfall BE	S. 41
120	Cascade de Bonavau VS	S. 206
121	Cascade de Pissevache VS	S. 208
122	Fellbachfall VS	S. 209
123	Lagginafall Süd VS	S. 210
124	Lagginafall Nord VS	S. 210
125	Alpjerfall VS	S. 211
126	Schwarzgletscherfall VS	S. 190
127	Cascade du Dar VD	S. 213
128	Cascade de Pissechèvre VD	S. 35
129	Saut du Doubs NE	S. 214

**Die Wasserfälle
der Schweiz**

Die Wasserfälle der Schweiz

Christian Schwick
Florian Spichtig

Mit 53 Wanderungen zu
spektakulären Naturschauplätzen

AT Verlag

Inhaltsverzeichnis

Vorwort		7
Einleitung		9
Allgemeiner Teil	Genese	10
	Morphologie	16
	Typisierung	19
	Physik	24
	Verteilung	27
	Ökologie	32
	Namenforschung	34
	Landschaftsmalerei	36
	Wasserkraftnutzung	38
	Tourismus	42
	Sport	48
	Gefährdung	52

© 2007
AT Verlag, Aarau, Schweiz
Text: Die Geographen schwick + spichtig, Zürich
Gestaltung: Hop Phan, Luzern
Fotos und Karten: Die Geographen schwick + spichtig, Zürich
Lithos: Vogt-Schild, Derendingen
Druck und Bindearbeiten: Westermann Druck, Zwickau
Printed in Germany

ISBN 978-3-03800-321-2

www.at-verlag.ch

Inhaltsverzeichnis

Die Wasserfälle	Einführung		60
	Schaffhausen/Zürich	Rheinfall	62
	Appenzell	Leuenfall	66
	St. Gallen	Toggenburg	68
		Walensee	72
		Rheintal	81
		Weisstannental	82
	Glarus	Klöntal	89
		Linthal	93
	Glarus/Graubünden	Panixerpass	98
	Graubünden	Viamala	106
		Arosa/Wiesen	107
		Alvaneu Bad	112
		Engadin	114
		Val Müstair	116
		Misox	117
		Val Calanca	118
	Tessin	Lago di Lugano	119
		Biasca	120
		Valle Verzasca	124
		Valle di Vergeletto	125
		Valle Maggia	126
	Uri	Maderanertal	136
		Schächental	142
		Grosstal	144
	Obwalden/Uri	Surenenpass	146
	Obwalden	Lungern	151
	Bern	Haslital	153
		Brienzersee	160
		Lauterbrunnental	167
		Suldtal	180
		Kiental	182
		Kandertal	187
		Adelboden	196
		Lenk	198
		Lauenen	202
	Wallis	Val d'Illiez	206
		Rhonetal	208
		Saastal	209
		Simplon	210
	Waadt	Col du Pillon	213
	Neuenburg	Les Brenets	214
Wasserfallliste			216
Glossar			220

Gwindlibachfall im Kiental BE

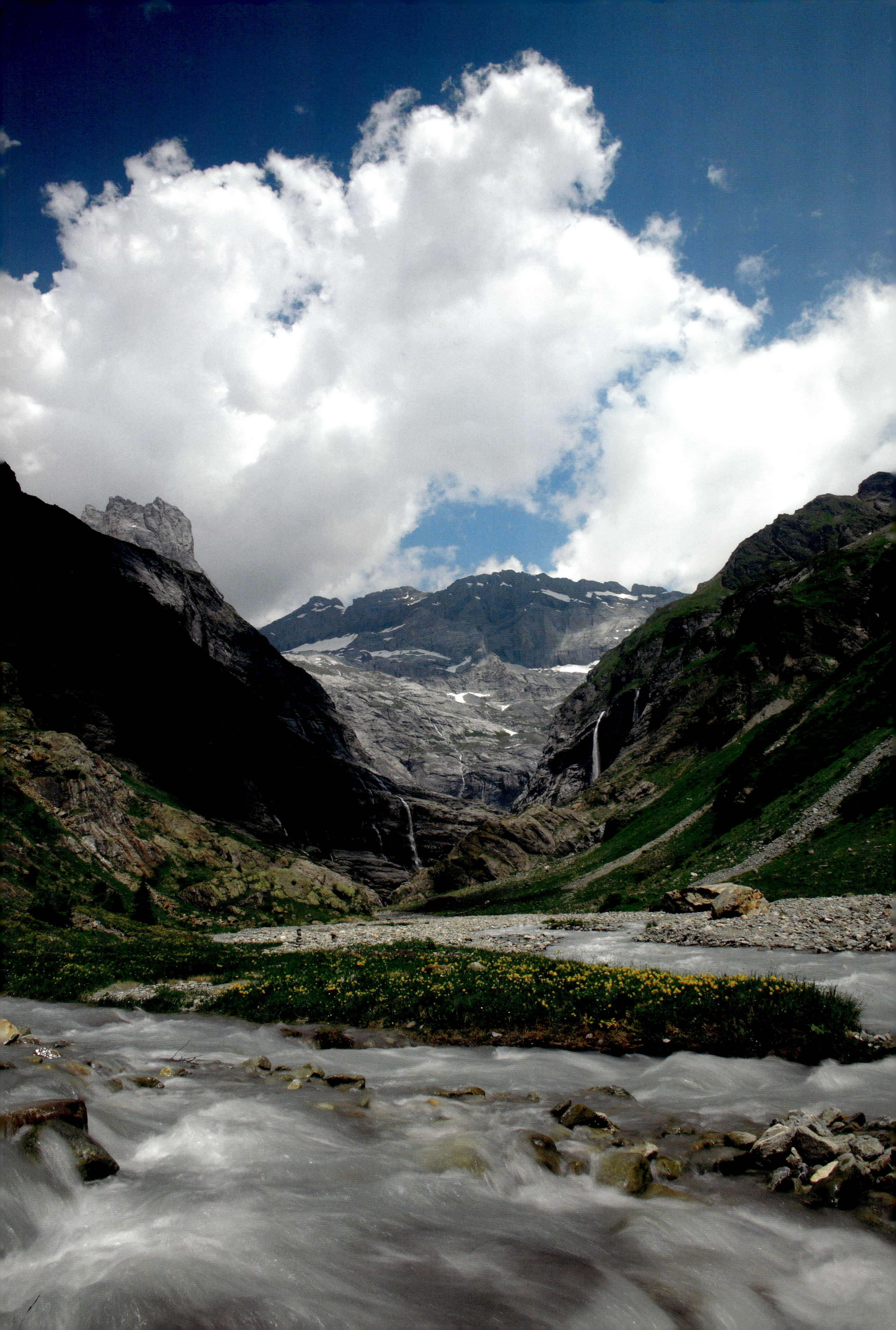

Vorwort

Die Wasserfalljagd

Nach sieben Jahren Recherchen in Bibliotheken, in Fachzeitschriften, im Internet, unzähligen Gesprächen mit Experten, zehntausenden Höhenmetern, hunderten von Wanderungen und besuchten Wasserfällen liegt nun dieses Buch über die Wasserfälle der Schweiz vor.
Den Grundstein zu dieser Arbeit legten wir bei einem Besuch des Gasterntals im Berner Oberland, wo uns die Wasserfälle so faszinierten, dass wir uns entschlossen, diese Naturschauspiele als Thema unserer Diplomarbeit am Geographischen Institut der Universität Bern zu wählen.

«Don't go chasing waterfalls!» warnte das Frauentrio TLC zwar schon 1994. Dennoch begannen wir im Jahr 2000 mit der Jagd auf die Wasserfälle. Umso erstaunter waren wir, als wir feststellen mussten, dass zum Thema Wasserfälle im Allgemeinen und zu den Schweizer Wasserfällen im Speziellen wissenschaftliche Informationen fast gänzlich fehlten. Im Verlauf unserer Arbeiten erkannten wir, dass neben der fehlenden wissenschaftlichen Basis auch das touristische Potential, das in unseren Wasserfällen steckt, in den letzten Jahrzehnten vernachlässigt oder gar nie erkannt wurde. Im Gegensatz zu vielen anderen Ländern sind Wasserfälle in der Schweiz offenbar so selbstverständlich, dass bislang niemand auf die Idee kam, sie zu erfassen, ein Inventar zu erstellen und alles Wissenswerte zusammenzutragen.

Nach den fachlichen Informationen im ersten Teil des Buches sollen die vorgestellten Wasserfälle im zweiten Teil mit Wandertipps zu Ausflügen in wasserfallreiche Regionen der Schweiz motivieren. Um den Anforderungen eines sanften Tourismus zu genügen, stellen wir bewusst die Möglichkeiten zur Anfahrt mit den öffentlichen Verkehrsmitteln vor. Die Wandervorschläge decken die verschiedensten Regionen der Schweiz ab und geben Gelegenheit, diese Gebiete zu Fuss – das Maggiatal mit dem Fahrrad – kennen zu lernen.

Viele Personen und Institutionen haben mit ihren Anregungen, Ideen oder finanziellen Beiträgen zur Entstehung dieses Buches beigetragen. Ihnen allen gebührt unser besonderer Dank.
Namentlich erwähnen möchten wir die zwei Personen, die für dieses Buch entscheidende Impulse gegeben haben. Einerseits Professor Urs Wiesmann, Direktor des Center for Development and Environment der Universität Bern, der unsere Diplomarbeit über die Wasserfälle unterstützte und begleitete. Die Gelegenheit, das entstandene Wissen weiter auszubauen und in eine Form zu bringen, die eine Publikation in der vorliegenden Form ermöglichte, gab uns Klaus C. Ewald, emeritierter Professor für Natur- und Landschaftsschutz an der Eidgenössischen Technischen Hochschule in Zürich.

Nun wünschen wir viel Vergnügen bei der Lektüre unseres Buches und viele schöne Stunden auf Wanderungen zu versteckten und bislang vielleicht unbekannten Orten in der Schweiz.

Christian Schwick
Florian Spichtig

Vor dem Hüfifirn, Silenen UR

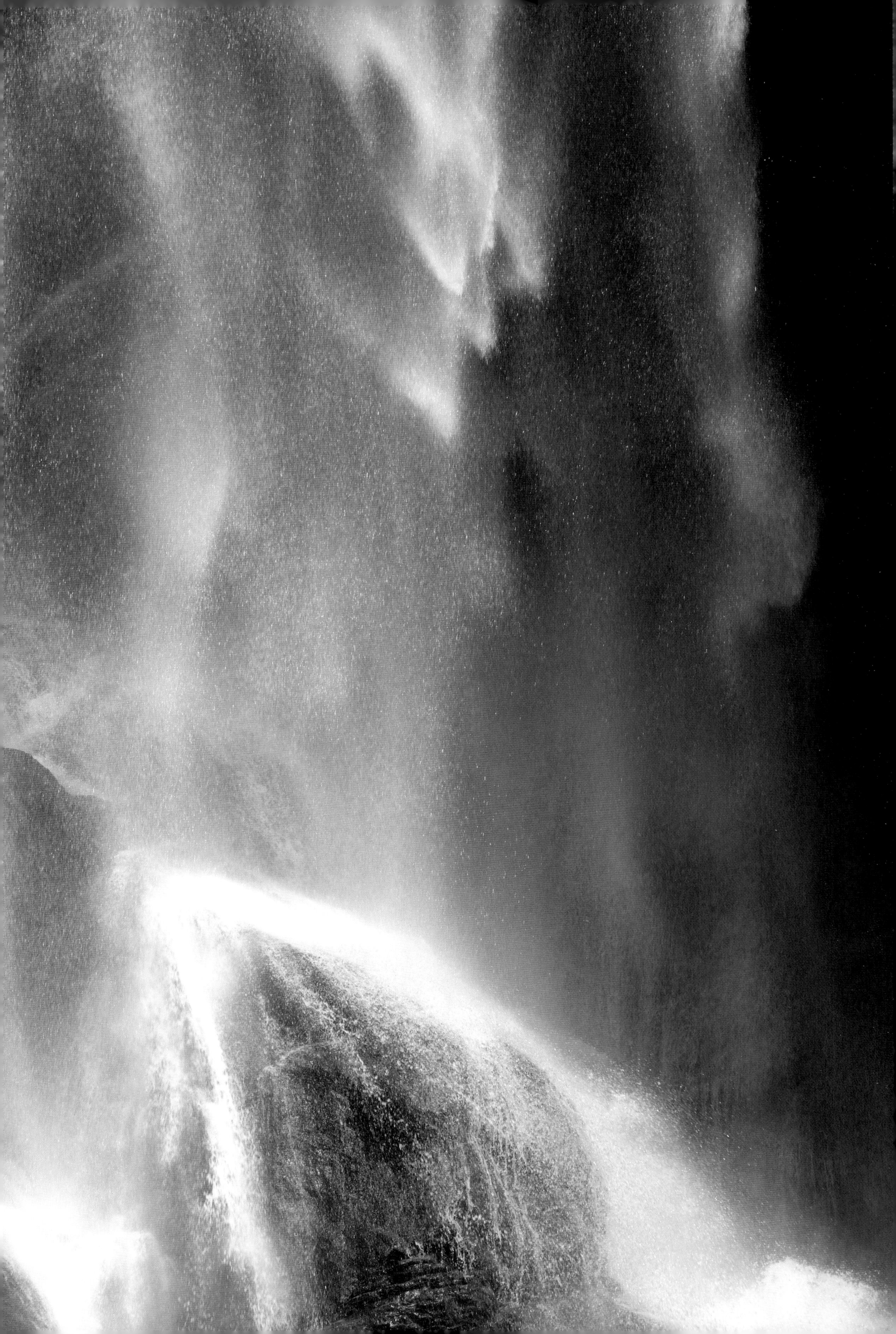

Einleitung

Was ist ein Wasserfall?

Ein Wasserfall ist gemäss Lexikon «ein senkrechter Absturz eines Fliessgewässers über eine Stufe». Nun, davon gibt es in der Schweiz eine unvernünftig grosse Menge, und wir wären wohl noch heute irgendwo im Alpenraum am Vermessen, wollten wir alle Wasserfälle erfassen, die dieser Definition entsprechen.
Wir mussten also die immense Anzahl an Wasserfällen, die es in der Schweiz gibt, auf eine sinnvolle Menge reduzieren. Dazu haben wir die folgenden Kriterien angewandt: Höhe, Wassermenge, Sichtbarkeit und Bekanntheit.
Jedem dieser vier Kriterien konnten ein bis drei Punkte zugeteilt werden. Wasserfälle, die sieben oder mehr Punkte erhielten, wurden von uns anhand diverser Kriterien wie Lage, Höhe, Abflussmenge, Morphologie, Geologie, Flora und Fauna, touristische Nutzung und Wasserentnahme, in einer Datenbank erfasst und fotografiert. Aus dieser Datenbank haben wir danach die 129 Wasserfälle ausgewählt, die hier vorgestellt werden. Nicht berücksichtigt sind kleinere Wasserfälle mit einer Fallhöhe unter fünf Metern oder solche, die nur temporär Wasser führen. Das Buch «Die Wasserfälle der Schweiz» darf also nicht als komplette Sammlung aller Wasserfälle der Schweiz verstanden werden. Die Auswahl der hier versammelten Wasserfälle soll die Vielfalt der Schweizer Wasserfälle zeigen. So werden nebst bekannten auch unbekannte oder versteckte Fälle, Kaskadenstrecken und Fallquellen, unterirdische und verschwundene Wasserfälle vorgestellt.

Im ersten Teil wird in verständlicher Art und Weise alles Wissenswerte über das Naturphänomen Wasserfall beschrieben. Wir haben dabei, unserem beruflichen Hintergrund entsprechend, einen geografisch geprägten Ansatz gewählt. Neben Informationen zur Entstehung und zu Eigenheiten von Wasserfällen gehen wir auch auf wirtschaftliche, kulturelle und ökologische Aspekte ein. Zudem erklären wir die Gefährdungen, die Wasserfällen von Seiten des Menschen und der Natur drohen.

Im zweiten, umfangreicheren Teil werden alle Wasserfälle, geordnet nach Kantonen, mit Bildern und einer Tabelle mit den wichtigsten Kriterien vorgestellt. Grossen, bekannten und speziellen Fällen sind zusätzliche Texte beigefügt. In diesem zweiten Teil finden sich immer wieder Wanderungen zu Wasserfällen, aber auch in unbekannte Alpentäler und Bergwelten, die auf ihre Entdeckung warten.

Zur Übersicht befindet sich im Buchumschlag eine Karte der Schweiz mit der Lage der Wasserfälle und dem Verweis auf die Buchseite.

Unentbehrliche, wasserfallspezifische Fachbegriffe werden im Glossar am Ende des Buches erläutert.

Um Besuchern die Wasserfälle näherzubringen, werden in Zusammenarbeit mit Gemeinden, Kantonen und Tourismusorganisationen vor Ort Informationsstelen in unmittelbarer Nähe der Wasserfälle eingerichtet. Auf diesen Stelen finden sich Informationen zum Wasserfall wie Name, Höhe, Einzugsgebietsgrösse, Wasserfalltyp und Tektonik. Bei mehreren Wasserfällen in der ganzen Schweiz sind solche Stelen bereits zu finden, und in verschiedenen Regionen werden in den nächsten Jahren weitere erstellt.

Zusätzliche Informationen zu diesen und weiteren Wasserfällen finden Sie auf der Internetseite www.waterfall.ch. Diese Seite wird laufend ausgebaut und bietet die Gelegenheit, zu allen Wasserfällen der Schweiz in vier Sprachen Informationen einzuholen. Für Meldungen zu Wasserfällen, die in unserer Sammlung noch fehlen, sind wir sehr dankbar.

Die Geographen schwick + spichtig wurden unterstützt durch das *Kompetenznetzwerk Wasser im Berggebiet* und ausgezeichnet mit dem Swiss Mountain Water Award 2006.

Genese

Damit Wasserfälle entstehen können, müssen folgende drei Bedingungen erfüllt sein:

Der Niederschlag
Im Einzugsgebiet muss genügend Niederschlag fallen, um die Entstehung von Fliessgewässern zu ermöglichen. Dies trifft auf die ganze Schweiz zu und wird entlang der Alpennord- und südseite noch zusätzlich begünstigt.

Die Reliefenergie
Im Fliessgewässer muss eine ausreichende Höhendifferenz vorhanden sein, um eine Fallstrecke zu ermöglichen. Solche Höhendifferenzen finden sich in der Schweiz primär in den Alpen, teilweise im Jura, aber kaum im Mittelland.

Die Geologie
Die Entstehung von Wasserfällen ist immer an die Existenz eines Fallmachers, also einer Felswand, gebunden. Um die Entstehung eines Fallmachers zu begünstigen, muss ein geeigneter Untergrund vorhanden sein.

Generell lassen sich die Wasserfälle bezüglich ihrer Genese in zwei Gruppen unterscheiden: destruktive und konstruktive Wasserfälle.

Die destruktiven Wasserfälle

Wie der Name erahnen lässt, sind destruktive Wasserfälle einer fortwährenden Abtragung des Untergrundes unterworfen. Dabei lassen sich wiederum zwei grosse Gruppen bilden.
Die erste Gruppe ist diejenige der konsequenten Wasserfälle. Sie sind an einen Gefällsbruch im Wasserlauf gebunden, der durch geologische, glaziologische, oder hydrologische Prozesse entstanden ist. So etwa durch die Überschiebung von Gesteinsschichten, durch plötzliche Talblockierung oder Laufänderung, beispielsweise durch einen Bergsturz, durch die Einmündung des Gewässers von einem Hängetal in ein Trogtal, durch eine Verkarstung des Untergrundes oder beim Austritt einer Quelle in einer Steilwand.
Die zweite Gruppe der destruktiven Wasserfälle bilden die subsequenten Wasserfälle. Bei ihnen ist der Gefällsbruch durch die Tiefenerosion des Gewässers entstanden. Dabei wird eine härtere Gesteinsschicht als Fallmacher freigelegt, die der Tiefenerosion einen grösseren Widerstand leistet. Die Schichten unterhalb sind wiederum weicher und lassen eine fortschreitende Tiefenerosion zu. Dabei entsteht der Wasserfall. Durch die anschliessende rückschreitende Erosion frisst sich das Gewässer langsam bachaufwärts in den Untergrund, der Wasserfall verliert allmählich an Höhe, bis der Gefällsbruch vollständig ausgeräumt ist. Diese rückschreitende Erosion kann Geschwindigkeiten bis zu mehreren Metern im Jahr erreichen, ist im Normalfall aber viel geringer.

Die konstruktiven Wasserfälle

Eine ganz andere Entwicklung zeigt sich bei den konstruktiven Wasserfällen. Diese werden mit der Zeit nicht kleiner, und sie wandern auch nicht flussaufwärts. Das Gegenteil ist der Fall. In diesen Gewässern ist das Wasser mit Calciumcarbonat gesättigt. Erfolgt nun eine Änderung der Temperatur des Wassers, z.B. durch den Austritt aus einer Quelle oder Veränderungen der Fliessgeschwindigkeit, kann es zur Ausfällung des Calciumcarbonats kommen. Kalksinter oder Kalktuff entsteht. Da solche Änderungen der Verhältnisse bevorzugt an Steilstufen im Gewässer auftreten, kommt es dort bevorzugt zur Ausfällung. Die bestehende Stufe wird sukzessive erhöht und wandert flussabwärts. Meistens finden sich Verhältnisse, die die Bildung von konstruktiven Wasserfällen ermöglichen, in grossen Kalkgebieten oder gebunden an heisse Quellen.
Bekannte Beispiele für konstruktive Wasserfälle finden sich im Nationalpark Krka in Kroatien oder bei den Sinterterrassen von Pamukkale in der Türkei.
In der Schweiz finden sich keine grösseren konstruktiven Wasserfälle. Die kleinen, die sich finden lassen, sind in der Entstehung an Quellen gebunden, die sich an Hanglagen in Kalkgebieten befinden. Die Ausfällung geschieht meistens an Blättern, Moosen und Gräsern, die sich am Bachlauf angesiedelt haben und mit der Zeit regelrecht versteinert werden.

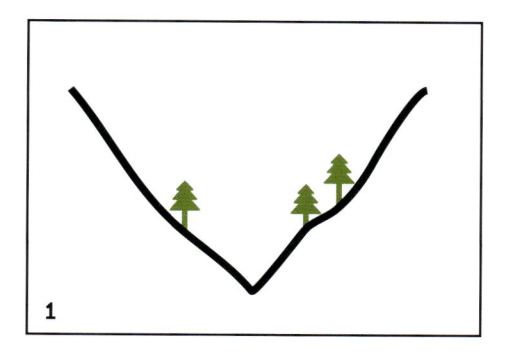

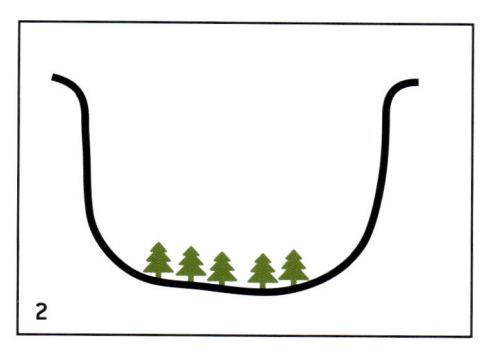

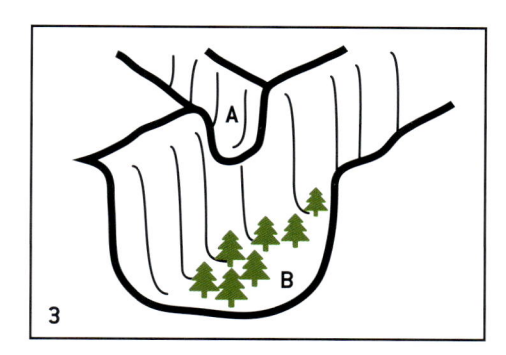

Genese

Die Erosionskraft der eiszeitlichen Talgletscher formte die bestehenden Flusstäler (**1**) in Trogtäler (**2**) mit senkrechten Talhängen um. Seitentäler mit kleineren Gletschern konnten mit der Tiefenerosion im Haupttal nicht mithalten (**3**). Diese Hängetäler (**A**) befinden sich heute weit über den Haupttälern (**B**), sodass Bäche eine Steilstufe überwinden müssen.

Beispiel 1:
Die Wildelsigfälle BE

Die Wildelsigfälle im Gasterntal sind typische Vertreter eines Hängetal-Wasserfalls. Das Gasterntal wurde in der letzten Eiszeit vom Kanderfirn tiefgründig erodiert. Der Balmhorngletscher, aus dem heute der Bach entspringt, der die Wildelsigfälle speist, konnte mit dieser Vertiefung nicht Schritt halten – zwischen dem Wildelsigtal und dem Gasterntal entstand eine Steilstufe. Diese Steilstufe überwinden die Wildelsigbäche in Form von Wasserfällen. Die ständige rückschreitende Erosion führte dazu, dass sich einer der Wasserfälle heute fast unsichtbar in einer senkrechten Klamm befindet.

Genese

Beispiel 2:
Der Rheinfall SH/ZH

Die Geologie im Raum Neuhausen und Laufen einerseits sowie die glaziologischen und hydrologischen Prozesse während der Eiszeiten andererseits prägten die Entstehung des Rheinfalls.

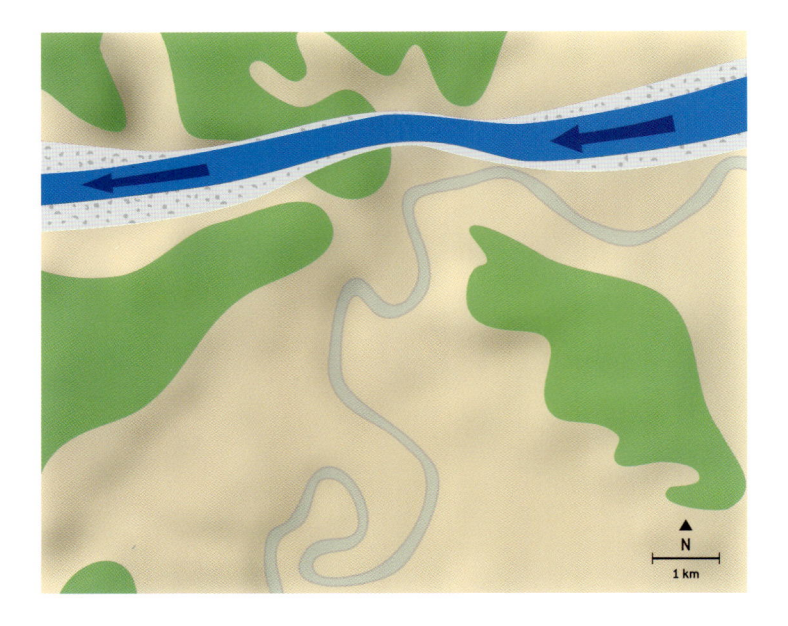

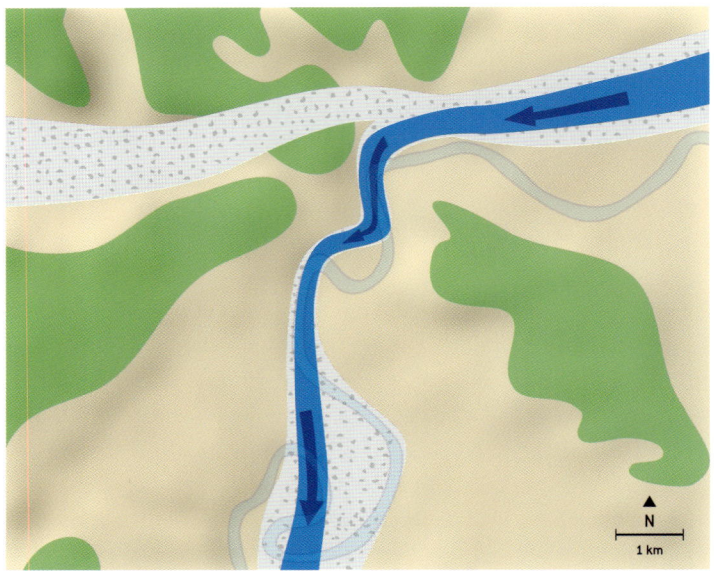

Vor 200 000 Jahren

Vor ca. 500 000 Jahren stiessen als Folge einer globalen Abkühlung die Alpengletscher bis ins Mittelland vor, also auch bis ins Gebiet des heutigen Rheinfalls, und begannen die Landschaft massgeblich zu formen. Der Rhein schuf nördlich der grossen Gletscher von Schaffhausen in westlicher Richtung durch den Klettgau ein frühes Rheintal, in dem er bis zu Beginn der Risseiszeit (vor ca. 200 000 Jahren) floss. Anschliessend wurde dieses Tal wieder mit Schotter und Moränenmaterial aufgefüllt.

Vor 120 000 Jahren

Während der Risseiszeit vor ca. 120 000 Jahren wurde der Rhein bei Schaffhausen durch einen anderen Eisrand nach Süden abgelenkt und bildete die risszeitliche Rheinrinne. Das Flussbett des Rheins unterhalb des heutigen Rheinfalls ist mit dem westlichen Teil dieser Rinne identisch.

Genese

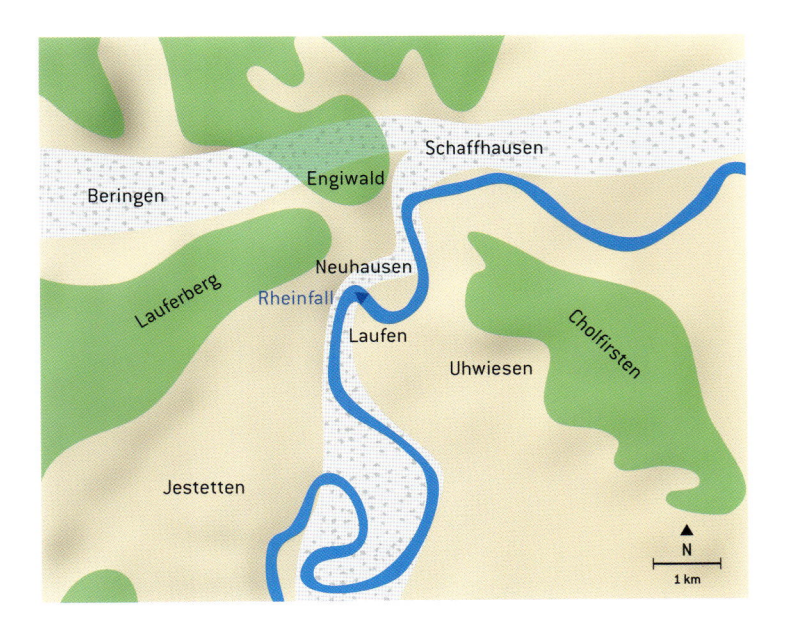

Seit 15 000 Jahren

Die Aufschüttung der Rheinrinne während der letzten Eiszeit, der Würmeiszeit, hatte zur Folge, dass der Rhein in weitem Bogen gegen Süden abgedrängt wurde. Am Ende dieser letzten Eiszeit floss der Rhein danach bei Schaffhausen in einem neuen Flussbett. Mit der Zeit näherte sich dieser neue Rheinlauf seinem alten, tiefer gelegenen, mit Schotter verfüllten Lauf. In dem Moment, als sich diese beiden Flussläufe berührten, konnte das Wasser des Rheins den alten Lauf von seiner Schotterfüllung befreien und floss danach wieder in der risszeitlichen Rinne weiter. Die Geländestufe, die zwischen den beiden Flussläufen lag – der heutige Rheinfall –, besteht aus wesentlich härterem Malmkalk und konnte somit nicht beseitigt werden.

Heute

Es ist anzunehmen, dass der Rhein vor 15 000 Jahren den Schotter in der Rinne relativ schnell erodiert hat und über die gesamte Breite von 150 m beinahe senkrecht in den Kolk prallte. Durch die allmähliche rückschreitende Erosion im Malmkalk schuf der Rhein die heutige Form des Wasserfalls. In Zukunft wird der Rheinfall durch diese rückschreitende Erosion sehr langsam zu einem Katarakt übergehen.

Genese

Beispiel 3:
Der Geltenbachfall BE

Der Geltenbachfall im Gasterntal ist eine Fallquelle. Da der Höhlenausgang 60 m über dem Talgrund liegt, geht das austretende Wasser unmittelbar in den Wasserfall über, der nur im Sommer bei Schnee- und Eisschmelze oder bei langanhaltenden Niederschlägen aktiv wird. Ein ausgedehntes Höhlensystem unter dem Altels hat sein Ende in der Steilwand unterhalb des Tatelishorns. Das eigentliche Höhlensystem befindet sich in wasserlöslichen und porösen Sand- und Kalksteinschichten; darunter befindet sich eine wasserundurchlässige, erosionsresistente Mergelschicht, die das Wasser entlang diesem Quellhorizont aus der Felswand entlässt.

Genese

Beispiel 4:
Die Giessenfälle SG

Die drei Giessenfälle in der Thur zwischen Nesslau und Stein im Toggenburg gehören zu den subsequenten Wasserfällen. Der Gefällsbruch, der zum Wasserfall führt, ist durch die unterschiedliche Härte der verschiedenen Nagelfluhschichten bedingt.

Morphologie

Der Wasserfall als Landschaftsgestalter

Bei der genauen Betrachtung von Wasserfällen findet man viele wasserfalltypische Oberflächenformen, die in ihrer Kopfzone, ihrer Fallzone und ihrer Prallzone zu beobachten sind. Welcher Formtyp jeweils auftritt, ist von verschiedenen Faktoren abhängig (Wassermenge, Fallhöhe, Gestein, Fallwinkel, chemische Zusammensetzung des Wassers, Geschiebemengen, Neigung der Prallzone u.a.). Einige dieser Formen sind so nur bei Wasserfällen zu beobachten.

Die Kopfzone

Die Kopfzone ist der oberste Bereich des Wasserfalls oberhalb der Fallzone, wo das Gewässer vom Fliessen ins Fallen übergeht. Die morphologischen Eigenheiten dieser Zone sind stark von der geologischen Situation abhängig. Unterschieden werden grundsätzlich allmähliche und übergangslose Fallkanten.

Eine morphologische Eigenheit, die sich speziell bei Wasserfällen beobachten lässt, ist die Felsbrücke. Wenn sich unter der Fallkante eine Kluftzone oder eine sonstige Störung im Gestein befindet, kann sich das Wasser durch diese Kluft hindurcherodieren. Der alte Fallmacher wird vom Wasserfall abgetrennt und unterliegt keiner Erosion mehr. Mit der Zeit wird der neue Fallmacher weiter erodiert. Die entstehende Lücke zwischen altem und neuem Fallmacher kann so teilweise auf mehrere Meter anwachsen und eine Felsbrücke entstehen lassen.

Seitenansicht der Kopfzone

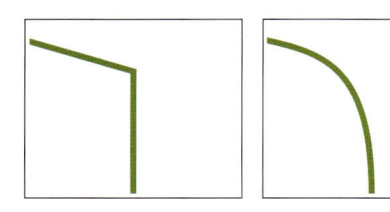

übergangslos   allmählich

Der Fründenfall bei Kandersteg BE:
Ein alter Fallmacher bildet eine Brücke über einem Wasserfall.

Morphologie

Die Fallzone

Im Bereich des Wasserfalls zwischen der Kopf- und der Prallzone, wo das Wasser entweder frei oder kaskadenartig fällt, finden sich folgende Grundformen: einfach, mehrfach, verzweigt und deckend fallend.

Als morphologische Sonderform kann das Schiessgerinne bezeichnet werden. Durch die ständige fluviatile Erosion des Wassers wird die raue Felsoberfläche des Fallmachers allmählich glattpoliert und zu einem Schiessgerinne geformt. Dabei kann sich der Wasserstrahl so weit in den Untergrund hineinfressen, dass eine richtige «Wasserrutschbahn» entsteht. Der Wasserfall per Definition existiert nicht mehr.

Frontansicht der Fallzone

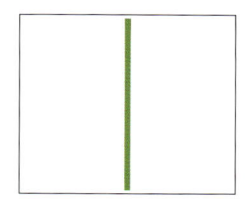

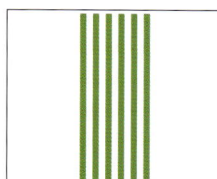

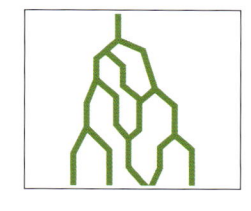

einfach   mehrfach

verzweigt   deckend

Seitenansicht der Fallzone

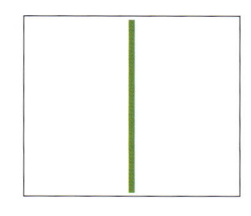

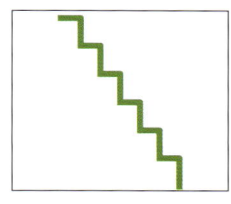

freifallend   kaskadenartig

schiessend

Die Burgfälle bei Gsteig BE:
Übergang zwischen einem freifallenden Wasserfall und einem Schiessgerinne mit entsprechender Glattschleifung des Gerinnes.

Morphologie

Die Prallzone

Im untersten Bereich des Wasserfalls unterhalb der Fallzone, wo das Wasser aufprallt und sich wieder zu einem Gewässer sammelt, erzeugt der Wasserfall seine grösste Kraft. Die augenfälligsten Formen sind an diesem Ort anzutreffen.
Folgende vier Grundformen können beobachtet werden: Kolk, Keilanbruch, Schuttkegel und Fels.

Diese vier Formen sind keineswegs immer klar voneinander abgrenzbar und können Mischformen bilden. Kurz- oder langfristig kann die eine Form in eine andere übergehen. So kann ein starkes Gewitter in einem Wildbach einen Murgang auslösen. Das Geschiebe des Murgangs kann danach den Kolk eines Falles verschütten und einen Kegel hinterlassen. Durch die nachfolgende Erosion entwickelt sich schliesslich wieder ein Kolk oder ein Keilanbruch. Warum bei einer bestimmten Prallzone genau diese Form auftritt, kann nicht generell beantwortet werden. Jedoch ist in Gewässern mit relativ konstantem und grossem Abfluss und geringem Gefälle, beispielsweise dem Rhein oder dem Doubs, der Kolk die vorherrschende Prallzonenform.
Ein Sonderfall ist der Staubbachfall im Lauterbrunnental. Da dieses Tal Nord-Süd-gerichtet ist, gibt es zwei vorherrschende Windrichtungen. Je nach Windrichtung prallt das Wasser in einer anderen Prallzone auf. So haben sich direkt nebeneinander zwei Keilanbrüche entwickelt.

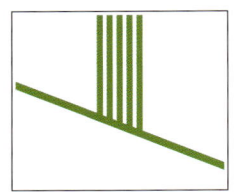

Ebene 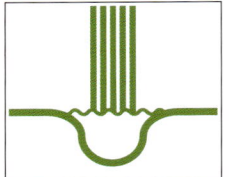 Kolk

Schuttkegel 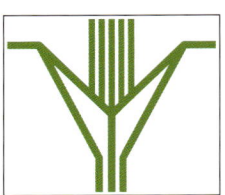 Keilanbruch

Wasserfall Isch bei Iseltwald BE: kleiner Kolk mit Schutt

Typisierung

Kaskaden und Einzelfälle

Die Kaskade besteht aus mehreren aufeinanderfolgenden Wasserfällen in einem Gewässer. Innerhalb eines Gewässers können aber auch einzelne Wasserfälle hintereinander vorkommen, die nicht als Kaskade betrachtet werden.
Ob es sich um Einzelfälle oder eine Kaskade handelt, kann auf einfache Art ermittelt werden. Ist die Horizontaldistanz zwischen der Kopfzone des ersten und der Prallzone des untersten Falles kleiner als die Gesamthöhe von der Kopfzone des ersten bis zur Prallzone des untersten Falles, so werden die Fälle als Stufen innerhalb einer Kaskade betrachtet. Ist die Horizontaldistanz grösser als die Gesamthöhe, so spricht man von Einzelfällen.

Einzelfälle = Horizontaldistanz > Gesamthöhe

Beispiel Einzelfälle: Die Giessbachfälle

Die Horizontaldistanz von der obersten Kopfzone bis zur untersten Prallzone beträgt 620 m, die Gesamthöhe von der obersten Kopfzone zur untersten Prallzone 290 m. Horizontaldistanz (620 m) > Gesamthöhe (290 m). Die zwölf Giessbachfälle am Brienzersee sind als Einzelfälle zu betrachten.

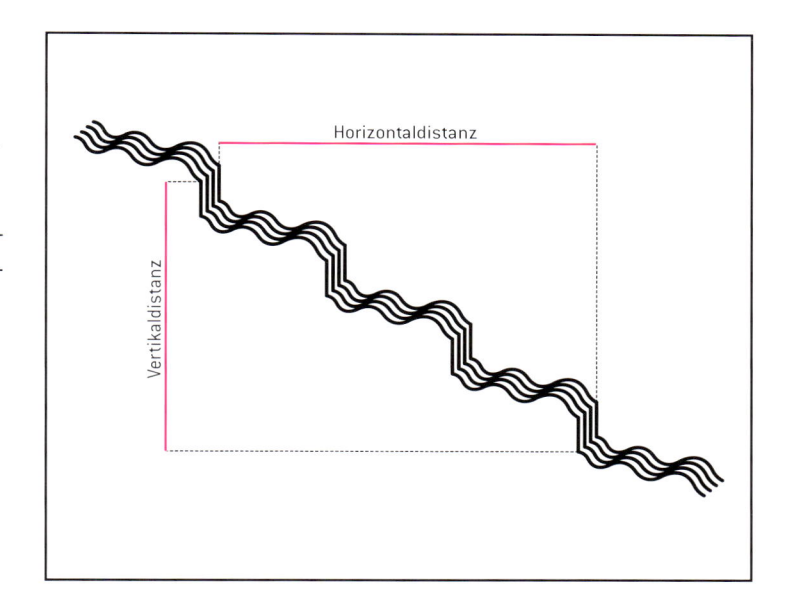

Kaskade = Horizontaldistanz < Gesamthöhe

Beispiel Kaskade: Die Seerenbachfälle

Die Horizontaldistanz von der obersten Kopfzone bis zur untersten Prallzone beträgt 330 m, die Gesamthöhe von der obersten Kopfzone zur untersten Prallzone 590 m. Horizontaldistanz (330 m) < Gesamthöhe (590 m). Die drei Seerenbachfälle am Walensee bilden eine Kaskade.

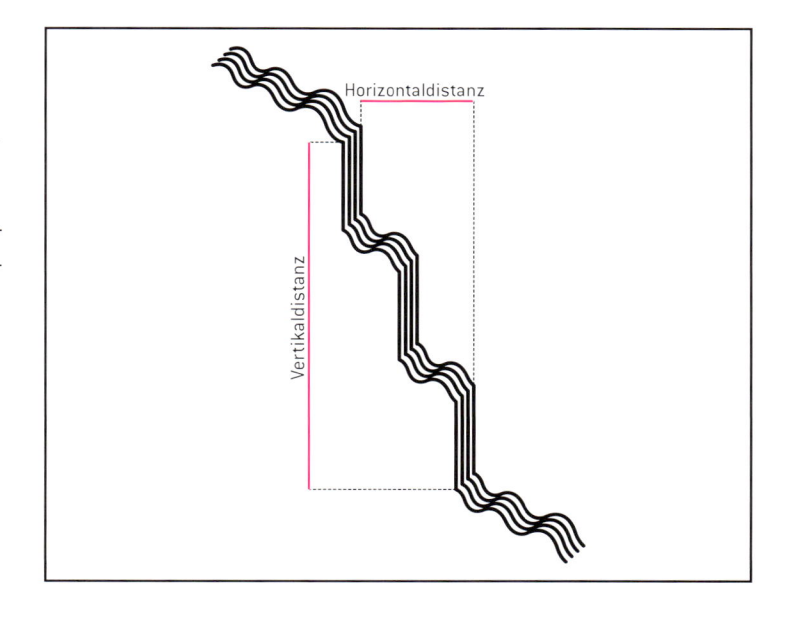

Typisierung

Die morphologische Typisierung

Ein Wasserfall ist ein senkrechter Absturz eines Fliessgewässers über eine Stufe. Jeder kann sich bei dieser Definition das Bild eines Wasserfalls machen. Vor Ort findet man hingegen eine Vielzahl unterschiedlicher Wasserfallformen, die oft nur wenig mit dem typischen Wasserfall gemein haben. Um eine Ordnung in diese unterschiedlich geformten Wasserfälle zu bringen, braucht es eine Typisierung. Die hier vorgestellte morphologische Typisierung kann sowohl für Einzelfälle wie auch für Kaskadenstufen verwendet werden.

Fallend oder schiessend
Wasser kann über eine Felswand fallen oder schiessen. Schiessgerinne zählen grundsätzlich nicht zu den Wasserfällen, da per Definition das Wasser fallen muss.

Freifallend oder kaskadenartig
Die Wasserfälle lassen sich nun – aus seitlicher Perspektive – in zwei Haupttypen unterteilen: den von der Kopfzone bis zur Prallzone freifallenden Wasserfall und den kaskadenartigen Wasserfall, der aus mehreren direkt aufeinanderfolgenden Stufen, mit unmittelbarem Übergang vom Aufprall zum nächsten Fall, besteht und keine Fliessstrecke zwischen den einzelnen Stufen aufweist.

Einfach, mehrfach, deckend oder verzweigt
Aus der frontalen Perspektive lassen sich die freifallenden und die kaskadenartigen Wasserfälle in folgende Typen unterteilen:
Die freifallenden Wasserfälle können einfach, mehrfach oder deckend fallen; die kaskadenartigen Wasserfälle können einfach, mehrfach, verzweigt oder deckend fallen.
Bei letzterer Unterteilung muss auf eine spezifische Problematik hingewiesen werden: Die genannten Formen sind teilweise von der Abflussmenge abhängig. So kann ein Wasserfall bei wenig Wasser aus drei nebeneinanderliegenden Fällen bestehen, bei viel Wasser jedoch zu einem einfachen oder deckenden Fall werden. Die morphologische Typisierung bezieht sich auf eine durchschnittliche Wasserführung. Da die meisten Wasserfälle jedoch nur eine Form annehmen können, ist diese Problematik nur in einzelnen Fällen von Bedeutung.

Einzelfall-Typen	Abk.	Beispiel
einfach freifallend	eF	Leuenfall (Appenzell Innerrhoden)
mehrfach freifallend	mF	Cascata di Val Mött (Tessin)
deckend freifallend	dF	Berschner Fall (St. Gallen)
einfach kaskadenartig	eK	Cascade de Pissechèvre (Wallis)
mehrfach kaskadenartig	mK	Milchbachfälle (Uri)
verzweigt kaskadenartig	vK	Oberer Engstligenfall (Bern)
deckend kaskadenartig	dK	Rheinfall (Schaffhausen/Zürich)

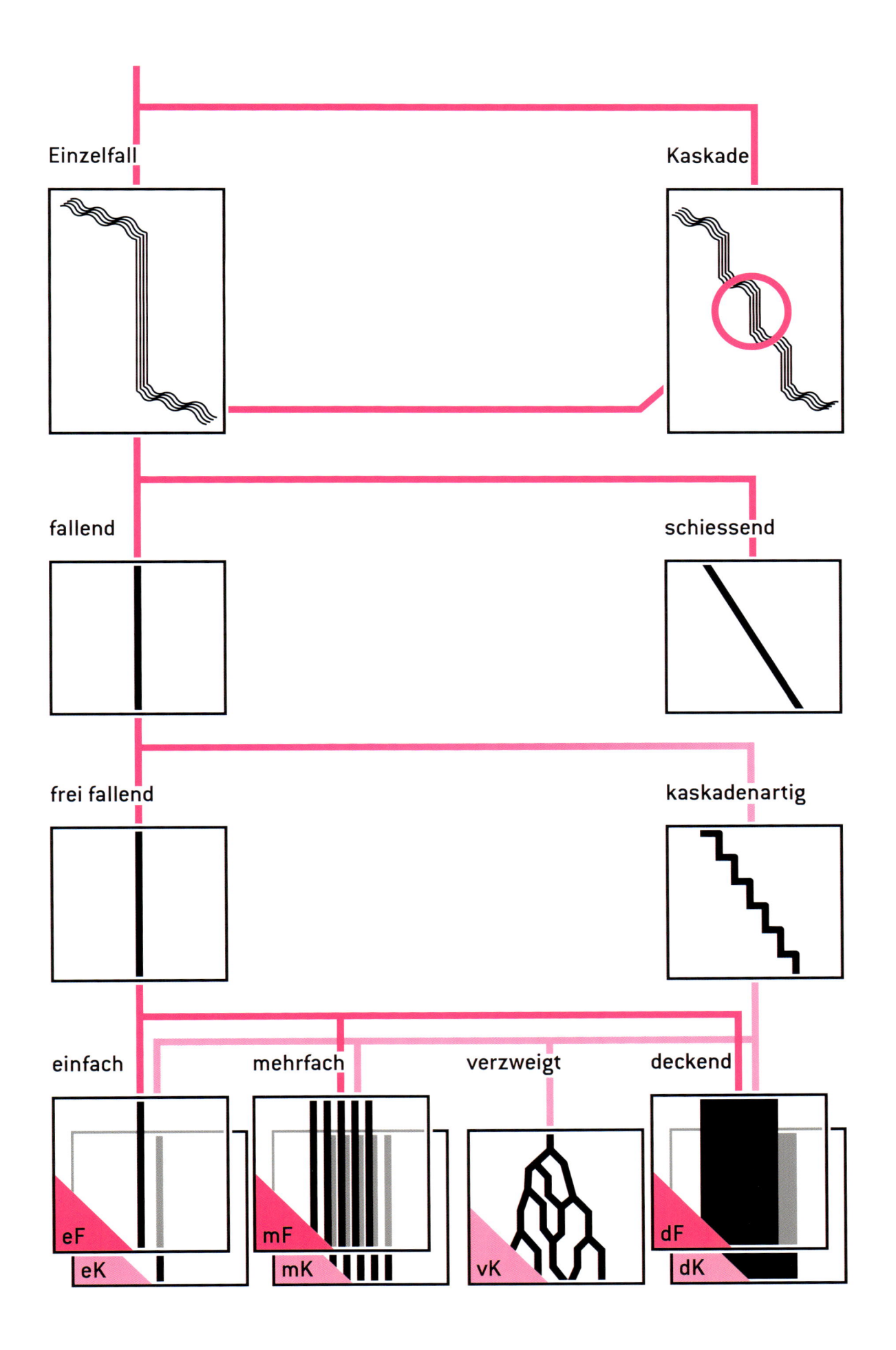

Typisierung

- Einzelfall
- Kaskade
- fallend
- schiessend
- frei fallend
- kaskadenartig
- einfach — eF / eK
- mehrfach — mF / mK
- verzweigt — vK
- deckend — dF / dK

Typisierung

Typisierung

oben von links:

einfach freifallend: der Leuenfall AI

mehrfach freifallend: die Cascata di Val Mött TI

deckend freifallend: der Berschnerfall SG

unten von links:

einfach kaskadenartig: die Cascade de Pissechèvre VD

mehrfach kaskadenartig: die Milchbachfälle UR

verzweigt kaskadenartig: die Engstligenfälle BE

deckend kaskadenartig: der Rheinfall ZH/SH

Physik

Phänomene des Fallenden

Die immense Energie, die in einem Wasserfall steckt, ist für jeden Besucher überaus deutlich wahrnehmbar. Im senkrechten, freien Fall des Wassers werden erhebliche Energiemengen umgewandelt. Im Alpenraum verkörpern Wasserfälle dasjenige Naturphänomen, das am regelmässigsten grosse Energiemengen auf kleinstem Raum umsetzt.

Die Zerstäubung

Ein erster Aspekt, der bei verschiedenen Wasserfällen sofort auffällt, ist die Zerstäubung des Wassers. Ist ein Wasserfall hoch genug, erreicht das fallende Wasser den Grund nicht als kompakter Wasserstrahl, sondern in Form kleinster Wassertropfen. Die Energie, die benötigt wird, um diese Zerstäubung, eine Überwindung der Oberflächenspannung des Wassers, zu bewerkstelligen, gewinnt das fallende Wasser aus der zunehmenden Geschwindigkeit im freien Fall und der damit verbundenen Reibung an der Luft. Ab welcher Fallhöhe diese Zerstäubung auftritt, ist einerseits von der Fallhöhe abhängig, andererseits von der Wassermenge. So kann der gleiche Fall nach einem starken Niederschlag kompakt und mit grosser Lärmentwicklung in der Prallzone ankommen, bei kleinerer Abflussmenge aber fast lautlos zu Boden schweben. Wasserfälle mit einer Fallhöhe unter 20 m zerstäuben nie. Bei Fallhöhen zwischen 20 m und 100 m hängt die Zerstäubung von der Wassermenge ab. Ab 100 m Fallhöhe zerstäuben alle Wasserfälle.

Die Fallstrukturen

Sowohl bei dicht fallenden als auch bei zerstäubt fallenden Wasserfällen zeigen sich Strukturen im Strahl. Ähnliche Strukturen lassen sich auch beobachten, wenn auf einer geneigten Fläche, zum Beispiel auf einer Strasse, eine dünne Wasserschicht abläuft, hier einfach nur in zwei Dimensionen. Diese Fallstrukturen sind durch die Geschwindigkeitsunterschiede innerhalb einzelner Wasserpakete bedingt. Der an der Fallkante ankommende Wasserkörper besitzt keine homogene Geschwindigkeit. Direkt auf dem Grund des Bachbettes ist die Geschwindigkeit am geringsten, zuoberst an der Wasseroberfläche ist sie am grössten. Diese unterschiedlichen Fliessgeschwindigkeiten werden auch im Wasserfall selber nicht ausgeglichen, und die schnelleren Wasserpakete überholen die langsameren. Ein zweiter Grund für diese Strukturen liegt darin, dass die einzelnen Wasserpakete je nach Lage im gesamten Wasserkörper auch einen anderen «Absprungpunkt» in der Kopfzone haben. Aus diesen kleinen Änderungen der Lage resultieren dann leicht unterschiedliche Flugbahnen (Wurfparabeln). Zusammen erzeugen diese beiden Effekte diese faszinierenden, wandernden Fallstrukturen.

Die Radialwinde

Durch das Fallen des Wassers wird auch ein lokales Windsystem erzeugt, das erstaunliche Windstärken hervorbringt. Das fallende Wasser strömt mit immer höherer Geschwindigkeit durch die Luft. Dadurch entsteht ein Unterdruck, der dadurch ausgeglichen wird, dass Umgebungsluft angesogen wird und zusammen mit dem Wasser nach unten strömt. Ist der Fall so hoch, dass alles Wasser zerstäubt, sinkt die Geschwindigkeit der Tröpfchen massiv, und der Windstrom nach unten verliert seine Stärke. Bei solchen Wasserfällen geht ein mehr oder weniger feiner Tröpfchenregen in der Prallzone nieder, und der nach unten gerichtete Luftstrom ist schwach. Erreicht der Wasserfall die Prallzone aber in dichter Form, nehmen diese mitgerissenen Luftmassen je nach Fallhöhe und Wassermenge erhebliche Ausmasse an. Beim Auftreffen dieser Wassersäule und der sie umgebenden, mitgerissenen Luftmasse auf die Prallzone wird die Luft

Der Berschnerfall bei Berschis SG: sehr deutlich ausgeprägte Fallstrukturen.

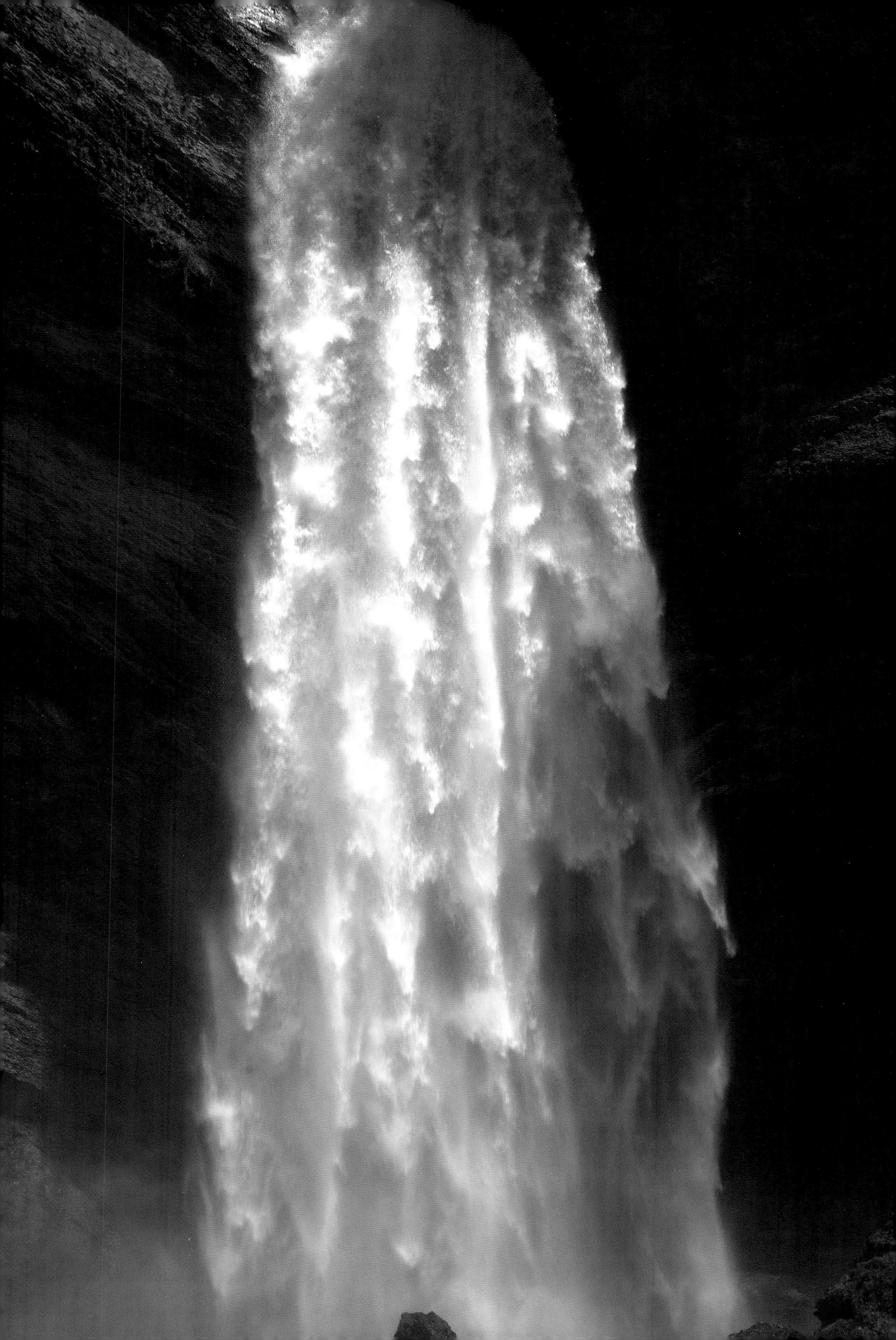

Physik

radial nach aussen gelenkt. In ihr eingebettet finden sich Milliarden feinster Wassertröpfchen, die beim Aufprall entstehen. Die Beschaffenheit der eigentlichen Aufprallstelle besitzt nur einen kleinen Einfluss auf die unmittelbare Stärke des Radialwindes. Die mittransportierte Feuchtigkeit nimmt jedoch zu, wenn der Aufprall auf einen harten Untergrund wie Fels erfolgt. Erfolgt der Aufprall in einen Kolk oder ein Becken, also in Wasser, zerspritzt das aufprallende Wasser nicht so stark, und weniger Wassertröpfchen werden mit der umgebenden Luftmasse fortbewegt. Je nach Topographie der Prallzone und ihrer Umgebung, Fallhöhe, Morphologie des Falles und Wassermenge sind die Radialwinde unterschiedlich stark und in unterschiedlichen Entfernungen der Prallzone nachweisbar. Radialwinde können durchaus Geschwindigkeiten von 100 km/h erreichen und ihre Wirkung in einem Radius entfalten, der im Extremfall über 200 m misst.

Die Ozonbildung

Strömt Wasser schnell genug über eine Oberfläche, kann sich an kleinen Unebenheiten ein Zustand einstellen, der es dem Wasser erlaubt, in den gasförmigen Zustand überzugehen: Es entstehen kleine Blasen. Da der Druck des schnell fliessenden Wassers unter den Druck fällt, bei dem das Wasser in den gasförmigen Zustand übergeht, entstehen diese Bläschen, die nach kurzer Zeit wieder in sich zusammenfallen. Dieser Effekt wird Kavitation genannt. Bei Wasserfällen ist die Kavitation im Aufprallpunkt und der unmittelbaren Abflussrichtung des Wassers gegeben. Durch die teilweise sehr hohen Fliessgeschwindigkeiten ist auch eine bedeutende Kavitation möglich. Ob und in welchem Ausmass die Kavitation auftritt, ist nebst anderen Faktoren von der Morphologie der Prallzone, der Fliessgeschwindigkeit und auch vom betroffenen Gestein abhängig. Implodieren diese Bläschen, entstehen Schockwellen, dadurch enorm hohe Drücke und hohe Temperaturen. Einerseits kann damit der Felsuntergrund angegriffen werden, andererseits kann der Dampf im kollabierenden Bläschen sogar ionisiert werden. Dadurch sind chemische Reaktionen möglich, die zur Bildung von Ozon führen können. Wasserfälle sind neben Blitzen also eine natürliche Quelle von Ozon in der unteren Atmosphäre.

Der Diesbachfall bei Betschwanden GL: Radialwinde tragen das zerstäubte Wasser weit von der Prallzone weg.

Verteilung

Die Verteilung der Wasserfälle kann aufgrund verschiedener Kriterien untersucht werden, auf die in den folgenden Abschnitten eingegangen wird:

Die höchsten Wasserfälle der Schweiz

Auf Grund der tektonisch bedingten Stufenlandschaft und der glazialen Erosion befinden sich die sehr hohen Wasserfälle (über 80 m Fallhöhe) in den helvetischen Decken am Alpennordhang und im Kristallin der penninischen Decken am Alpensüdrand. Hier ist die Reliefenergie am höchsten bei genug grossen Einzugsgebieten. Sowohl im Jura als auch im Mittelland finden sich keine hohen Wasserfälle.

Die Wasserfälle werden in den folgenden zwei Ranglisten nach Kaskaden und Einzelfällen/Stufen (innerhalb von Kaskaden) unterschieden:

Top Ten Kaskaden

1	Mattenbachfall	Lauterbrunnen	BE	840 m
2	Staldenbachfälle	Lauterbrunnen	BE	630 m
3	Seerenbachfälle	Amden	SG	585 m
4	Mürrenbachfall	Lauterbrunnen	BE	417 m
5	Laubenfälle	Elm	GL	393 m
6	Engstligenfälle	Adelboden	BE	370 m
7	Hohkienfall	Reichenbach	BE	350 m
8	Lämmerbachfall	Silenen	UR	340 m
9	Wildelsigfall II	Kandersteg	BE	300 m
10	Cascata della Buffalora	Mesocco	GR	243 m

Top Ten Einzelfälle/Stufen

1	Seerenbachfall II	Amden	SG	305 m
2	Staubbachfall	Lauterbrunnen	BE	297 m
3	Spissbachfall	Lauterbrunnen	BE	265 m
4	Ägertenbachfall	Lauterbrunnen	BE	255 m
5	Isengrindfall	Weisstannen	SG	230 m
6	Seerenbachfall III	Amden	SG	190 m
7	Hohbachfall	Weisstannen	SG	189 m
8	Bettbachfall	Muotathal	SZ	176,5 m
9	Geltenbachfall	Lauenen	BE	176 m
10	Stüber	Isenthal	UR	167 m

Verteilung

Die mächtigsten Wasserfälle der Schweiz

Die abflussstärksten Wasserfälle der Schweiz mit einem durchschnittlichen Wasserabfluss von über 1 m^3/s finden sich am Alpennordhang, bedingt durch die grossen Einzugsgebiete und die grössten Niederschlagsmengen. Weitere mächtige Fälle ausserhalb dieses Gebietes sind der Rheinfall oder der Saut du Doubs mit geringer Fallhöhe, aber sehr grossen Einzugsgebieten. Fast keine mächtigen Fälle findet man in den Zentralalpen und in der Südschweiz.

Die tektonische Verteilung

Die besten Voraussetzungen für die Entstehung eines Fallmachers bieten Regionen, in denen das Gestein eine ausgeprägte Schichtstruktur besitzt. Unterschiedlich harte Schichten, die zudem mehr oder weniger waagrecht liegen, sind für Wasserfälle prädestiniert.

In der Schweiz findet man diese Voraussetzungen insbesondere in den helvetischen Decken, die sich vom südwestlichsten Zipfel des Wallis über den gesamten Alpennordhang bis ins sanktgallische Rheintal ziehen. Sie bestehen ausschliesslich aus Sedimentgesteinen mesozoischen, tertiären und permischen Alters (jünger als 290 Millionen Jahre) und entstanden im Flachwasserbereich am Nordrand der Tethys (Urozean). Es handelt sich hauptsächlich um Kalk, Mergel und Tonschiefer, die unterschiedliche Eigenschaften bezüglich ihres Erosionswiderstands aufweisen. Im Zuge der alpinen Gebirgsbildung wurden diese Sedimentschichten von Süden nach Norden verfrachtet. Die damit einhergehende Faltung, Überschiebung und Abscherung dieser Schichten führte dazu, dass wir heute eine vielfältig strukturierte Stufenlandschaft vorfinden, die von relativ flachen Plateaus und anschliessenden Steilstufen unterbrochen ist.

So ist es auch nicht weiter erstaunlich, dass sich zwei Drittel aller Wasserfälle der Schweiz innerhalb der helvetischen Decken befinden.

Relativ schlechte Voraussetzungen für die Entstehung eines Fallmachers bieten im Gegensatz zu den helvetischen Decken die kristallinen Gesteine. Kristalline Gesteine haben keine ausgeprägte Schichtstruktur und eine homogene Härte. Ein Fliessgewässer erodiert deshalb relativ gleichmässig und erzeugt nur in seltenen Fällen einen Gefällsbruch, der einen Wasserfall entstehen lässt.

In den anderen tektonischen Einheiten der Schweiz können je nach Lage und Schichtung durchaus Wasserfälle entstehen. Deren kleine Zahl hat ihren Grund darin, dass diese Einheiten entweder einen relativ geringen Anteil an der Landesfläche besitzen (vulkanische Gesteine im Südtessin), oder aber in Regionen liegen, die eine geringe Reliefenergie aufweisen (Molasse im Mittelland).

Verteilung

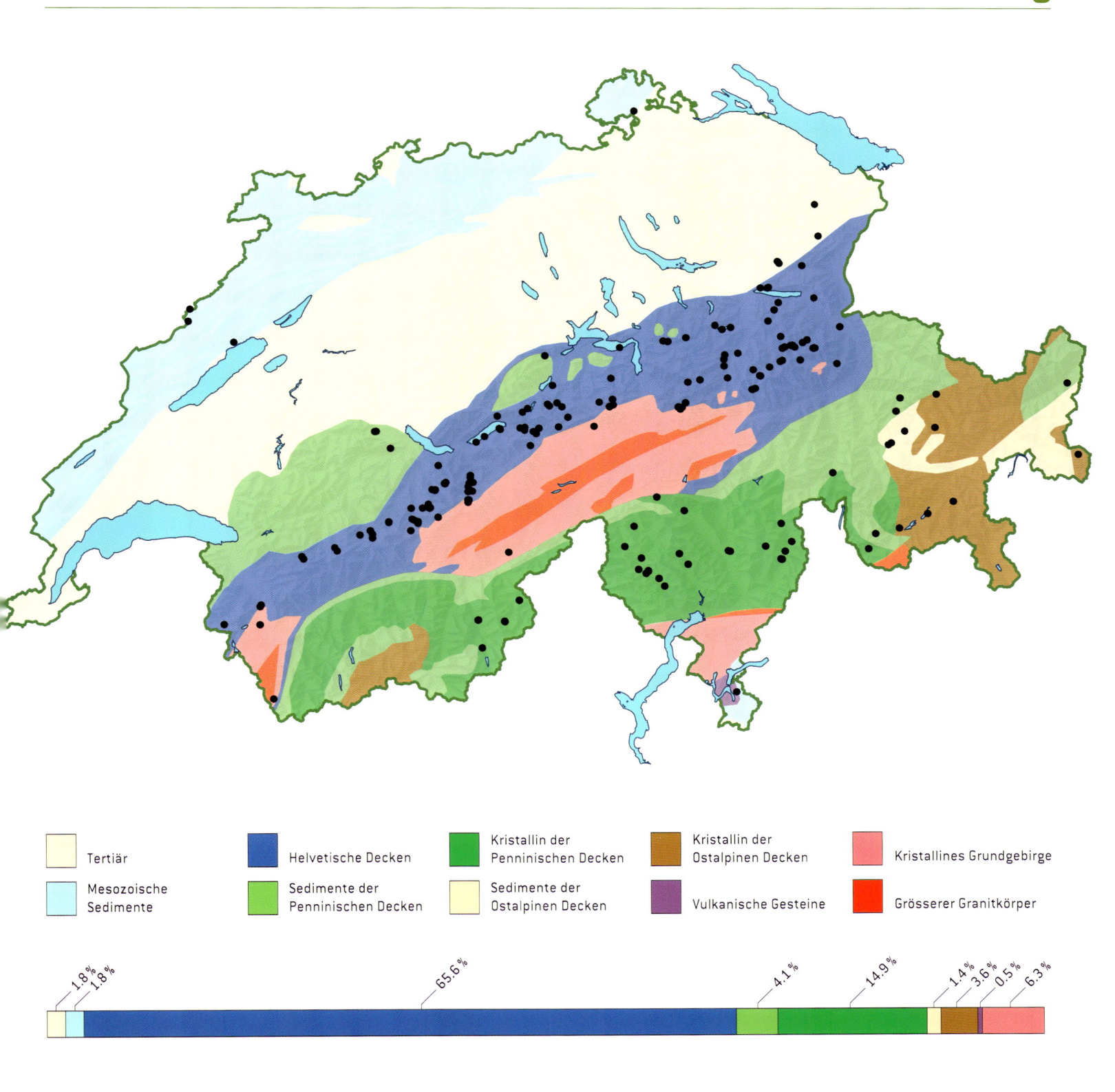

Tertiär	Helvetische Decken	Kristallin der Penninischen Decken	Kristallin der Ostalpinen Decken	Kristallines Grundgebirge	
Mesozoische Sedimente	Sedimente der Penninischen Decken	Sedimente der Ostalpinen Decken	Vulkanische Gesteine	Grösserer Granitkörper	

1.8 % 1.8 % 65.6 % 4.1 % 14.9 % 1.4 % 3.6 % 0.5 % 6.3 %

Verteilung der Wasserfälle der Schweiz auf die tektonischen Einheiten

Verteilung

Die regionale Verteilung

Den Ruf des Lauterbrunnentals als «Tal der Wasserfälle» und des Kantons Bern als wasserfallreichsten Kanton der Schweiz kann unsere Untersuchung vollauf bestätigen. Ein gutes Drittel der 222 erfassten Wasserfälle der Schweiz befindet sich im Kanton Bern. Zwei Gründe tragen zu diesem Umstand bei: Einerseits ist der Kanton Bern flächenmässig der zweitgrösste Kanton der Schweiz, andererseits liegt der grösste Teil der Berner Alpen innerhalb der helvetischen Decken. Auch die weiteren wasserfallreichen Kantone liegen entweder innerhalb der helvetischen Decken, oder sie erstrecken sich über grosse Flächen.
Nur in Kantonen des Mittellandes oder des Juras wurden keine Wasserfälle erfasst (Aargau, Basel, Freiburg, Genf, Jura, Luzern, Solothurn, Thurgau, Zug). Zwar finden sich fast in all diesen Kantonen Wasserfälle; sie erreichen aber nicht die notwendige Grösse, um in unserer Arbeit erfasst zu werden.

Betrachtet man die kantonale Verteilung der Wasserfälle nicht absolut, sondern relativ zur Fläche der Kantone, so ergibt sich ein neues Bild. Der Kanton Glarus, der ausschliesslich in den helvetischen Decken liegt, ist klar der wasserfallreichste Kanton, gefolgt von Uri, Bern, St. Gallen und Obwalden.
Am weitesten abgeschlagen liegen hier Kantone, die ausserhalb der helvetischen Decken liegen und/oder grosse Wasserkraftanlagen besitzen, die viele Wasserfälle beeinträchtigen (Graubünden, Wallis).

Verteilung auf die Höhenstufen

Wasserfälle finden sich in der Schweiz in allen Höhenstufen: von 400 m ü. M. bis zu Höhen von weit über 2000 m ü. M. Die tiefstgelegenen Fälle finden sich im Südtessin, am Hangfuss der grossen Alpentäler oder wie der Rheinfall an der Grenze des Mittellandes zum Jura. Die meisten Fälle finden sich in einer Höhenlage zwischen 1400 und 1800 m ü. M. Hier sind auch die helvetischen Decken am ausgeprägtesten. Über 2000 m ü. M. nimmt die Anzahl der Wasserfälle massiv ab. Die Gründe liegen in den kleineren Einzugsgebieten dieser Höhenstufe und einem Abfluss, der oft nur an den wärmsten Tagen im Jahr aktiv ist.

Oft liest man, dass der Rheinfall der «grösste Wasserfall Europas» sei. Grösse lässt sich jedoch auf zwei unterschiedliche Arten messen. Zum einen kann der grösste Wasserfall der höchste sein, zum anderen der abflussstärkste. Um es vorweg zu nehmen, uns ist in Europa kein Wasserfall bekannt, der den Rheinfall bezüglich der Abflussmenge übertrifft.

Verteilung

Anzahl Wasserfälle pro Kanton:

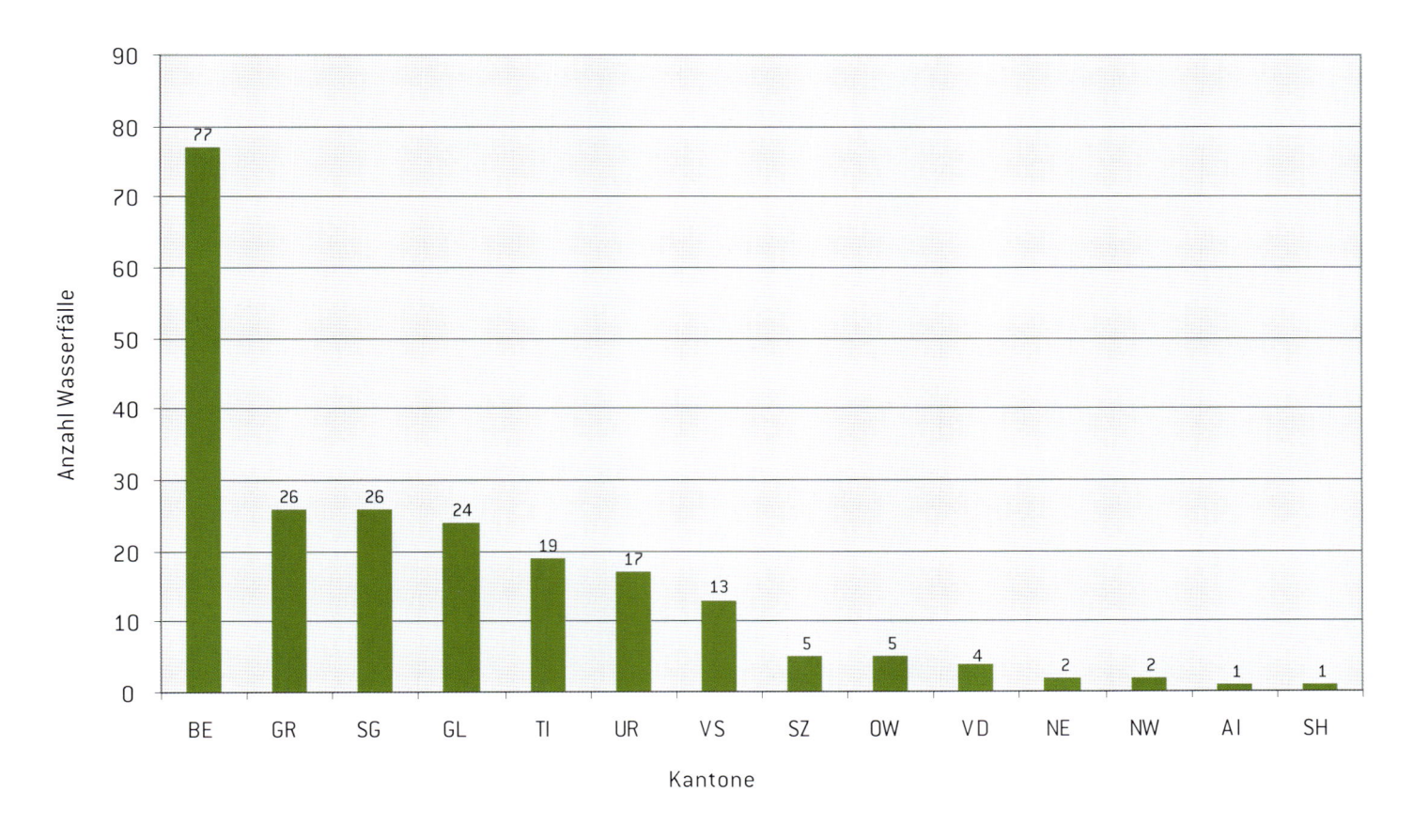

Kanton	BE	GR	SG	GL	TI	UR	VS	SZ	OW	VD	NE	NW	AI	SH
Anzahl Wasserfälle	77	26	26	24	19	17	13	5	5	4	2	2	1	1

Anzahl Wasserfälle pro 100 km² Kantonsfläche:

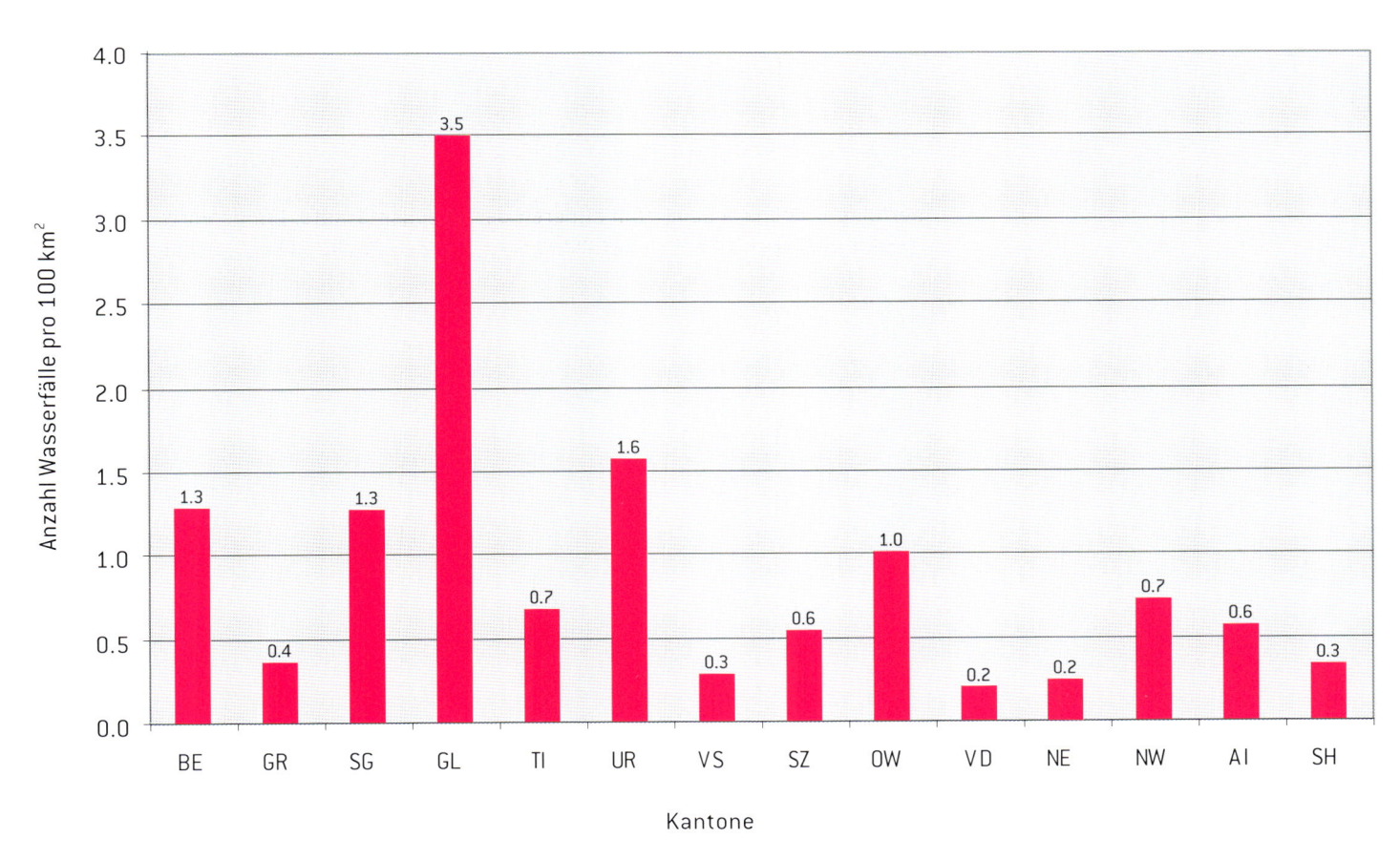

Kanton	BE	GR	SG	GL	TI	UR	VS	SZ	OW	VD	NE	NW	AI	SH
Anzahl Wasserfälle pro 100 km²	1.3	0.4	1.3	3.5	0.7	1.6	0.3	0.6	1.0	0.2	0.2	0.7	0.6	0.3

Ökologie

Die ökologische Bedeutung

In der Nähe von Wasserfällen können Ökosysteme durch verschiedene Prozesse und Auswirkungen verändert werden. Am auffälligsten sind diese Veränderungen in der Umgebung der Prallzone. Die extremen Feuchtigkeitsmengen, die in die Umgebung eines zerstäubenden Wasserfalls verteilt werden, oder die starken Radialwinde beeinflussen Flora und Fauna. Subtilere, aber trotzdem bedeutende Einflüsse können durch die veränderte Bodenchemie infolge Übersättigung mit Wasser oder durch die Ausfällung von Calciumcarbonat erfolgen.

Der Einfluss auf die Flora

Um die Kopfzone von Wasserfällen können keine spezifischen Änderungen der Vegetation festgestellt werden, da die Kopfzone noch als Fliessstrecke eines Gewässers betrachtet werden kann.

Die Fallzone besteht hauptsächlich aus senkrechten Felswänden. In einiger Entfernung von der Falllinie sind diese Felspartien oftmals vegetationslos. Dies ändert sich jedoch in abnehmender Entfernung von der Falllinie. Das ausreichende Angebot an Feuchtigkeit fördert das Wachstum von Algen und Schleimpilzen, seltener auch von Flechten, Moosen oder Gräsern. Bei der Hälfte der Wasserfälle kann ein solcher Bewuchs festgestellt werden. Die weite Verbreitung von Algen und Schleimpilzen lässt sich mit deren Anspruchslosigkeit erklären. Sie siedeln auf blankem Fels und erhalten durch das fallende Wasser genug Nährstoffe für ihr Wachstum. Im Extremfall können diese Algen grosse Partien einer Felswand bedecken. Beim Staubbachfall in Lauterbrunnen besitzt der «Algenrasen» eine Breite von über 130 m. Die höherentwickelten Moose und Gräser brauchen schon speziellere Bedingungen – kleine Ritzen oder Felsbänder –, um gedeihen zu können.

In der Prallzone eines Wasserfalls und deren unmittelbaren Umgebung lassen sich fast immer deutliche Änderungen in der Vegetation und deren Zusammensetzung erkennen. Als Ursache für die Veränderung des Pflanzenbewuchses ist hier die massiv erhöhte Feuchtigkeit zu nennen. Bei hohen oder mächtigen Fällen können die Radialwinde erhebliche Wassermengen über mehr als 100 m transportieren. Dadurch erfolgt vom Zentrum der Prallzone gegen aussen eine Zunahme der höheren Pflanzen und eine Abnahme von deren Feuchtigkeits- und Windverträglichkeit. Diese Abfolge von verschiedenen Pflanzenarten und Gemeinschaften lässt sich als eine räumliche Sukzession beschreiben. Bei einem idealisierten Wasserfall unterhalb der Waldgrenze sieht die Abfolge vom Zentrum der Prallzone nach aussen wie folgt aus:

1. Grün- und Blaualgen, Schleimpilze und evtl. Flechten oder spezialisierte Bakterienverbände (Prallzone)
2. Moose, meistens Leber- oder Laubmoose (unmittelbare Umgebung der Prallzone)
3. Gräser und Blütenpflanzen, oftmals einer Magerwiese entsprechend
4. Sträucher
5. Wald

Oftmals sind diese Sukzessionsstufen stark gerafft, einzelne Stufen können ganz fehlen oder sind nur schwach ausgeprägt. Die Morphologie der Prallzone und der anschliessenden Umgebung haben einen erheblichen Einfluss auf die Art des Bewuchses. So kann ein grosser Felsblock als Schutz vor den Radialwinden und der Feuchtigkeit einem Baum das Überleben in unmittelbarer Umgebung der Prallzone ermöglichen.

Die Engstligenfälle bei Adelboden BE:
Um die Prallzone herum hat sich durch die starken Radialwinde und die immense Feuchtigkeit ein grosser vegetationsloser Gürtel gebildet.

Ökologie

Der Einfluss auf die Fauna

Wasserfälle unterteilen Fliessgewässer in Abschnitte und stellen für Wassertiere, die den Wasserfall nicht über Land (Amphibien) oder durch die Luft (Insekten, Wasservögel) überwinden können, ein unbezwingbares Hindernis dar. Insbesondere die Fische werden an ihrer Ausbreitung bachaufwärts gehindert. Zwar können sie kleine Stufen und Schiessstrecken noch überwinden, aber Wasserfälle mit einer Fallhöhe von 3 m und mehr lassen auch für den Lachs keine Wanderung mehr zu. Der einzige Fisch, der eine solche natürliche Barriere umgehen kann, ist der Aal. Aber auch er kann nur Fälle mit optimalen Bedingungen überwinden (z.B. den Rheinfall).

Wenn in einem Gewässer also Fische oberhalb eines Wasserfalls vorkommen, so müssen sie entweder schon vor der Entstehung des Falles dort heimisch gewesen oder durch den Menschen dorthin gebracht worden sein. Beispiele dazu lassen sich in verschiedenen alpinen und voralpinen Fliessgewässern finden, wo regelmässig Fische eingesetzt werden.

Nebst der aquatischen Fauna beeinflusst ein Wasserfall auch die Tiergesellschaften in seiner Umgebung. Wenn sich durch die kleinräumig wechselnden Bedingungen in der Nähe eines Wasserfalls die Pflanzengemeinschaften ändern, dann ändert sich auch die Fauna, die sich einerseits von diesen Pflanzen ernährt, sich andererseits in der feuchten Umgebung wohl fühlen muss. Gewisse Tierarten profitieren davon und nutzen diese ökologische Nische. Einige Schneckenarten fühlen sich unterhalb gewisser Wasserfälle so wohl, dass schon mehrere hundert Exemplare dieser Gastropoden auf einem Quadratmeter beobachtet wurden.

Der Staubbachfall bei Lauterbrunnen BE:
Hinter der unteren Hälfte der Fallzone hat sich durch die vorhandene Feuchtigkeit ein dichter Bewuchs an Algen gebildet.

Namenforschung

Die Benennung der Wasserfälle

Wasserfälle wurden in der Vergangenheit nach sehr unterschiedlichen Aspekten benannt. Allgemein lassen sich folgende Namensgruppen unterscheiden:
Zwei Drittel aller Wasserfälle tragen den Namen des Fliessgewässers (Cascata di Salto, Cascade du Dar, Jetzbachfälle).
Eine weitere Gruppe von Fällen wird anhand von Orts- und Flurnamen benannt (Berschnerfall, Cascata di Foroglio, Richitobelfall). Weitere Wasserfälle beziehen sich auf die Morphologie des Falles (Pochtenfall, Cascade de Pissevache), auf den Wasserfalltyp (Stäuber, Staubbachfall, Giessenfälle), auf die akustische Wahrnehmung (Brummbachfall, Diesbachfall, Tätschbachfall, Trümmelbachfälle) oder auf das Abflussverhalten (Geltenbachfall).
Im Folgenden werden einige Namensgebungen kurz erklärt:

Cascata di Santa Petronilla

Die Wasserfälle wurden nach der frühchristlichen Märtyrerin Petronilla benannt. Geschichtlich gesicherte Aufzeichnungen über sie sind nicht überliefert. Die Legende macht sie zur Tochter von Petrus. Sie ist die Schutzheilige der Reisenden, und die nach ihr benannte Kapelle beim Wasserfall lag früher an einer wichtigen Reiseroute.

Diesbach

Dies kann auf zwei unterschiedliche Ursprünge zurückgeleitet werden: Zum einen ist diesig ein Synonym für dunstig, nebelig. Zum andern kann es vom althochdeutschen Wort tiozan (tosen) stammen. Ob beim Diesbachfall eher der Dunst oder das Tosen als Wahrzeichen zutrifft, ist der Interpretation des Beobachters freigestellt.

Dundelbachfälle/Dündenfall

Die Bezeichnung Dundel stammt vom Personennamen Tundelin oder auch Tuntelin, der wohl die Alp Dundel bewirtschaftet hat. Auch in Brienz (BE) gibt es ein Dündlen. Unsicher ist, ob diese Erklärung auch für die Dündenalp und den Dündenfall im Kiental zutrifft.

Geltenbach

Der Ursprung des Begriffs Gelten ist wohl in der Viehhaltung zu finden. Eine geltige Kuh gibt keine Milch mehr. Ebenso ergeht es dem Geltenbach im Gasterntal (von den Einwohnern auch Geltibach genannt), einer Schichtquelle, die saison- und witterungsbedingt immer wieder austrocknet.

Giessen

Synonym für Wasserfall oder Sturzbach.

Kander

Früher hiess die Kander Candel. Dieses keltische Wort bedeutet «die Weisse, die Schäumende». Die Kander trägt ihren Namen nicht zu Unrecht, stürzt sie doch mancherorts über Steilstufen und Kaskaden in die Tiefe.

Laufen

Das Wort Laufen ist ein altes Wort für Stromschnelle und wurde zum Namen bzw. Namensbestandteil etlicher Orte, wie etwa Laufen am Rheinfall oder Laufen in Baselland.

Die Dundelbachfälle in Lungern OW

Namenforschung

Cascade de Pissevache/Cascade de Pissechèvre/Cascada da Pisch
Die Bezeichnungen Piss oder Pisch beziehen sich im Französischen wie im Rätoromanischen offensichtlich auf den Vergleich des freifallenden Wassers mit dem Akt des Urinierens. Beim Ersten sahen die Namensgeber wohl eine Ähnlichkeit der Bergform mit einem Kuhhintern, beim Zweiten mit einem Ziegenhintern, und beim Dritten fand der Vergleich zum Urinieren generell statt.

Pochtenfall
Eine Pochte oder auch ein Pochtel bedeutet im Alemannischen grosser Kessel (heute noch Bottich). Der Wasserfall wurde also nach der Morphologie der Prallzone (des Talkessels) benannt.

Rinquelle
Der Name Rin basiert auf der alten Volksmeinung, wonach das Wasser aus dem Rhein stamme. Da die Rinquelle auf 608 m ü. M. austritt, der Rhein bei Bad Ragaz aber auf 504 m ü. M. fliesst, fällt diese Möglichkeit ausser Betracht.

Saarfall
Das Wort Saar stammt aus dem Keltischen und steht für fliessendes Wasser oder Bach.

Sprung
Der «Sprung des Wassers» steht für den Wasserfall. Zwar findet dieser Ausdruck im deutschsprachigen Raum keine Verwendung, in allen anderen Landessprachen jedoch schon: im Französischen le Saut, im Italienischen il Salto und im Rätoromanischen il Sagl.

Staubbachfall/Stäuber/Stüber
Die Begriffe «Staubbachfall, Stäuber, Stüber» bezeichnen einen Wasserfall, der, bedingt durch die grosse Fallhöhe, das Wasser im freien Fall oder beim Aufprall in einen Nebel aus feinen Wassertröpfchen verwandelt. Der Radialwind wirbelt diese Wassertröpfchen dabei so auf, dass sie an eine Staubwolke erinnern.

Trümmelbachfälle
Da die Wasserfälle (mit Ausnahme des untersten Falles) alle unsichtbar im Berginnern liegen, bezieht sich der Name Trümmelbach nicht auf einen optischen Eindruck, wie bei Wasserfällen üblich, sondern auf einen akustischen. Das Wort Trümmel stammt vom Wort Trommel. Also ist der Trümmelbach der trommelnde Bach.

Wisistüber
Da der Wasserfall unter dem Kanderfirn noch namenlos war, als wir ihn erfassten, benannten wir ihn zu Ehren von Professor Urs Wiesmann, Direktor des Center of Development and Environment an der Universität Bern.

Der Kessel des Pochtenfalls im Kiental BE

Landschaftsmalerei

Pinsel und Wasser

In der heutigen Zeit sind Landschaftsmalerei und Wasserfälle keine Themen mehr in der Kunst. Einen grossen Stellenwert besass das fallende Wasser hingegen zwischen 1770 und 1870 mit einem Schwerpunkt in der Zeit von 1790 bis 1840. Die Maler dieser Epoche, die stark von der Aufklärung beeinflusst war, wollten in ihren Werken ein romantisches Grundgefühl zum Ausdruck bringen. Die führenden Künstler stellten die freie Phantasie und das individuelle Naturerlebnis in den Mittelpunkt ihrer Arbeiten. Die wildromantischen Berglandschaften der Schweiz wurden erstmals nicht mehr als bedrohliches, sondern als erhabenes Naturschauspiel wahrgenommen und dargestellt.

Neben dem Rheinfall, der beinahe zum Pflichtprogramm der Maler der Romantik gehörte, zählten auch andere Schweizer Wasserfälle zu den beliebtesten Motiven der damaligen Zeit. So der Staubbachfall im Lauterbrunnental, Seite 168 (der durch Johann Wolfgang von Goethes Gedicht «Gesang der Geister über den Wassern» berühmt wurde), der Pissevache im Unterwallis, Seite 208, der Rofflafall in Graubünden, Seite 106, und im Berner Oberland die Giessbachfälle, Seite 160, die Reichenbachfälle, Seite 154, und die Handeggfälle, Seite 38.

Als typisches Werk der Landschaftsmalerei während der Romantik gilt das Gemälde «Der Schmadribachfall» von Joseph Anton Koch, das in den Jahren 1821/22 entstand. Joseph Anton Koch war ein Vertreter der Künstlergeneration, die stark durch die französische Revolution von 1789 geprägt war. Zuerst noch dem Klassizismus zugeneigt, entwickelten sich seine Bilder immer mehr in Richtung einer heroisch-wilden Darstellung der Landschaft. Eines seiner berühmtesten Bilder, das Ölgemälde «Der Schmadribachfall», zeigt kein realistisches Abbild der Situation im hinteren Lauterbrunnental. Es ist eine idealisierte Abbildung.

Durch die gewählte Perspektive zeigt sich der Übergang von der lieblichen Landschaft der Alpwiesen über die bewaldeten Hänge und die Steilwand, bis der Blick schliesslich auf die unzugänglichen, erhabenen Berge und Gletscher gleitet. Und in der Mitte findet sich, umrahmt von kleinen Fällen, der imposante, frei zu Tal stürzende Schmadribachfall. Diesem Gegensatz aus Lebensfreundlichkeit im Vordergrund und Lebensfeindlichkeit im Hintergrund überlagert, ist ein weiterer in Form der Bewegung des Falles einer-

Der Rheinfall von Norden mit Figurengruppe. Gemälde von Claude Joseph Vernet. 1779, Schweizerisches Landesmuseum Zürich

Landschaftsmalerei

seits sowie der ewigen Starre des Eises und des Gebirges anderseits. Somit findet sich auch in diesem Bild ein Ausdruck der damaligen Zeit, die zwischen einem Beharren in den alten Gesellschaftsformen und dem Aufbruch in ein neues Zeitalter stand.

Nicht realitätsgetreu ist bei diesem Gemälde insbesondere die Überhöhung des Schmadribachfalls selber. Er wird viel grösser dargestellt, als er in Wirklichkeit ist. Um den Eindruck des Wasserfalls zu verstärken, wurden auch die beiden bewaldeten Hügelkuppen links und rechts des Flusses so gemalt, dass ein V-förmiger Einschnitt entstand.

Die rückschreitende Erosion von Wasserfällen wurde in diesem Bild noch nicht prägnant dargestellt. Von dieser Tatsache erfuhr Koch erst nach Vollendung dieses Werkes in einem Gespräch mit dem berühmtesten Geografen der damaligen Zeit, Alexander von Humboldt. Zum Vergleich des Gemäldes mit der realen Situation von heute betrachte man das Bild auf Seite 177.

Der Schmadribachfall. Gemälde von Joseph Anton Koch von 1821/22, Bayrische Staatsgemäldesammlung, Neue Pinakothek München

Wasserkraftnutzung

Energie versus Unberührtheit

Die Schweiz besitzt nicht nur ideale Voraussetzungen zur Entstehung von Wasserfällen, sondern auch solche zur Erzeugung von elektrischer Energie durch Wasserkraftnutzung. Da sich diese Energiequelle am wirtschaftlichsten bei grossen Gefällen nutzen lässt, sind Fliessstrecken von Gewässern mit Wasserfällen besonders geeignet für den Bau und Betrieb solcher Anlagen.

Die Attraktivität, die Wasserfälle für die Stromerzeugung besitzen, lässt sich an einem allgemeinen Beispiel erläutern. Wenn bei einem Wasserfall mit einer Höhe von 100 Metern und mit einem durchschnittlichen Abfluss von 1000 Litern pro Sekunde das ganze Wasser für die Stromerzeugung genutzt wird, lässt sich bei einer Effizienz der Energieumwandlung von 90 % eine Leistung von etwa 900 Kilowatt erzeugen. Bei einem angenommenen Strompreis von 15 Rappen pro Kilowattstunde resultiert somit ein Erlös aus dem Stromverkauf von 1,2 Millionen Franken pro Jahr.

Die Anfänge der industriellen Wasserkraftnutzung finden sich in der Schweiz in Kantonen mit einer frühen Industrialisierung wie dem Kanton Glarus und datieren auf den Anfang des 19. Jahrhunderts. Da zu diesem frühen Zeitpunkt eine Übertragung der Energie nur auf mechanischem Weg, über Riemen und Drahtzüge, möglich war, beschränkten sich die genutzten Fallhöhen auf Strecken von knapp über hundert Metern. Ebenso war es nicht möglich, Kraftwerke mit einer Leistung von mehr als 150 kW zu bauen. Trotz dieser Einschränkungen hatten am Anfang des 20. Jahrhunderts schon viele Wasserfälle im Glarnerland einen Teil ihres Abflusses verloren.

Ein Quantensprung in der Entwicklung der Wasserkraftwerke wurde durch die Elektrifizierung möglich. Sowohl die Fallhöhen als auch die genutzten Wassermengen erreichten neue Grössenordnungen und kulminierten in Kraftwerkanlagen wie der Grande Dixence im Wallis, bei der Wasser aus verschiedenen natürlichen Einzugsgebieten mit einer Fläche von einigen hundert Quadratkilometern zusammengefasst wurde.

Durch diese neuen Möglichkeiten der Energiegewinnung wurden im Verlauf des letzten Jahrhunderts viele Gebiete in der Schweiz mit Kraftwerkanlagen, Staudämmen und Druckleitungen überzogen, sodass heute über 500 grosse (> 300 kW) und etwa 1100 kleinere Wasserkraftwerke in Betrieb sind.

Die Handeggfälle und die alte Grimselpassstrasse auf einer Postkartenaufnahme vom Beginn des 20. Jahrhunderts. Im Sommer 2006 wurde eine Hängebrücke eingeweiht, welche die gefahrlose Beobachtung dieses ehemals sehr bekannten Wasserfalls ermöglicht.
(Postkarte: Sammlung Susanne Züst)

Wasserkraftnutzung

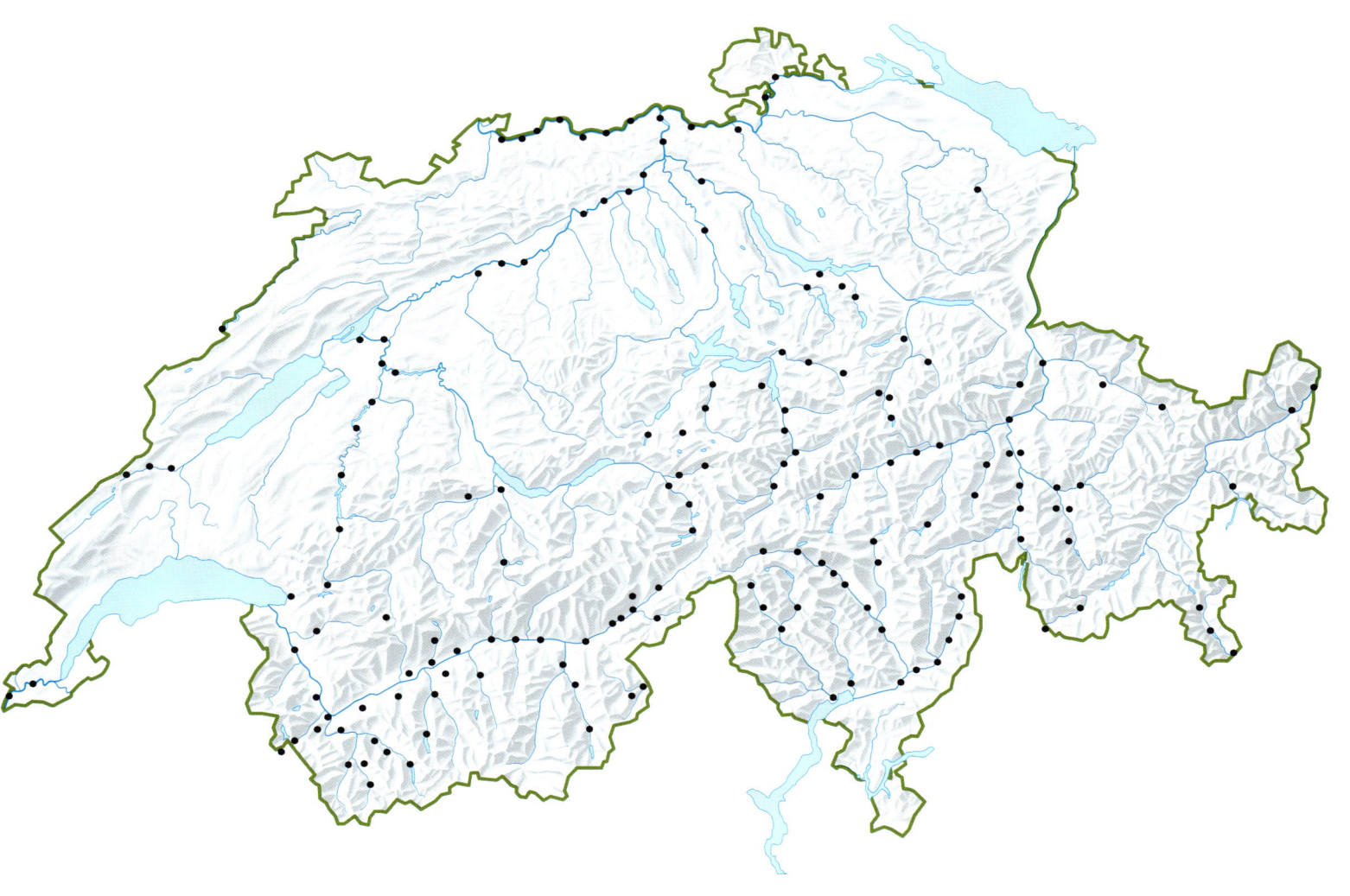

Ein grosses Problem im Zusammenhang mit dieser Art der Energiegewinnung sind die Restwassermengen, die unterhalb der Wasserfassungen oder Staudämme dem ursprünglichen Fliessgewässer noch zur Verfügung stehen. Bis zur Revision des Bundesgesetzes über die Nutzbarmachung der Wasserkräfte und bis zum Bundesgesetz über den Schutz der Gewässer im Jahr 1992 fehlten solche Bestimmungen weitestgehend. Dies hatte zur Folge, dass einige prachtvolle Wasserfälle in der Schweiz verschwanden und vielen das Wasser zu einem grossen Teil entzogen wurde. Seit 1992 sind jedoch Bestimmungen in Kraft, die verlangen, dass die «Naturschönheiten zu schonen und da, wo das allgemeine Interesse an ihnen überwiegt, ungeschmälert zu erhalten» sind (WRG, Art 22.1). Des Weiteren sind die geforderten Restwassermengen definiert. Viele Konzessionen von Wasserrechten wurden jedoch langfristig vergeben (oftmals für 50 bis 100 Jahre) und können vor Ablauf dieser Fristen nicht oder nur bei Sanierungen und Umbauten rückgängig gemacht werden.

Nicht allein die fehlenden Restwassermengen, sondern primär die fast flächendeckende Nutzung der Energie des Wassers im Alpenraum hatten auf die Wasserfälle einen einschneidenden Einfluss. Nach unseren Schätzungen sind 60 bis 70 % der Wasserfälle, die Ende des 19. Jahrhunderts für diese Zusammenstellung in Frage gekommen wären, durch diese Art der Wassernutzung betroffen. Dies kann wie beim Rheinfall in einem verträglichen Rahmen (ca. 5 % des Wassers werden genutzt) geschehen oder in Extremfällen, wie bei den Handeggfällen im Grimselgebiet, zu einem Verschwinden einer ehemaligen Touristenattraktion führen.

Aktuelle Beispiele von Konflikten zwischen den Interessen der jeweiligen Elektrizitätsproduzenten auf der einen und Akteuren in Tourismus, Landschafts- oder Naturschutz auf der anderen Seite finden sich beim Diesbachfall im Kanton Glarus und bei den Giessbachfällen im Kanton Bern. Im ersten Fall geht es um eine Erhöhung der Dotiermenge des Kraftwerks, also eine stärkere hydroelektrische Nutzung des Wasserfalls, im zweiten Fall um eine Neuvergabe der abgelaufenen Konzession. In beiden Fällen ist die Festsetzung der genauen, jahreszeitlich schwankenden Restwassermenge der Streitpunkt, der teilweise zu Gerichtsfällen bis auf Bundesebene führte.

Standorte der grossen Wasserkraftwerke in der Schweiz. Fast im gesamten Alpenraum wird das Potenzial der Gewässer ausgenutzt, nur im Berner Oberland, im Engadin und im Kanton St. Gallen zeigen sich noch grössere Lücken.

Wasserkraftnutzung

Beispiel 1:
Der Diesbachfall, GL

Als exemplarisches Beispiel kann die Auseinandersetzung um den Ausbau des Kraftwerks am Diesbach beschrieben werden. Der Diesbachfall ist der mächtigste Wasserfall des Kantons Glarus. Er liegt auf der Grenze der Gemeinden Diesbach und Betschwanden, besitzt in zwei Stufen eine Gesamthöhe von 108 Metern und während der Schneeschmelze (Mai und Juni) einen Abfluss von bis zu 2500 l/s. Seit Ende des 19. Jahrhunderts wird das Wasser des Diesbachs von der Firma Legler & Co zur Elektrizitätsgewinnung genutzt. Die entnommene Wassermenge beträgt 137 l/s. Dank dieser relativ geringen Wassermenge bleibt der Wasserfall in den Sommermonaten in seiner ganzen Pracht erhalten, einzig im Frühling und Herbst bei geringer Wasserführung wird ein erheblicher Teil des Wassers abgeschöpft. 1993 beantragte die Firma beim Regierungsrat des Kantons Glarus die Bewilligung eines Kraftwerkprojektes. Dieses sah vor, dem Diesbach eine Wassermenge von 800 l/s zu entnehmen – also eine Erhöhung um das Sechsfache der bisherigen Entnahme. Wegen eines fehlenden Berichts über die Auswirkungen dieses Projekts auf andere Interessen wie Landschaft, Fischerei und Ökologie machte der WWF Glarus eine Einsprache. Eine Petition, die den Erhalt der Diesbachfälle in der heutigen Form forderte, wurde von 2600 Personen unterschrieben. Nach der Erarbeitung eines Gutachtens, wurde der Diesbachfall in ein Verzeichnis der schützenswerten Landschaftsobjekte des Kantons aufgenommen. In diesem Verzeichnis wird das Schutzziel für den Diesbachfall wie folgt beschrieben: «Die Schönheit und Eigenart der weithin hör- und sichtbaren Diesbachfälle und ihrer Umgebung soll erhalten bleiben. Die Wasserkraftnutzung soll die heutige Bedeutung der Diesbachfälle nicht vermindern.» Diesem Verzeichnis kommt aber keine Gesetzeskraft zu, sondern lediglich eine Behördenverbindlichkeit. Das Gutachten und das neue Projekt beinhalten einige kleine Änderungen gegenüber der alten Konzession. Die Restwassermenge soll sich saisonal zwischen 50 und 300 l/s bewegen. Der WWF kommentierte diese Zahlen als eine Erhöhung von «praktisch nichts auf äusserst wenig». In der Stellungnahme des WWF Glarus werden vor allem die folgenden Punkte des Gutachtens kritisiert:

- Der Anteil von 52 % des gesamten jährlichen Abflusses, der dem Diesbach entnommen wird.
- Die im Frühling und Herbst entnommenen Wassermengen würden den Wasserfall zu einem Rinnsal verdammen. In den Monaten Februar bis April würde dem Wasserfall nur ein Restwasser von 50 l/s zugestanden, teilweise nicht einmal 10 % der natürlichen Abflussmengen. In den Monaten September bis November wäre die Restwassermenge zwar bei 300 l/s, würde jedoch auch hier nur noch einen kleinen Anteil des natürlichen Abflusses ausmachen.
- Der hörbare Aspekt des Diesbachs wird unterschlagen («Dies» kommt von diesen, tosen). Die neuen Restwassermengen nähmen dem Wasserfall seine akustische Komponente fast vollständig.
- Ein solch grosser Eingriff in das Landschaftsobjekt Diesbachfall kann nicht mit den Zielsetzungen des Landschaftsverzeichnises in Übereinstimmung gebracht werden.

Nach weiterem Widerstand in der Bevölkerung – unter anderem mit Postkarten, einem Diesbachfestival und einem Ideenwettbewerb zur touristischen Aufwertung des Falls – wurde das Projekt von der Firma Legler & Co nicht weiter verfolgt, ein Verzicht auf das geplante Kraftwerk wurde aber nicht bekannt gegeben. Die Diesbachfälle sind noch immer nicht gesetzlich geschützt. 2004 wurde das bisherige Kraftwerk am Diesbachfall an eine Firma aus dem Appenzell verkauft, die sich auf den Betrieb von Kleinwasserkraftwerken spezialisiert hat.

Wasserkraftnutzung

Beispiel 2:
Der Schreyenbachfall, GL

Die Zusammenarbeit zwischen Kraftwerkbetreibern sowie Natur- und Landschaftsschutzorganisationen kann aber auch zu sinnvollen Lösungen für beide Seiten führen. Der Schreyenbachfall bei Linthal im Glarnerland verschwand nach dem Bau des Hochdruckspeicherkraftwerks Linth-Limmern Anfang der 1960er Jahre. Im Zuge des Neubaus des Pumpspeicherkraftwerks Tierfehd legte der WWF eine Einsprache ein. Im Verlauf der Verhandlungen mit dem Kraftwerkbetreiber wurde ein Kompromiss geschlossen, der vorsieht, dass der Schreyenbachfall während 45 Tagen im Jahr wieder mit ausreichend Wasser versorgt wird, um seine ursprüngliche Schönheit zurückzuerhalten.

An der Stelle eines Wasserfalls fliesst nun die Elektrizität. Seit dem Bau des Stausees Sanetsch in den Jahren 1959 bis 1966 ist der Wasserfall fast ganz verschwunden und nur noch zur Zeit der Schneeschmelze oder bei Starkniederschlägen aktiv.

Wasserfall	Höhe	Ort/Kanton	Beeinträchtigung
Cascata del Soladino	100 m	Someo/TI	total
Schreyenbachfall	–	Linthal/GL	total
Sanetschfall	–	Gsteig/BE	total
Muslefall	125 m	Amden/SG	total
Handeggfälle	56 m	Guttannen/BE	stark
Unterer Giessenfall	10,6 m	Nesslau-Krummenau/SG	stark
Rofflafall	11 m	Andeer/GR	stark
Cascata Piumogna	43 m	Faido/TI	stark
Cascade de Pissevache	103 m	Vernayaz/VS	stark
Giessbachfälle	–	Brienz/BE	mittel
Grosser Reichenbachfall	110 m	Meiringen/BE	mittel
Rheinfall	23 m	Laufen/ZH, Neuhausen/SH	gering
Bärglistüber	44 m	Linthal/GL	gering
Diesbachfall	108 m	Betschwanden/GL	gering
Salto	61 m	Maggia/TI	gering

Eine Auswahl bekannter Wasserfälle und ihre Beeinträchtigung durch die Wasserkraftnutzung. Bei einer totalen Beeinträchtigung ist der entsprechende Wasserfall verschwunden und höchstens bei Starkniederschlägen kurzfristig wieder sichtbar.

Tourismus

Ein unterschätztes Potential

Obwohl die Wasserfälle in der Schweiz zu den Naturobjekten zählen, die am meisten Besucher anlocken, ist ihr Potential in den letzten Jahrzehnten stark vernachlässigt worden. Trotz Besucherschwund zählt der Rheinfall pro Jahr etwa eineinhalb Millionen Gäste. Dies macht ihn zum bestbesuchten Naturobjekt der Schweiz (Jungfraujoch: 500 000 Besucher/Gornergrat: 650 000 Besucher).

Nur bei wenigen Wasserfällen wird eine direkte Wertschöpfung erzeugt und werden Arbeitsplätze geschaffen: Rheinfall, Trümmelbachfälle, Giessbachfälle, Saut du Doubs, Reichenbachfälle, Pissevache und Rofflafall.

Unter diesen nimmt der Rheinfall eine herausragende Stellung ein. Sowohl bei den Besucherzahlen als auch der Wertschöpfung als auch bei den geschaffenen Arbeitsplätzen übertrifft er alle anderen Wasserfälle zusammen. Insgesamt generieren die direkt an die Schweizer Wasserfälle gebundenen Betriebe eine Wertschöpfung von ungefähr 40 Millionen Schweizer Franken. Zusammen mit der indirekten Wertschöpfung ergibt sich ein Gesamtbetrag der touristischen Wertschöpfung dieser Wasserfälle von ca. 60 Millionen Franken. Dabei werden in der Hochsaison etwa 375 Arbeitsplätze geschaffen. Auf Ganzjahresstellen umgerechnet entspricht dies in etwa 150 Vollzeitarbeitsplätzen.

Bei den Wasserfallbesuchern lassen sich folgende Gruppen bilden: Tagesausflugstouristen, Wochenendtouristen, Ferienaufenthalter und Passantentouristen. Je nach Region, Lage und Grösse wird ein Wasserfall von einer anderen Touristengruppe besucht. Die meisten Wasserfallbesucher in der Schweiz sind Tagestouristen. Ihr Anteil liegt etwa beim Rheinfall und beim Saut du Doubs bei nahezu 100 %. Bei den Trümmelbachfällen und beim Reichenbachfall muss berücksichtigt werden, dass sich diese Wasserfälle in ausgesprochenen Ferienregionen befinden (Lauterbrunnental, Meiringen). Die Besucher dieser Fälle verweilen zwar nur kurze Zeit beim Fall selber, halten sich aber meist länger in der Region auf. Der Wasserfall wird nicht als primäres Ziel ihrer Reise betrachtet, sondern als zusätzliche Attraktion der entsprechenden Ferienregion. Anders ist die Lage beim Giessbachfall. Von den jährlich 70 000 Besuchern sind 54 000 Tagestouristen. 16 000 Personen übernachteten im Grandhotel, meist für eine Nacht, und sind entsprechend als Wochenendtouristen einzustufen. Der Rofflafall und der Pissevache liegen in der Nähe von grossen Transitachsen und profitieren entsprechend vom Passantentourismus. Ihre Besucherzahlen sind die kleinsten dieser sieben Wasserfälle. Folgende Beispiele sollen die Entwicklung und die Probleme aufzeigen, die sich bei der touristischen Nutzung von Wasserfällen ergeben.

Tourismus

Der Rheinfall

Die Anfänge des Tourismus am Rheinfall reichen bis zum Beginn des 18. Jahrhunderts zurück. In der Periode der Aufklärung haben Reisende die Eidgenossenschaft als Land der Schönheit und der Freiheit entdeckt. Berühmte Besucher des Falls wie Johann Wolfgang von Goethe oder Jean-Jaques Rousseau können als Wegbereiter des Rheinfalltourismus gelten. Zu diesem frühen Zeitpunkt besuchten jährlich um die 2000 Personen den Rheinfall. Um den für diesen Zeitpunkt grossen Ansturm an Touristen zu bewältigen, wurden erste Infrastrukturanlagen erstellt. Die damals am linksseitigen Ufer erbaute Galerie ist in Grundzügen noch heute vorhanden.

Ein Schub in der Entwicklung des Rheinfalltourismus erfolgte 1857 durch den Anschluss von Neuhausen ans Eisenbahnnetz. Parallel zu den wachsenden Besucherströmen auf 20 000 Gäste in den Sommermonaten Anfang des 20. Jahrhunderts erfolgte ein massiver Ausbau der Hotellerie am Rheinfall. Der spektakulärste Bau war derjenige des Grandhotels Schweizerhof im Stil der Belle Époche, vergleichbar mit dem noch heute existierenden Grandhotel Giessbach an den gleichnamigen Wasserfällen.

Nach dem Zusammenbruch des Tourismus im Ersten Weltkrieg konnten viele dieser Hotelbauten nicht mehr gewinnbringend wirtschaften. Veränderte Gewohnheiten der Touristen – Tagestourismus statt Ferienaufenthalt – zwangen viele Betriebe zur Schliessung.

Einen Aufschwung brachte ab den 50er Jahren des 20. Jahrhunderts die zunehmende Verfügbarkeit von Freizeit und privaten Verkehrsmitteln. Die Besucherzahl stieg bis 1987 auf drei Millionen, sank aber bis 2005 auf eineinhalb Million zurück. Die Probleme, die sich aus dem grossen Anteil an Tagestouristen ergeben (geringe Wertschöpfung, Parkplatznot, Reinigung und Unterhalt der Infrastruktur), sind jedoch geblieben.

Auf Tuchfühlung mit dem Wasserfall: Das «Känzeli» auf der Zürcher Seite des Rheinfalls.

Tourismus

Die Giessbachfälle

Eine andere Situation findet man bei den Giessbachfällen im Berner Oberland vor. Diese Fälle, die ebenfalls seit Beginn der Aufklärung im 18. Jahrhundert besucht wurden, haben zwar erheblich weniger Besucher im Jahr als der Rheinfall. Die Lage der Fälle am Brienzersee, eingebettet in eine attraktive Landschaft, verleitet jedoch zu längerem Aufenthalt. Mehr als ein Viertel der Besucher übernachtet im Grandhotel Giessbach. Diese längere Aufenthaltsdauer und das hohe Qualitätsniveau des Grandhotels und von dessen Restaurants ermöglichen eine viel höhere Wertschöpfung pro Besucher. Entsprechend kann diese Nutzung der Wasserfälle als vorbildlich und nachhaltig betrachtet werden. In den Sommermonaten werden von der Betreibergesellschaft über 100 Arbeitsplätze angeboten. Zusätzlich zum Hotel und zu den Restaurants sind eine Standseilbahn, eine Schiffsanlegestelle und diverse Wanderwege Bestandteil der touristischen Infrastruktur dieser Fälle.

Das Grandhotel Giessbach gesehen durch die Fallzone des Giessbachfalls VIII

Tourismus

Der Saut du Doubs

Der in der Deutschschweiz fast unbekannte Saut du Doubs bei Les Brenets im Neuenburger Jura zeigt beispielhaft die Problematik der Grenzlage eines Wasserfalls. Von der Schweizer Seite aus bestand schon lange ein Wanderweg, der zum Wasserfall führt. Eine gute Platzierung der Aussichtsplattform an der Fallkante ist auf dieser Seite des Doubs jedoch nicht möglich. Zwar ist ein Zugang auf der französischen Seite gegeben, der Umweg war aber bis vor kurzem zu gross. Erst 2005 wurde eine Fussgängerbrücke über den Doubs beim Hôtel du Saut errichtet, sodass nun auch Besucher aus der Schweiz auf der französischen Seite die ganze Schönheit des Wasserfalls erblicken können. Bei den Besuchern handelt es sich fast ausschliesslich um Tagestouristen, die den Ausflug oft mit einer Schifffahrt auf dem Lac des Brenets verbinden. Von französischer Regierungsseite aus wurde der Saut du Doubs als erstklassiges Naturobjekt (1er site naturel) der Franche Compté bestimmt.

Der Saut du Doubs von der französischen Seite

Tourismus

Nur der Rheinfall, die Trümmelbachfälle, die Giessbachfälle, der Saut du Doubs, die Reichenbachfälle, der Pissevache und der Rofflafall sind von grösserer wirtschaftlicher Bedeutung. Alle anderen Wasserfälle der Schweiz generieren fast keine Wertschöpfung, da keine touristischen Angebote bestehen. Viele der regional bekannten Wasserfälle besitzen jedoch gut ausgebaute Wanderwege und werden vom Wandertourismus genutzt.

Ein Beispiel dafür sind die Thurwasserfälle in Unterwasser im Toggenburg. Diese in einer Schlucht gelegenen Fälle wurden mit relativ grossem Aufwand zugänglich gemacht. Der Weg ist sehr gut ausgebaut, führt teilweise in Tunnels den Fällen entlang und ermöglicht von verschiedenen Orten Einblicke in die Kopf-, Fall- und Prallzonen der beiden Fälle. Der beschilderte Weg wird in den Tunnels sogar beleuchtet. Aufgrund der zu kleinen Besucherzahl besteht keine Möglichkeit, in unmittelbarer Nähe ein Restaurant zu betreiben oder einen Eintrittspreis zu erheben. Die direkte Wertschöpfung der Thurwasserfälle ist also äusserst gering.

Diese Situation findet sich bei vielen Wasserfällen in der Schweiz. Vielfach liegen sie abseits von Tourismusregionen und sind weder schnell noch bequem erreichbar. Die kleinen Besucherzahlen verunmöglichen den Betrieb eines Restaurants, und ohne zusätzliche Attraktivität durch ein Restaurant bleiben die grossen Besuchermengen aus.

Tourismus

Die zehn meistbesuchten Wasserfälle der Schweiz

Wasserfall	Höhe	Ort	Besucher/Jahr
Rheinfall	23 m	Laufen ZH/Neuhausen SH	1 500 000
Engstligenfälle	370 m	Adelboden BE	250 000
Staubbachfall	297 m	Lauterbrunnen BE	200 000
Trümmelbachfälle	140 m	Lauterbrunnen BE	150 000
Giessbachfälle	290 m	Brienz BE	70 000
Mürrenbachfall	417 m	Lauterbrunnen BE	70 000
Reichenbachfall	110 m	Schattenhalb BE	66 000
Saut du Doubs	17,2 m	Les Brenets NE	60 000
Cascade de Pissevache	103 m	Vernayaz VS	25 000
Rofflafall	11 m	Andeer GR	15 000

(Die Zahlen sind nur Richtwerte, da genaue Erhebungen an Wasserfällen ohne Eintritt sehr schwierig sind.)

Die Trümmelbachfälle im Lauterbrunnental BE: Erst durch einen grossen Ausbau der erforderlichen Infrastruktur wurden die Wasserfälle touristisch vermarktbar.

Die Rinquelle und die Seerenbachfälle in Amden SG: Mittels Informationsstelen wird an touristisch interessanten Wasserfällen vermehrt über Aspekte informiert, die mit diesen Naturschauspielen in einem Zusammenhang stehen.

Sport

Den Wasserfall rauf

Das Eisklettern oder Wasserfallklettern ist eine Sportart, bei der mittels technischer Geräte wie Steigeisen und Eispickel mehr oder weniger senkrechte Eisflächen erklettert werden. Gesichert wird in kompaktem Eis mit Eisschrauben, in Routen, die auch über den Fels führen, mit den gleichen Sicherungsmitteln wie im Sportklettern. Nebst den objektiven Gefahren wie Eisschlag und Lawinenniedergängen muss auch mit den Folgen von Stürzen und damit einhergehenden Verletzungen durch die scharfkantigen Klettergeräte gerechnet werden. Entwickelt hat sich diese Sportart aus den klassischen Eiswandtouren im Hochgebirge. Viele dieser Eisfälle, die erklettert werden, entsprechen aber nicht unserer strengen Definition eines Wasserfalls. Es kommt nur selten vor, dass ein hoher, freifallender Wasserfall ganz zu einer Eissäule gefriert. Die meisten der erkletterten Eisfälle werden von Schiessgerinnen oder Kaskaden gebildet. Im Vokabular der Eiskletterer finden sich zwei Begriffe, die einen Eisfall beschreiben, der im Sommer einem Wasserfall entspricht: Die Säule ist eine freistehende Eissäule ohne Felsverbindung, also ein einfach freifallender Wasserfall. Die Kerze, eine säulenähnliche Eismasse, die auf ihrer ganzen Länge an der dahinterliegenden Wand angefroren ist, entspricht einer Übergangsform zwischen einem freifallenden Wasserfall und einem Schiessgerinne.

Das Wasserfallklettern ist in der Schweiz eine junge Sportart und wird erst seit 1975 betrieben, als die Cascade du Dar (Seite 213) als erster Eisfall der Schweiz erklettert wurde. In der Zwischenzeit ist die Beliebtheit dieser Sportart gewachsen, und heute können schätzungsweise 1000 Personen als aktive Wasserfallkletterer bezeichnet werden. In den Schweizer Alpen gibt es etwa 100 Gebiete, die in Eiskletterführern beschrieben sind.

Nicht alle potentiellen Wasserfallklettergebiete können auch genutzt werden, primär aus Wildschutzgründen. Gebiete, die in diesem Buch beschrieben werden und zum Eisklettern genutzt werden, sind: Col du Pillon, Elm, Engstligen, Gasterntal, Kandersteg, Meiringen, Rosenlaui, Saas Balen, Sertig, Weisstannental und Zwischbergental. In diesen Gebieten finden sich teilweise hohe kaskadenartige Fälle, die ideale Eiskletterrouten abgeben.

Da diese Gebiete und die entsprechenden Routen oftmals abgelegen sind, übernachten viele Eiskletterer in Pensionen vor Ort, was einigen Betrieben in den Wintermonaten das Überleben ermöglicht. Beispiele dafür sind die Pension Edelweiss im Averstal und das Restaurant Urnerboden im gleichnamigen Gebiet. Verschiedene haben das Potential der Eisfälle entdeckt und machen damit Werbung oder tragen richtige Eiskletterwettkämpfe aus. Bergführer können sich mit dem Wasserfallklettern durch Kurse und Führungen in den Wintermonaten ein Einkommen schaffen. Die Saison ist jedoch witterungsbedingt kurz. Eine weitere Einschränkung besteht darin, dass eine vollständige Eiskletterausrüstung um die 4000 Franken kostet.

Insgesamt generiert das Eisklettern pro Jahr eine Wertschöpfung von zwei bis drei Millionen Franken. Wir schätzen, dass durch diese Sportart 15 bis 20 Jahresarbeitsplätze geschaffen werden.

Eisklettern im Sektor «Schmonawald» im Weisstannental

www.basislager.ch
www.eisklettern.com

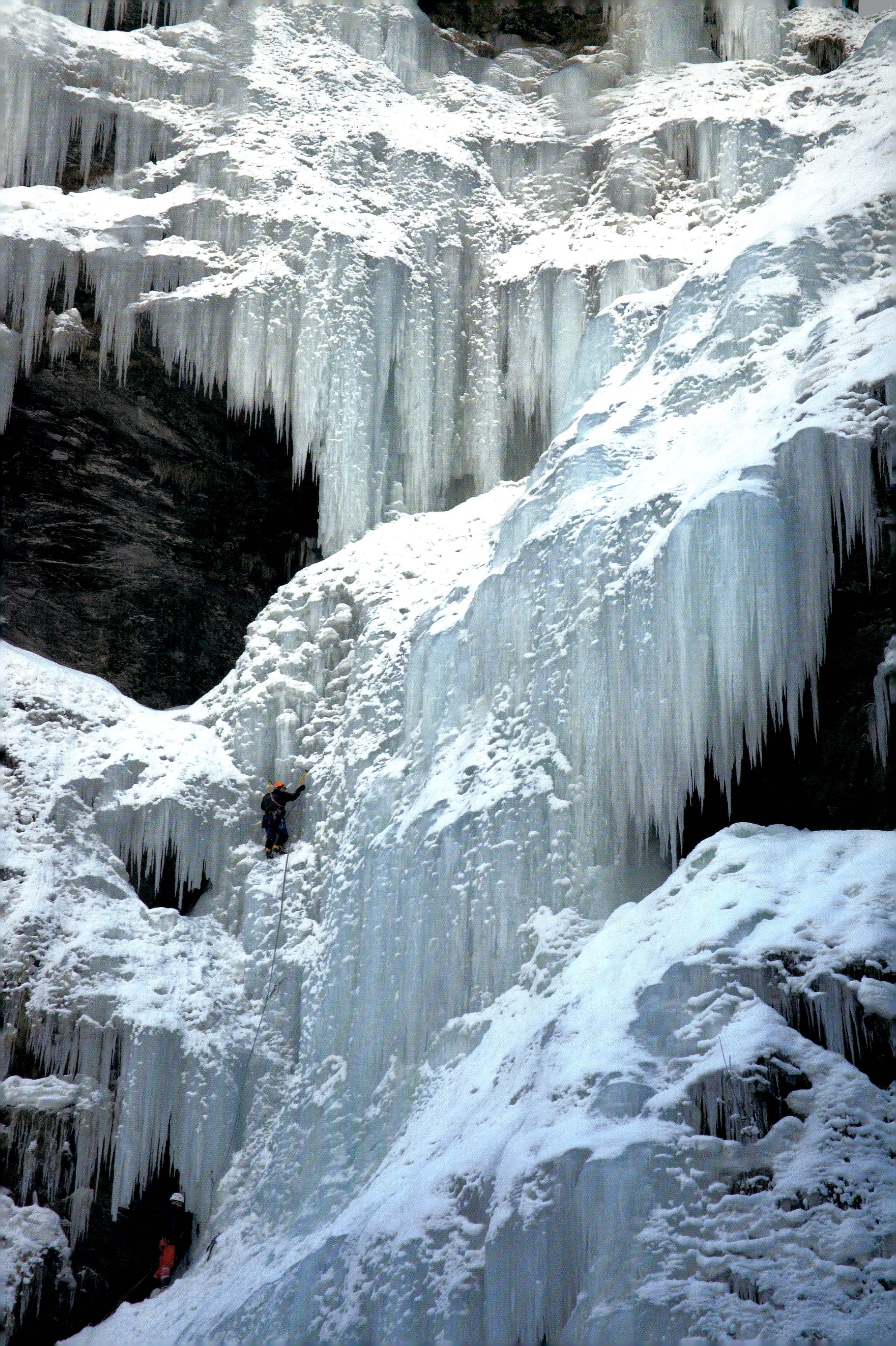

Sport

Den Wasserfall runter

Die Befahrung von Wildwasser erfolgt entweder mit einem Kajak oder mit einem Kanadier, wobei der Fahrer im Kajak sitzt und im Kanadier kniet. Wildwasser sind Fliessgewässer mit Engstellen, mit steilen Abschnitten, mit Steinen und Felsen im Gerinne, mit Walzen und Wellen, die den Kanuten zu exakter Fahrt durch diese Schwierigkeiten hindurch zwingen. Den Wildwasserfahrern wird eine grosse Erfahrung in Kombination mit Kraft und Geschicklichkeit abverlangt. Die Fliessgewässer werden dabei in unterschiedliche Schwierigkeitsgrade von I (leicht) bis V (extrem schwierig) und die Zusatzklasse VI (Grenze der Befahrbarkeit) eingeteilt.

Die Schwierigkeit der Befahrung eines Wasserfalles ist einerseits abhängig von der Fallhöhe und vom Wasserfalltyp, andererseits von der Strecke vor und nach dem Wasserfall und kann generell zwischen den Graden II und VI variieren. Damit ein Wasserfall überhaupt befahrbar ist, muss er unterhalb jeder Fallstufe einen Kolk aufweisen, der tief genug ist, um das eintauchende Kanu vor dem Aufprall am Grund zu bremsen.

Der Kajaker Christian Spichtig befährt die Cascata di Vergeletto (13 m) am Ribo im Valle di Vergeletto TI. (Foto: Erich Schumacher)

Sport

Von den in diesem Buch beschriebenen Wasserfällen wurden von Kanuten bereits die Cascata di Vergeletto (13 m), alle drei Giessenfälle (10,5 m/7 m/9,4 m), der Rheinfall (23 m) und die beiden Simmenfälle (je 9 m) befahren. Zudem stellte der St. Galler Felix Lämmler am 2. Januar 2007 einen neuen Weltrekord im Wasserfallstürzen auf. Er befuhr den 34 m hohen freifallenden Leuenfall in Appenzell Innerrhoden und überbot den bestehenden Weltrekord von 30 m Fallhöhe.
Als weitere befahrbare Wasserfälle sind der Rofflafall (11 m) und der Saut du Doubs (17,2 m) zu nennen. Weitere Informationen zur Befahrung des Rheinfalls befinden sich auf Seite 65.

www.swisscanoe.ch
www.alpin-kajak-team.ch
www.bondle.de

Gefährdung

Gefährdungen von Wasserfällen können anthropogen oder natürlichen Ursprungs sein; dabei erfolgen die Auswirkungen auf den Wasserfall direkt oder indirekt. Direkte Folgen beeinflussen den Wasserfall in seinem Wesen, verändern also eines der zentralen Elemente Höhe, Wasserführung oder Morphologie. Indirekte Folgen wirken auf die peripheren Elemente eines Wasserfalls; dazu zählen beispielsweise Ästhetik, Fauna, Flora oder Zugänglichkeit.

Die natürlichen Gefährdungen

Die grösste Gefahr, die beständig auf jeden destruktiven Wasserfall wirkt, ist die rückschreitende Erosion: Das Fliessgewässer ist bestrebt, den Gefällsbruch in seinem Lauf auszugleichen. Dieser Prozess ist bei jedem Wasserfall in Stärke und Geschwindigkeit anders. Die Erosionsgeschwindigkeit ist im Allgemeinen so gering, dass einem Betrachter die entsprechenden Änderungen in Lage, Höhe oder Morphologie eines Falles nicht auffallen. Geschieht dieser Prozess schlagartig, ist dies anders: Klüfte, Schwächezonen oder Gleitschichten im Fallmacher können zu einem Kollaps dieses Bereichs führen. Ein Teil der Felswand stürzt ins Tal: Der Fall verliert einen Teil seiner Höhe und verändert seine Morphologie. Der neue Wasserfall ist in jedem Fall kleiner und weniger ausgeprägt. Im Extremfall kann sogar der ganze Wasserfall verschwinden. Er fliesst dann als Wildbach über die entstandenen Felssturztrümmer oder im Trümmerhaufen unterirdisch weiter.
Eine Änderung des Wasserlaufs ist eine weitere natürliche Gefährdung des Wasserfalls. Sie kann unterschiedliche Ursachen haben. In Kalkgebieten relativ häufig ist die Entstehung von Schlucklöchern, in denen das Fliessgewässer verschwindet und dann unterirdisch weiterfliesst. Eine entsprechende Gefährdung drohte den Giessbachfällen Anfang des 19. Jahrhunderts. Durch das Verfüllen des Schluckloches konnte ein Versiegen der Giessbachfälle abgewendet werden.
Weitere Ursachen für eine Änderung des Fliessweges können Felsstürze, Erdrutsche oder Murgänge sein, die dem Fliessgewässer den alten Lauf versperren und es in einen neuen Lauf drängen. Diese Änderungen können temporär sein; bei grösseren Verfüllungen des Gewässerlaufes ist auch eine permanente Änderung wahrscheinlich.

Gefährdung

Die anthropogenen Gefährdungen

In grossen Teilen des Alpenraums der Schweiz wird den Bächen und Flüssen Wasser entnommen. Die Wasserentnahme kann aus Gründen der Wasserkraftnutzung, zur Bewässerung und zur Trinkwassergewinnung erfolgen. Bei der Trinkwassergewinnung ist ein Stand erreicht, der zusätzliche Fassungen relativ unwahrscheinlich macht. Eine Gefährdung der Wasserfälle ist auch wegen der geringen Mengen, die entnommen werden, nicht zu erwarten. Von der Bewässerung, die vor allem in den Kantonen Wallis und Graubünden eine Rolle spielt, geht ebenfalls keine zusätzliche Gefährdung für die Wasserfälle aus. Bei der Wasserentnahme zur Erzeugung von Elektrizität ist die Situation jedoch anders: Viele Wasserfälle wurden trockengelegt oder in ihrer Wasserführung stark beeinträchtigt. Eine Gefahr stellt hier der Neubau von Kraftwerken oder deren Leistungssteigerung dar. In einer Studie zu den Möglichkeiten des Ausbaus der Wasserkraftnutzung in der Schweiz wird eine Schätzung der Zahl von potentiellen Gross- und Kleinwasserkraftwerken angestellt. Danach könnten 32 Grosswasserkraftwerke und etwa 1000 Kleinwasserkraftwerke neu gebaut und wirtschaftlich betrieben werden. Viele dieser Kleinwasserkraftwerke würden in noch wenig oder ganz unberührten Einzugsgebieten gebaut. In der heutigen Situation ist also immer noch mit einer beträchtlichen Gefahr für einzelne Wasserfälle zu rechnen.

Neue Konzessionsverträge mit den Kraftwerkbetreibern verlangen zukünftig erhöhte Restwassermengen in den Gewässern, was bei einigen Wasserfällen zu einer Verbesserung der Situation führen wird.

Eng mit dem Problem der Wasserentnahmen ist auch das «Ertränken» von Wasserfällen in Stauseen verbunden. Mehrere Wasserfälle waren in der Vergangenheit davon betroffen. Oftmals verschwanden die betroffenen Wasserfälle ganz, manchmal verloren sie nur einen Teil ihrer Fallhöhe. Da der Neubau grosser Staumauern heute nicht mehr wahrscheinlich ist, ist die Gefahr, dass weitere Wasserfälle auf diese Art verschwinden werden, sehr klein.

Die Gefährdung von Wasserfällen durch eine Klimaänderung, sowohl eine natürliche als auch eine primär anthropogene, erfolgt über eine Änderung des Niederschlagsregimes und eine Verschiebung der Schnee- und Firnlinie. Verändern sich das jahreszeitliche

Der Wisistüber bei Kandersteg BE im Jahr 2001 und im Jahr 2004:
Das Abschmelzen des Kanderfirns führte mit dem Wechsel der Position auch zur Veränderung seines Typs und seiner Fallhöhe.

Gefährdung

Muster und die Stärke der Niederschläge, hat dies einen direkten Einfluss auf den jahreszeitlichen Abfluss des entsprechenden Fliessgewässers. Bei den meisten Wasserfällen mit einem ganzjährigen Abfluss werden sich diese Veränderungen wohl in kleinem Rahmen halten und dürfen nicht zwingend als Gefährdung gesehen werden. Mit einer Klimaerwärmung steigt jedoch auch die Schneegrenze an. Dies hat zur Folge, dass Wasserfälle, deren Quellgebiete in kleineren Gletschern liegen, im Hoch- und Spätsommer einen massiv verkleinerten Abfluss haben, weil das Wasserreservoir des entsprechenden Gletschers nicht mehr vorhanden ist. Bei wie vielen Wasserfällen dies eintreffen wird, hängt von der Erhöhung der Durchschnittstemperatur ab. Neueste Untersuchungen gehen davon aus, dass bis zum Ende dieses Jahrhunderts über 80 % der Alpengletscher verschwinden werden. Dies würde bedeuten, dass viele der in diesem Buch vorgestellten Wasserfälle gefährdet sind.

Eine Gefahr nicht direkt für den Wasserfall, sondern für dessen Ästhetik geht von Bauten in unmittelbarer Nähe aus. Das sind vor allem Wildbachverbauungen und Wasserfassungen. Diese Bauten befinden sich nicht direkt in der Fallzone, sondern unmittelbar oberhalb oder unterhalb des Wasserfalls. Da die Kopfzonen vieler Fälle nur schwer zugänglich sind, sind Bauten oberhalb nicht oder nur eingeschränkt sichtbar. Im Gegensatz dazu stören etwa Wildbachverbauungen unterhalb des Falls oft sehr massiv.

Eine weitere ästhetische Gefährdung eines Wasserfalls können Verkehrswege oder Hochbauten in der Umgebung darstellen. Wanderwege stören das ästhetische Erlebnis eines Wasserfallbesuchs nicht, sondern ermöglichen im Gegenteil erst den Zugang. Sind jedoch Durchgangsstrassen vorhanden, können deren Anblick und der Lärm der vorbeifahrenden Autos das Erlebnis stark beeinträchtigen. Bei den Hochbauten überwiegen Wohnhäuser und Gewerbebauten, an einigen Orten auch Bauten der touristischen Infrastruktur. Durch die grosse Zersiedelung der Schweiz finden sich bei einigen tiefer gelegenen Wasserfällen Bauzonen in der nahen Umgebung. Wegen der Gefahr, die von einem Wasserfall bei Hochwasser ausgehen kann, ist es jedoch unwahrscheinlich, dass Bauten in seiner unmittelbaren Umgebung erstellt werden.

Die verschiedenen Gefährdungen bei Wasserfällen

	Anthropogen	Natürlich
Direkt	• Wasserentnahmen	• rückschreitende Erosion
	• Staustufen unterhalb des Falls	• Felsstürze u. Ä.
	• Klimaänderung	• Änderungen des Wasserlaufs
	• Bauten im unmittelbaren Bereich des Wasserfalls	• tektonische Prozesse
Indirekte	• Wasserverschmutzung	
	• Bauten in der Umgebung des Wasserfalls	
	• Besucherstrom	

Gefährdung

Beispiel Rheinfall

Der Rheinfall, der durch eine weiter unten liegende Staustufe einen kleinen Teil seiner Fallhöhe verloren hat, leidet seit einiger Zeit an einem Besucherschwund. Nachdem die jährliche Besucherzahl auf eine Million zurückgegangen war und die direkte Wertschöpfung des einzelnen Besuchers auf Grund der kurzen Aufenthaltszeit gering ist, entschlossen sich die sechs Grundeigentümer zu einer Studie über die Steigerung der Attraktivität des Rheinfalls und die Möglichkeiten einer höheren Wertschöpfung. Dies sollte über eine längere Verweildauer seitens der Besucher und nur sekundär über eine Erhöhung der Besucherzahl erfolgen. Das Projekt «Rheinfall 2000 plus» schlägt vor, das Rheinfallareal zu einem Erlebnispark auszubauen. Attraktionen wie Freiluftlift, virtuelle Befahrung des Rheinfalls und U-Boot-Fahrt im Rheinfallbecken waren geplant. Der Eintrittspreis hätte sich auf 18 Franken belaufen. Die meisten der neuen Angebote sollten in leerstehenden Fabrikgebäuden auf Neuhauser Seite, im Schlösschen Wörth und im Schloss Laufen untergebracht werden.
Wegen des grossen Widerstands der lokalen Bevölkerung sowie der Natur- und Heimatschutzverbände liessen sich aber keine Investoren für das Projekt gewinnen. Einzig das Tourismusmuseum im Schloss Laufen und ein Infopavillon werden nun realisiert.

Rheinfall bei Laufen ZH:
Wohn- und Fabrikbauten auf der Seite von Neuhausen SH beeinträchtigen das Naturerlebnis eines Besuches.

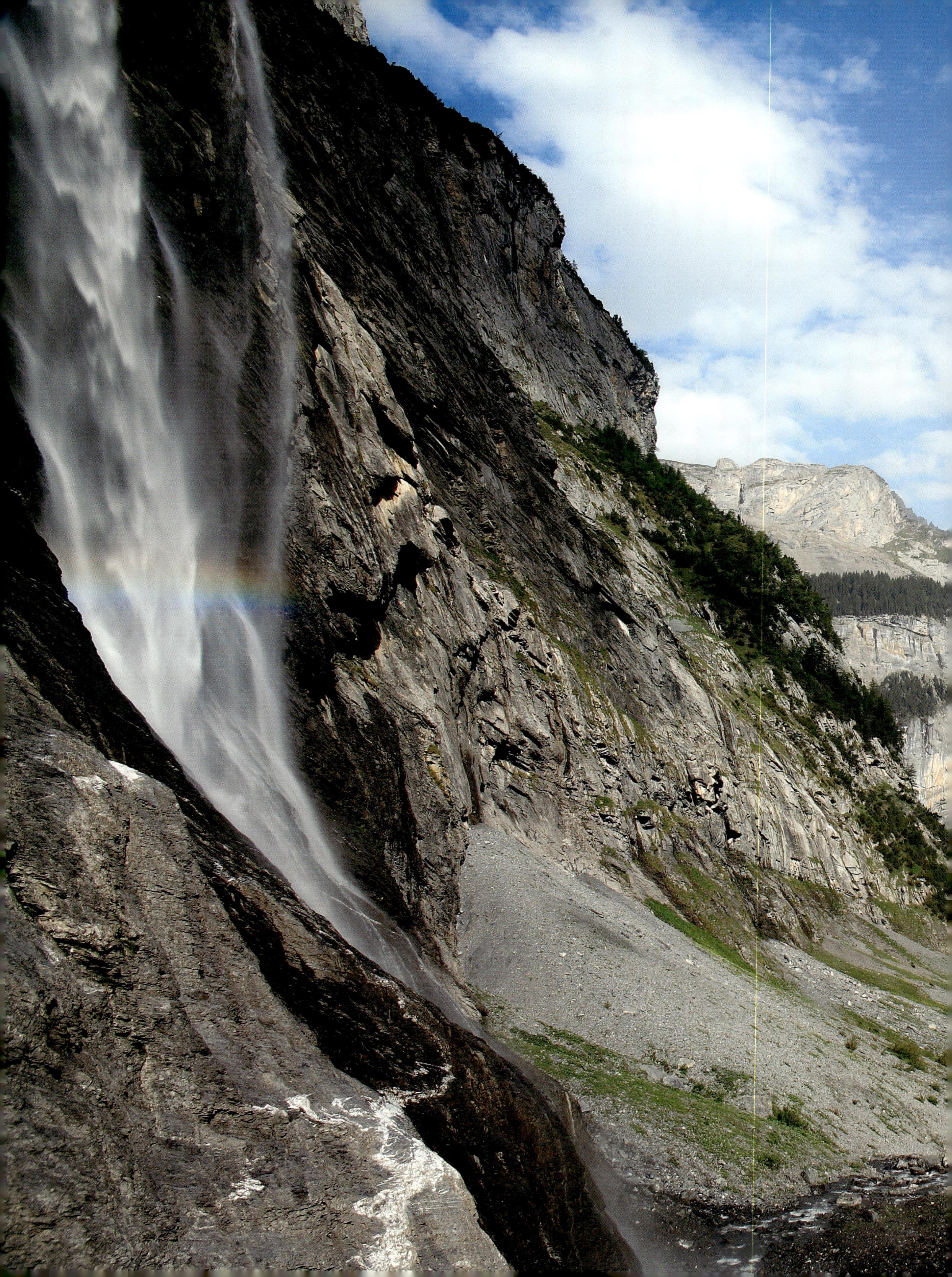

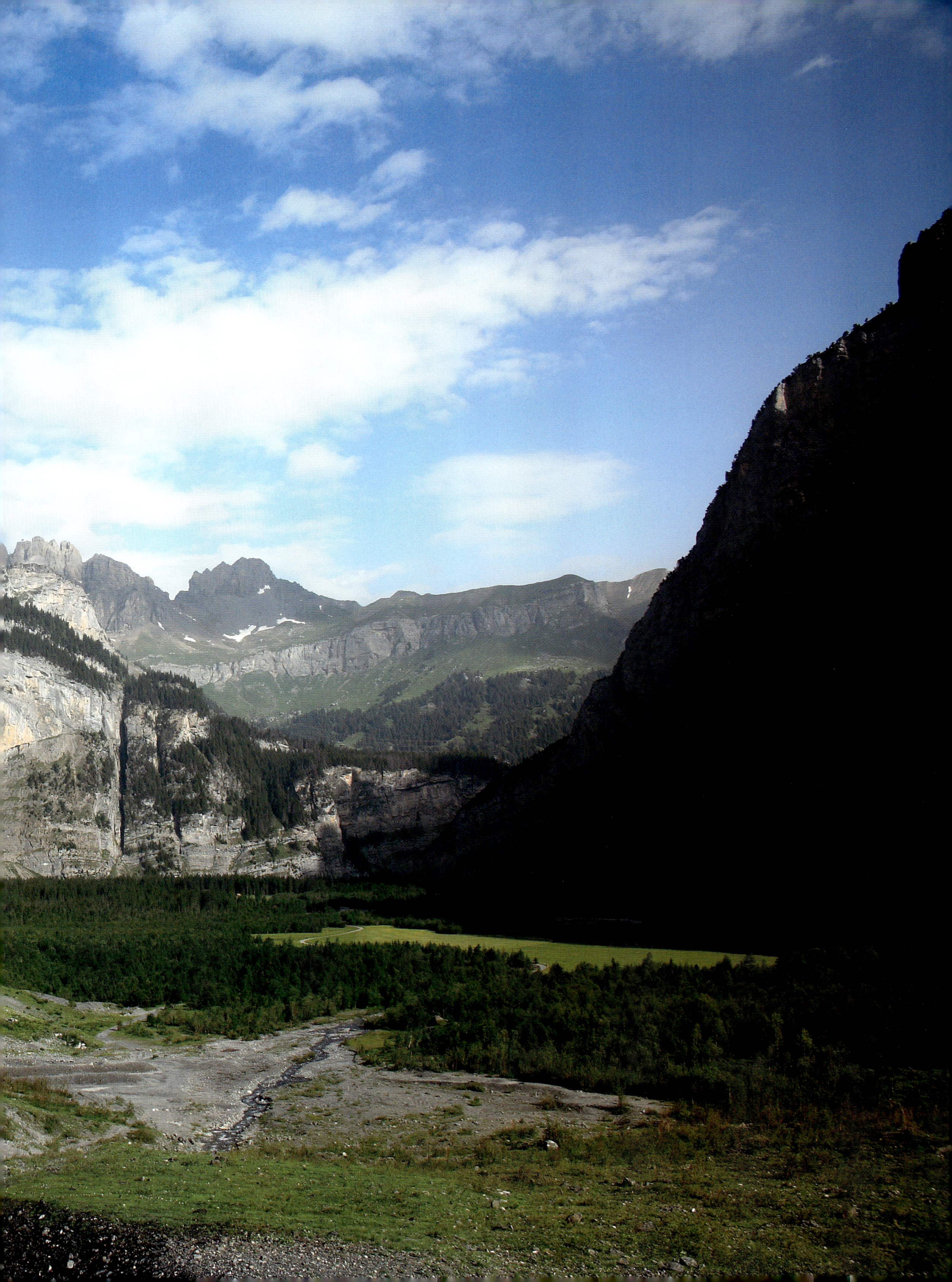

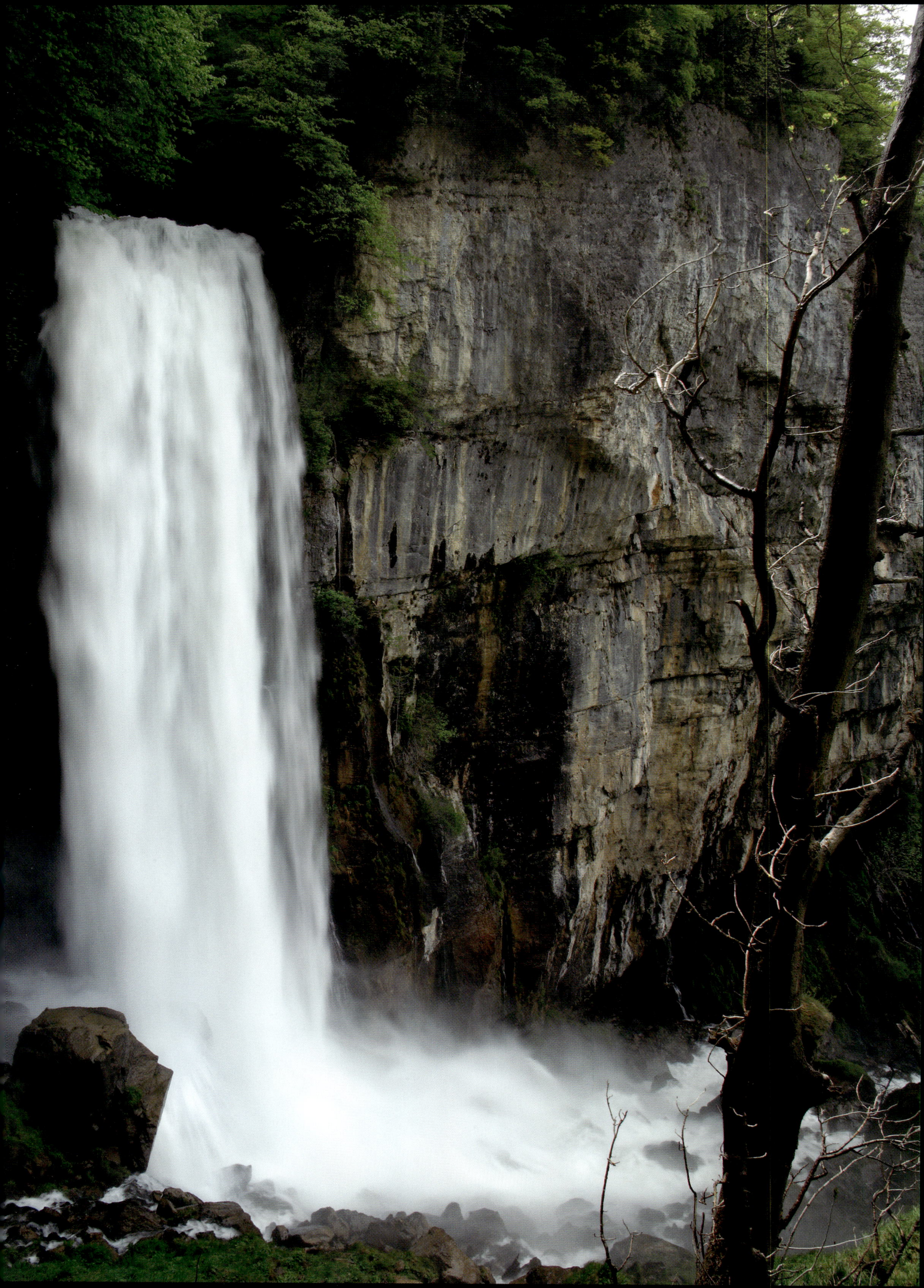

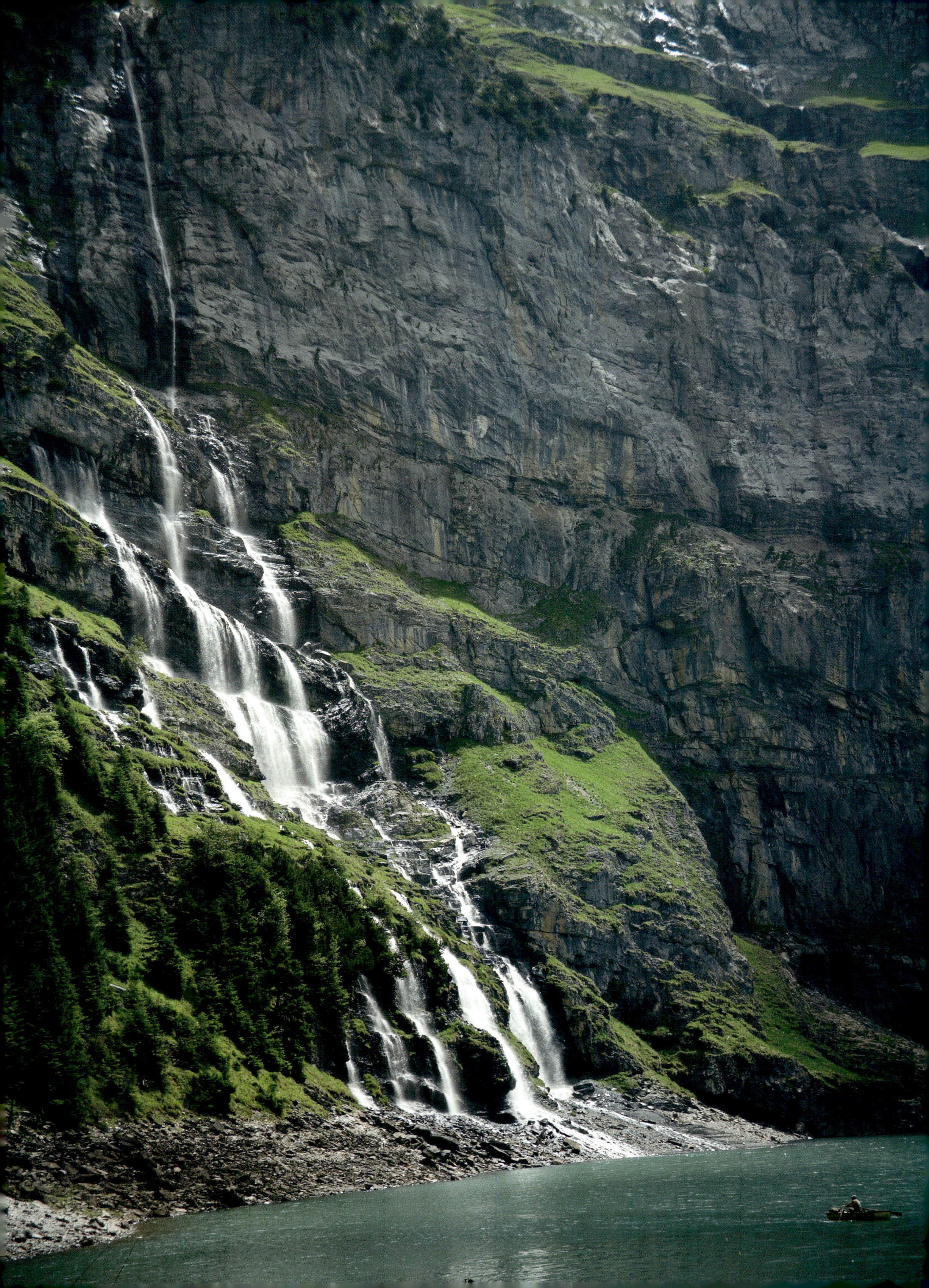

Die Wasserfälle der Schweiz

Im zweiten Teil des Buches finden Sie Daten und Informationen zu 130 Wasserfällen und Kaskaden der Schweiz, die nach Regionen innerhalb von Kantonen gegliedert sind. 54 Wanderungen führen Sie in die verschiedenen Wasserfallregionen.

Insbesondere zur Höhenmessung bei Wasserfällen müssen an dieser Stelle noch ein paar Anmerkungen gemacht werden. Bei den in diesem Buch vorgestellten Wasserfällen ist die Höhe immer auf einen Meter genau angegeben. Unsere Messungen wurden mit einem Lasermessgerät gemacht und sind generell sehr exakt. Die Fallkante und die Prallzone eines Wasserfalles können jedoch nicht immer genau bestimmt werden. Die Morphologie des Falls, die abfliessende Wassermenge und die Windverhältnisse können zu unterschiedlichen Messwerten führen. Deshalb sollten diese nicht als absolut gültig erachtet werden. So liegt z.B. die in diesem Buch erwähnte Höhe des mittleren Seerenbachfalls bei 305 Metern. Die Spannweite der Resultate kann jedoch durch die oben beschriebenen Faktoren zwischen 302 und 308 Metern Fallhöhe liegen.

Die Uferbezeichnung von Gewässern wird generell orografisch vorgenommen. Ist von linker oder rechter Seite eines Gewässers die Rede, ist der Blick immer in Fliessrichtung gerichtet, also von der Quelle zur Mündung.

Wasserfalltabelle

Name	Name des einzelnen Wasserfalls, der Kaskade oder der Kaskadenstufe; aufeinanderfolgende Wasserfälle oder Kaskadenstufen mit demselben Namen wurden mit einer römischen Zahl ergänzt (in Fliessrichtung aufsteigend).
Höhe	Bei der Höhenangabe wird zwischen **Kaskadenhöhe** und **Stufenhöhe** innerhalb der Kaskade unterschieden. Einzelne Wasserfälle verfügen nur über eine **Höhe**.
Koordinaten	Die Koordinaten beziehen sich auf die Schweizerischen Landeskoordinaten (CH1903), die in den offiziellen Landeskarten 1:25000 und 1:50000 des Bundesamtes für Landestopographie verwendet werden.
Kopf-, Fall- und Prallzone	Zur Typisierung der Wasserfälle (siehe Kapitel Morphologie)
Gewässername	Der Gewässername wurde den offiziellen Landeskarten 1:25000 des Bundesamtes für Landestopographie entnommen. Wo kein Gewässername vorhanden war, wurde der Flurname des Gebietes übernommen.
Einzugsgebietsgrösse	Die Fläche des Gewässereinzugsgebietes oberhalb des Wasserfalls wurde mit den offiziellen Landeskarten 1:25000 des Bundesamtes für Landestopographie vermessen.
Ort	Durch die grosse Zahl der laufenden Gemeindefusionen in der Schweiz wurde nicht der Begriff Gemeindename gewählt; statt dessen wird der nächstgelegene Ort (Weiler, Dorf, Stadt) genannt.
Nr.	Die Nummer bezieht sich auf die Wasserfallnummer im regionalen Kartenausschnitt.

Seite 56/57: Wildelsigfälle, Kandersteg BE
Seite 58: Rinquelle, Amden SG
Seite 59: Am Oeschinensee, Kandersteg BE

Einführung

Wanderung

Name (Nr.)   Die Nummer bezieht sich auf die Nummer der Wanderung im regionalen Kartenausschnitt.

Startpunkt, Zwischenziele und Endpunkt   Sind im regionalen Kartenausschnitt erfasst

Wanderzeit (h)   Totale Wanderzeit, von Startpunkt bis Endpunkt, ohne lange Pausen

Strecke (km)   Wanderstrecke von Startpunkt bis Endpunkt

Höhenmeter (m)   Zurückgelegte Höhenmeter im Auf- und Abstieg

Schwierigkeitsgrad   Schwierigkeitsgrad der Wanderung gemäss der neuen Wanderskala des Schweizerischen Alpen Clubs (SAC), wobei:

     T1   Wandern auf guten Wegen, mit Turnschuhen und Orientierung ohne Kartenmaterial möglich

     T2   Bergwandern auf Weg mit durchgehendem Trassee, Trittsicherheit in teilweise steilem Gelände, Trekkingschuhe, evtl. Kartenmaterial empfohlen

     T3   anspruchsvolles Bergwandern, Weg am Boden nicht unbedingt sichtbar, ausgesetzte Stellen können mit Seilen oder Ketten gesichert sein; Trittsicherheit, gute Trekkingschuhe und Orientierung mit Kartenmaterial werden vorausgesetzt.

Nebst den Wanderbeschrieben finden Sie weitere nützliche Informationen, wie die Blattnummern der Landeskarten 1:25 000 und 1:50 000, die das Gebiet abdecken, die Fahrplanfeldnummer und die Streckenbezeichnung von Bahn, Bus oder Schiff sowie Unterkünfte und Restaurants in den Gebieten.

Kartenausschnitte

Die regionalen Karten dienen der Übersicht und sind nur als Orientierungshilfe für einfache Wanderungen zu empfehlen. Folgende Symbole werden auf den Karten verwendet:

🚆	Bahnhof	🛏	Hotel/Gasthof/SAC-Hütte
🚌	Bushaltestelle	🛌	Massenlager
⛴	Schifflände	⛺	Campingplatz
🚟	Bergbahn	🏊	Schwimmbad
🍴	Restaurant		

Rheinfall

Laufen ZH/Neuhausen SH

Name	Rheinfall
Höhe	23 m
Koordinaten	688 315/281 427
Kopfzone	allmählich
Fallzone	deckend kaskadenartig
Prallzone	Kolk
Gewässername	Rhein
Einzugsgebietsgrösse	11 887 km²
Ort	Laufen/Neuhausen

Am Rheinfall

Halte dein Herz, o Wanderer, fest in gewaltigen Händen!
Mir entstürzte vor Lust zitternd das meinige fast.
Rastlos donnernde Massen auf donnernde Massen geworfen,
Ohr und Auge, wohin retten sie sich im Tumult?
Wahrlich, den eigenen Wutschrei hörete nicht der Gigant hier,
Läg' er, vom Himmel gestürzt, unten am Felsen gekrümmt!
Rosse der Götter, im Schwung, eins über dem Rücken des andern,
Stürmen herunter und streun silberne Mähnen umher;
Herrliche Leiber, unzählbare, folgen sich, nimmer dieselben,
Ewig dieselbigen – wer wartet das Ende wohl aus?
Angst umzieht dir den Busen mit eins und, wie du es denkst,
Über das Haupt stürzt dir krachend das Himmelgewölb'!

Eduard Mörike

Rheinfall

Laufen ZH/Neuhausen SH

Der Rheinfall

Sowohl am Schaffhauser als auch am Zürcher Ufer des Rheins ist der Wasserfall über gut ausgebaute Wege erreichbar. Zwei Attraktionen machen den Rheinfall zu einem unvergesslichen Wasserfallerlebnis: einerseits die Aussichtsplattform «Känzeli» auf der Zürcher Seite des Rheinfalls – ein Fussweg führt vom Schloss Laufen zu diesem direkt im Rheinfall stehenden spektakulären Aussichtspunkt –, andererseits kann man sich mit Ausflugsbooten von beiden Ufern über das Kolkbecken dicht an den Rheinfall heranfahren und auf dem mittleren Felsen absetzen lassen. Dieser Felsen verfügt über eine Aussichtsplattform mit atemberaubender Sicht auf den Wasserfall zu beiden Seiten.

Der Rheinfall ist wohl der besterforschte Wasserfall der Schweiz, wenn nicht Europas. Und mit ca. eineinhalb Millionen Besuchern pro Jahr auch der bekannteste. Zudem wurde er in Kunst und Literatur in zahlreichen Werken geehrt. Ganze Kunstsammlungen widmen sich ihm, verschiedene berühmte Poeten schrieben über ihn, und einige Sagen entstanden rund um den Rheinfall.

Nebst einer Höhe von 23 m misst der Fall eine Breite von 150 m, und der Kolk in der Prallzone hat eine Tiefe von 13 m. Der durchschnittliche Jahresabfluss wird mit 600 m^3/s angegeben. Der maximale Abfluss wurde 1965 mit 1250 m^3/s gemessen. Der kleinste Abfluss geht mit 95 m^3/s auf das Jahr 1921 zurück. Eine Tafel mitten im Fall erinnert daran, dass der Wasserstand auch in den Jahren 1880 und 1953 extrem niedrig gewesen sein muss!

Rheinfall

Laufen ZH/Neuhausen SH

Das Geisterboot im Rheinfall

Es war an einem sehr schwülen Sommerabend, da ruderte weit oberhalb von Laufen ein junger Fischer sein Boot über den Rhein, trieb am Ufer sein Boot mit einem letzten Ruderschlag auf den Sand und streckte sich dann, von der Hitze des Tages übermüdet, in seinem Kahne aus. Er wartete auf einen Kameraden, der ihm helfen sollte, den Fang heimzutragen. Dabei schlief er ein.

Nun verhielt es sich so, dass die Strömung an jener Stelle zwar recht unbedeutend war, doch immerhin genügte, um das vorn nur auf dem Sande ruhende Boot zu verschieben und endlich mit sich hinwegzunehmen. Der Fischer merkte nichts davon. Auf der Seite liegend, und den Kopf in den Armen, schlummerte er immer noch friedlich, während sein Boot schon in die offene Strömung geriet und recht bald schnell dahintrieb.

Die Wasser aber wurden nun immer unruhiger. Auch war bereits in der Ferne ein dumpfer Donner zu hören, der sich beständig steigerte. Mit rasender Geschwindigkeit ging es darauf zu. Und jetzt streifte der Kahn ein Felsenriff, und als da der Bursch verstört aus dem Schlaf fuhr, um sich gleich darauf entsetzt an die Ruderbank zu klammern, sah er in eine wirbelnde Wolke von wild zerstäubendem und zerflatterndem Wasserdunst hinein, wusste auch sofort, wo er sich befand, und stürzte schon, mehr als achtzig Fuss tief, in den furchtbar tosenden und schäumenden Abgrund hinein.

Das weitere vollzog sich so schnell, dass es der schrecklich durchgrauste Bursche gar nicht zu erfassen vermochte. Wie durch eine eisige Hölle von peitschendem Gischt, hochwogenden Wassermassen und rasenden Wirbeln schoss er sekundenschnell in eine grelle Helle hinein. Die Sinne schwanden ihm dabei.

Als er aber sogleich wieder zu sich kam, fand er, zu seinem unendlichen Erstaunen, bereits alles um sich her wieder völlig verändert, nämlich friedlich und voll ruhiger Klarheit. Grün grüssten von beiden Seiten die buschigen Ufer zu ihm herüber. Sich ungläubig umwendend – denn noch erfasste er nicht, dass er gerettet war –, sah er schon weit zurück die weissschäumenden Gewölbe des wie in einem furchtbaren Traum durchmessenen Rheinfalls.

Da aber, indem er endlich begriff, dass er heil davongekommen war, überkam ihn ein solch starkes Glücksgefühl, dass er glaubte, es würde ihm die Brust sprengen. Wie unsinnig lachte und winkte er etlichen Männern am nächstgelegenen Ufer zu, die ihrerseits nicht verstanden, wie der ihnen unbekannte Fischer an diese Stelle des Rheins gekommen war. Wohl hatten sie ihn zu ihrer höchsten Verblüffung plötzlich nahe dem Fall auftauchen gesehen. Dass er aber diesen herabgestürzt sein sollte, ohne dabei von den ungeheuerlichen Wasserwirbeln für immer verschlungen zu werden, das kam ihnen gar nicht in den Sinn.

Um somehr erstaunten sie, als sie von dem inzwischen gelandeten und völlig durchnässten jungen Menschen erfuhren, welch ein unvorstellbares Abenteuer dieser durchlebt haben wollte. Und als sie sich jetzt noch immer ungläubig zeigten und nichts anderes vermeinten, als hätten sie es mit einem verrückten Aufschneider zu tun, geriet der Bursche in eine wilde Prahlerei hinein.

Er rief, das Ganze sei gar nicht so schlimm gewesen, ja es habe sogar sich erwiesen, dass man – bei einigem Glück natürlich – den Rheinfall leicht überwinden könne, und er selbst, der es schon einmal getan habe, werde es sogar mit Begier ein zweites Mal versuchen. «Denn», so sagte er, «wenn ich es halb schlafend und wie im Traum fertig brachte, werde ich es wachend doch ganz sicher schaffen!»

Darauf erklärten die meisten seiner Zuhörer, der Fischer sollte das tollkühne Wagnis besser nicht noch einmal versuchen, sondern Gott danken, der ihm beim ersten Mal offenkundig beigestanden hatte.

Nur ein einziger von den Männern, ging, zum Protest der übrigen, auf die Prahlerei des Burschen ein, indem er kühl sagte, im ersten Übermut schwätze man gar vieles leicht daher und nehme manches auf sich, vor dem man nachher leicht feige zurückweiche, so auch der Bursche. Er aber, der Müller Hirzel von Klein-Laufen, verwette hundert Taler, dass der so glücklich Gerettete bei klarem Kopf nicht mehr daran denke, sein Abenteuer zu wiederholen, und, tue er es dennoch, auch lebend wieder davonkomme. Das Ende war, dass sich der nun völlig verirrte junge Fischer in seiner Ehre angetastet fühlte und aufbrausend schrie, jawohl, er gehe auf die Wette ein und kein Mensch könne ihn daran hindern, zu zeigen, dass er den Mut dazu besitze. Schon am nächsten Tage, genau am Mittag, sollte man auf den Rheinfall achten. Dann komme er genau zwischen den beiden Felseninseln hindurchgeschossen.

Wohl versuchte man noch, dem Tollkopf zuzusprechen. Es war alles vergebens. Er war schon auf und davon, ehe man überhaupt erfuhr, wer er war und wo er wohnte. Am nächsten Tag aber löste der junge Mensch sein Versprechen ein. Da sahen die vor Schreck wie versteinert am Rheinufer stehenden Bewohner von Laufen den Burschen in seinem Boot pfeilschnell auf den Rheinfall zutreiben, dort am Rande der Wölbung vornüberkippen und wie ein Strohhalm in den greulich schäumenden, tosenden und wogenden Wassern verschwinden. Seine Leiche hat man nie gefunden. Nur Trümmer von seinem Boot.

Und seit dem nun, so berichtet die Sage, hat man zu ungezählten Malen in Vollmondnächten mitten im Rheinfall ein gespenstisches Boot auftauchen sehen, mit einem schattenhaften jungen Menschen darin, der kurz vor dem Sturz in den schrecklichen Abgrund verzweifelt die Arme ringt und im Hinabstürzen jedes Mal spurlos verschwindet. Danach ist nichts anderes mehr zu sehen als das alltägliche oder das allnächtliche, eben das donnernde Sturzgewölbe des Falls mit seinen wild aufflatternden und verwehenden Wasserstaubschleiern, den mächtig brodelnden Wirbeln in der Tiefe und den leise erzitternden Felseninseln mitten darin.

Quelle: «Rhein-Sagen, Geschichten entlang des Stromes», Maternus Verlag Köln

Rheinfall

Laufen ZH/Neuhausen SH

Jozef Hanulik unterhalb der Eisenbahnbrücke und während einer Erkundungspause mitten im Rheinfall bei der Tafel, die an die niedrigen Wasserstände der Jahre 1880 und 1953 erinnert. (Fotos: Jozef Hanulik)

Die Befahrungen

Das Befahren des Rheinfalls galt lange als unmöglich. Die Geisterbootsage unterstreicht die tödliche Gefahr des menschlichen Übermutes. Dennoch, in jüngster Zeit wurde der Rheinfall mehrmals mit einem Kajak befahren. Der erste Mensch war Jozef Hanulik, ein tschechischer Student, der am 21. Februar 1976 die rechte Route (seither die «tschechische Route» genannt) erfolgreich befuhr. Hanulik trug auf seiner Fahrt einen Tauchanzug, einen amerikanischen Football-Helm, eine gut gepolsterte Schwimmweste und eine Taucherrettungsweste mit Pressluft für sechs Minuten. «Ich trat die Fahrt mit einem alten Boot an», verriet Hanulik damals den Journalisten, «denn ich rechnete damit, dass es bei einem Sprung kaputtgehen könnte.»

Die zweite und dritte Befahrung, jedoch in der Flussmitte, wurde von den Deutschen Schorschi Schauf und Thomas Fink am 12. Januar 1997 gemeistert (Fink im Kanadier).

1999 wurde die Bootsfahrt zwischen Flurlinger Brücke und Rheinfall offiziell verboten. Wagemutige Wildwasserfans schreckt dieses Verbot aber kaum ab.

Im Jahre 2003 wurde der Rheinfall wiederum von Schorschi Schauf mit Frank Preuss im Kajak auf der «tschechischen Route» befahren.

Am 19. November 2005 glückte Felix Lämmler als erstem Schweizer Kajakfahrer die Befahrung in der Mitte sowie auf der rechten Seite. Die Befahrung in der Mitte wurde am 11. November 2006 durch Felix Lämmler wiederholt. Am 12. November 2006 erfolgte auf derselben Route die erfolgreiche Befahrung durch den Tiroler Bernhard Mauracher und den deutschen Nils Kagel. Am 19. November 2006 wurde die schwierigste und gefährlichste Route auf der linken Zürcher Seite beim «Känzeli» durch Felix Lämmler zum ersten Mal befahren.

Landeskarte 1:25 000, Blatt 1031
Landeskarte 1:50 000, Blatt 205

Kursschiff 3760: Rheinfall–Eglisau
Kursschiff 3761: Rheinfall–Rheinau

Auf den Rheinfall wird auch in den Kapiteln Gefährdung, Genese, Landschaftsmalerei, Onomastik, Sport, Typisierung, Verteilung und Tourismus eingegangen.

www.rheinfall.ch
www.rheinfall.com

Leuenfall

Lehmen AI

Weltrekord am Leuenfall

Der Schweizer Felix Lämmler schaffte am 2. Januar 2007 das Unmögliche: Er befuhr den Leuenfall mit seinem Kanu und übertraf den bestehenden Weltrekord im Wasserfallstürzen um 4 m.

Name	Leuenfall
Höhe	34 m
Koordinaten	747 233/239 570
Kopfzone	übergangslos
Fallzone	einfach freifallend
Prallzone	Kolk
Gewässername	Berndlibach
Einzugsgebietsgrösse	5,4 km^2
Ort	Schwende
Nr.	1

Lehmen AI

Entlang dem Wissbach zum Leuenfall (1)

Bahnhof Weissbad, Haslersteg, Rechböhl, Wasserhalten, Herrentüllen, Sönderliwald, Ahorn, Leuenfall, Bushaltestelle Lehmen:
2½ h / 7,5 km / ↑240 m / ↓80 m / T1

Guter, leichter Weg, der mit der ganzen Familie begangen werden kann. Bereits im Dorf Weissbad werden der Brüelbach und der Wissbach überquert, anschliessend folgt der grösste Anstieg der Wanderung hinauf zur Kapelle Franziska Romana und nach Rechböhl. Nun führt der Weg ohne grössere Steigungen auf der linken Seite des Wissbaches an der Kapelle Sieben Schmerzen Mariens vorbei bis in den Sönderliwald. Hier lohnt sich der kurze Abstecher zur Ahornkapelle und zum Berggasthaus Ahorn. Zurück im Sönderliwald führt der Weg über die Brücke und entlang dem Berndlibach zum Leuenfall. Hier besteht die Möglichkeit, ein Picknick einzunehmen und ein Feuer zu machen. Von hier aus gelangt man auf der rechten Bachseite zurück zum Restaurant und zur Bushaltestelle Lehmen. Der Leuenfall kann von der Bushaltestelle Lehmen in 20 Minuten erreicht werden.

Rundwanderung zur Potersalp (2)

Bushaltestelle Lehmen, Grossleu, Potersalp, Böhlhütte, Leuenfall, Lehmen:
3¼ h / 10,5 km / ↕470 m / T1

Die wildromantische Wanderung führt unter dem Schäfler und dem Säntis entlang zur Potersalp. Die Moorlandschaft der Potersalp gehört zum Bundesinventar der Hoch- und Übergangsmoore von nationaler Bedeutung. Durch den Böhlwald führt der Weg zum Leuenfall und von dort nach Lehmen zurück.

Die beiden Wanderungen lassen sich auch kombinieren:
5½ h / 16 km / ↕580 m

Landeskarte 1:25 000, Blatt 1115
Landeskarte 1:50 000, Blatt 227

Publicar (Rufbus) Appenzell–Weissbad–Lehmen,
Tel. 0800 55 30 60

Waldgasthaus Lehmen, 9057 Weissbad, Tel. 071 799 13 48
Berggasthaus Ahorn, Weissbachtal, 9057 Weissbad,
Tel. 071 799 12 21
Hotel Weissbadbrücke, Hauptstrasse, 9057 Weissbad,
Tel. 071 799 13 31

www.appenzell.ch
www.lehmen.ch

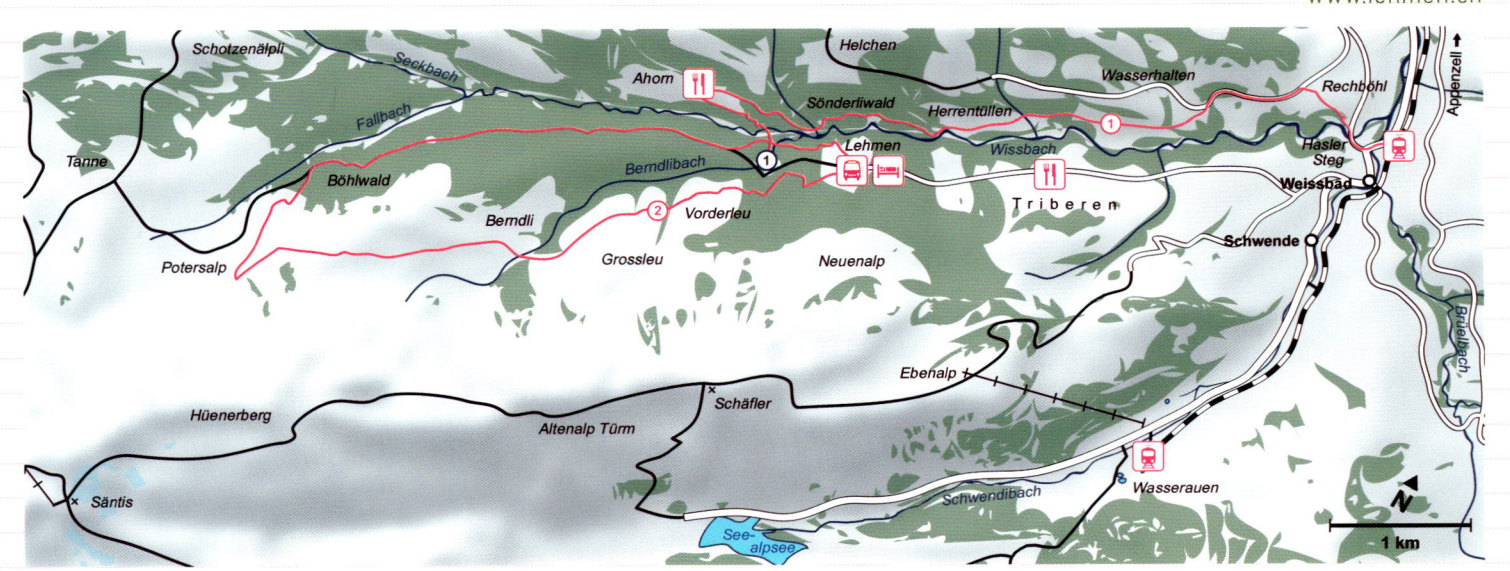

Thurwasserfälle

Toggenburg SG

Name	Thurwasserfall I	Thurwasserfall II
Kaskadenhöhe	23 m	23 m
Stufenhöhe	13 m	10 m
Koordinaten	741 926 / 229 650	741 922 / 229 644
Kopfzone	übergangslos	übergangslos
Fallzone	einfach freifallend	einfach freifallend
Prallzone	Kolk	Kolk
Gewässername	Säntisthur	Säntisthur
Einzugsgebietsgrösse	19,5 km²	19,5 km²
Ort	Unterwasser	Unterwasser
Nr.	1	1

Der Blick auf die beiden Thurwasserfälle vom Steg im Kolk des unteren Wasserfalls

Giessenfälle

Toggenburg SG

Name	Giessenfall I	Giessenfall II	Giessenfall III
Höhe	10,6 m	7 m	9,4 m
Koordinaten	734 685/230 438	734 232/231 074	734 136/231 128
Kopfzone	übergangslos	allmählich	übergangslos
Fallzone	einfach freifallend	deckend kaskadenartig	einfach freifallend
Prallzone	Kolk	Kolk	Kolk
Gewässername	Thur	Thur	Thur
Einzugsgebietsgrösse	81,8 km^2	84 km^2	84 km^2
Ort	Nesslau-Krummenau	Nesslau-Krummenau	Nesslau-Krummenau
Nr.	2	3	4

Giessenfall I
Der schönste! In einer natürlichen Umgebung gelegen, fällt der erste Fall über eine Nagelfluhbank 10,6 m in einen wild schäumenden Kolk, um anschliessend über eine kleinere Nagelfluhbank als Stromschnelle weiterzufliessen.

Giessenfall II
Bei der Wasserfassung des Kraftwerkes Giessen gelegen, ist der Wasserfall eigentlich der Staubeckenüberlauf mit künstlich erhöhter Staumauer. Nur das Restwasser fliesst hier über den Fall.

Giessenfall III
Die Prallzone liegt unmittelbar beim Kraftwerk Giessen. Auch dieser Fall besteht nur aus dem Restwasserabfluss. Links neben dem Giessenfall III befindet sich ein weiterer kleiner Wasserfall (26 m Höhe), der in den grossen Kolk des Giessenfalles fällt.

Dank den ausgeprägten Kolken wurden bereits alle drei Giessenfälle von Kajakfahrern befahren.

Der Giessenfall III

Toggenburg SG

Zu den Thurwasserfällen [1]

Bushaltestelle Unterwasser, Chämmerlitobel, Thurwasserfälle, Unterwasser:
30 min / 1,6 km / ↕40 m / T1

Guter, breiter Weg entlang der Säntisthur. Bereits 1927 wurden die Thurwasserfälle im Chämmerlitobel mit einer Brücke, und verschiedenen Stegen und Tunnels den Besuchern zugänglich gemacht; dadurch lassen sich die Wasserfälle von unten, von der Seite und von oben betrachten und hautnah erleben.

Zum Gräppelensee [2]

Unterwasser, Thurwasserfälle, Laui, Seebach, Gräppelensee, Alt St. Johann:
3½ h / 8 km / ↑450 m / ↓470 m / T1

Der Weg verläuft entlang der Säntisthur, dann entlang dem Seebach nach Gräppelen. Die Ufer des verträumten Gräppelensees eignen sich ideal für Picknick und Sonnenbad. Die Wanderung ist auch mit Kindern empfehlenswert.

Landeskarte 1:25 000 Nr. 1114, 1134
Landeskarte 1:50 000 Nr. 227, 237

Buslinie 860.790: Nesslau–Wildhaus–Buchs SG

Hotel Restaurant Traube, Dorf, 9657 Unterwasser,
Tel. 071 999 11 12
St. Stefano Pizzeria, Ruhmatt 915, 9657 Unterwasser,
Tel. 071 999 92 06

Der Giessenfall I

Toggenburg SG

Entlang der Thur (3)

Bahnhof Nesslau, Giessenfall III, Giessenfall II, Germen, Giessenfall I, Schwand, Stein, Iltishag, Starkenbach, Alt St. Johann:
3¼ h / 10,5 km / ↑220 m / ↓80 m / T1

Die Wanderung führt entlang der Thur auf dem sehr gut unterhaltenen und beschilderten Thurweg (Wil–Wattwil–Wildhaus). In einer Stunde gelangt man vom Bahnhof Nesslau zum Giessenfall I und passiert dabei die unteren beiden Giessenfälle. Der Giessenfall I ist nur von der rechten Thurseite zugänglich, ab Germen muss man 300 m entlang der Kantonsstrasse gehen, um zur Prallzone des Wasserfalls zu gelangen. Um wieder auf den Thurweg zu gelangen, ist es erforderlich, nach Germen zurückzukehren und über eine Brücke auf die andere Seite des Flusses zu wechseln. Die diversen Bushaltestellen entlang der Strecke lassen die Wanderung beliebig abkürzen.

Landeskarte 1:25 000 Nr. 1114, 1134
Landeskarte 1:50 000 Nr. 227, 237

Buslinie 860.790: Nesslau–Wildhaus–Buchs SG

Restaurant Freihof, Germen, 9650 Nesslau, Tel. 071 994 13 66
Gasthaus Ochsen, Dorf, 9655 Stein, Tel. 071 994 19 62
Hotel Gasthaus zum Schäfli, 9656 Alt St. Johann,
Tel. 071 999 24 42

www.krummenau.ch
www.toggenburg.ch

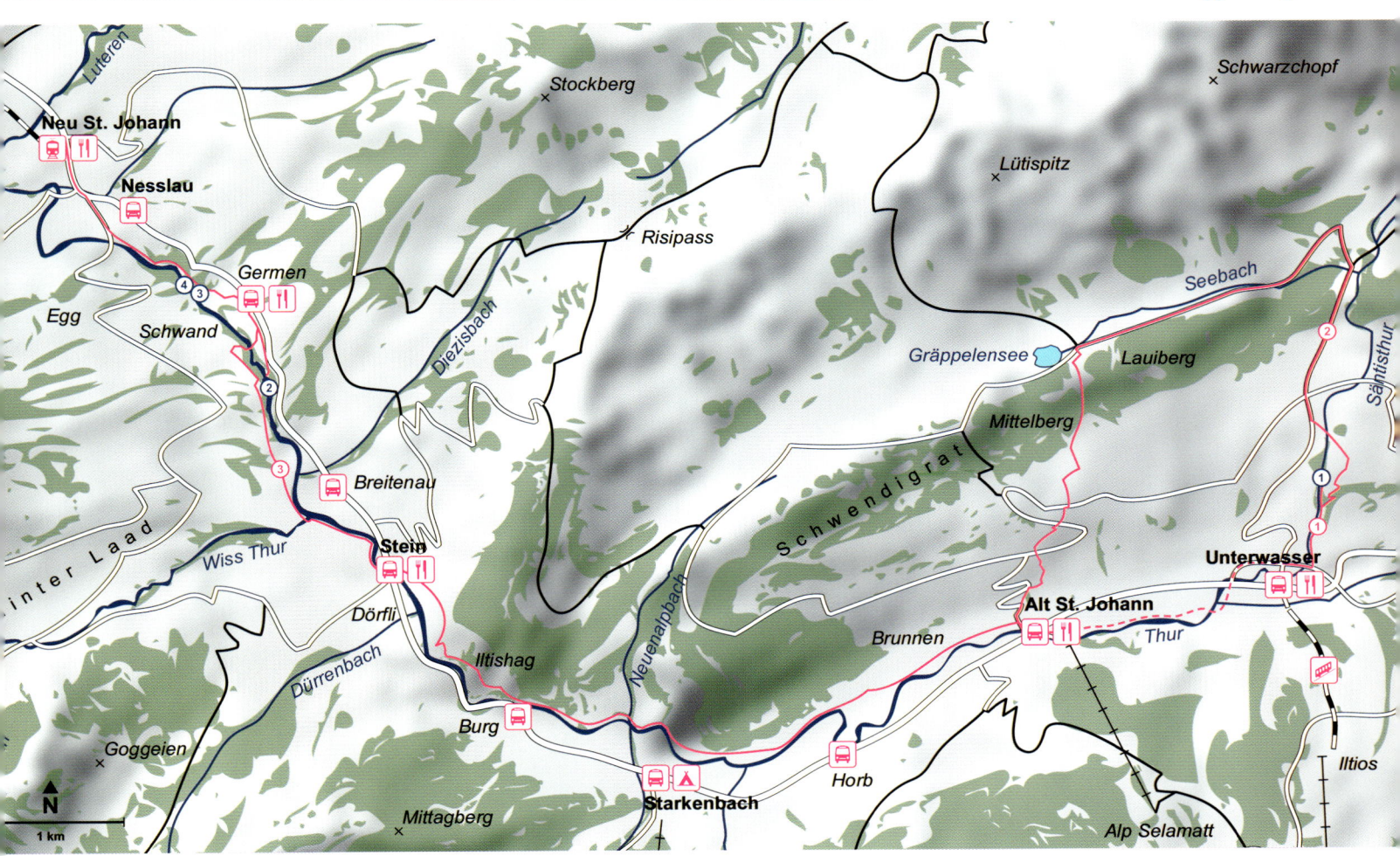

Berschner Fall

Walensee SG

Name	Berschner Fall
Höhe	46 m
Koordinaten	745 805 / 218 935
Kopfzone	übergangslos
Fallzone	einfach freifallend
Prallzone	Fels
Gewässername	Berschner Bach
Einzugsgebietsgrösse	11,4 km^2
Ort	Berschis

Rundweg Berschner Fall

Bushaltestelle Berschis, Infotafel, Berschner Fall, St.-Georgs-Kapelle, Berschis:
1½ h / 3,6 km / ↕ 220 m / T1

Der Aufstieg erfolgt auf der rechten Bachseite über einen guten, viel begangenen Wanderweg. Die grossen Wassermengen aus dem Einzugsgebiet machen den Berschner Fall fast das ganze Jahr zu einem sehr imposanten Wasserfall. Über eine Brücke unmittelbar unter der Prallzone gelangt man auf die linke Bachseite und hinauf zur Cavortschstrasse. Auf dem Rückweg nach Berschis lohnt sich der kurze Abstecher zur St.-Georgs-Kapelle.

Kulturelles

Die St.-Georgs-Kapelle – oder St. Jöri, wie St. Georg in Berschis genannt wird – auf dem exponierten Georgsberg 150 m über dem Seeztal wurde bereits im ersten Jahrtausend errichtet. Sie ist wahrscheinlich aus einer frühmittelalterlichen Kirchenburg hervorgegangen. Archäologische Funde lassen auf eine ehemalige römische Verteidigungsanlage schliessen. Die Gewölbe stammen aus dem 11. und 12. Jahrhundert. 1639 erhielt diese Kapelle eine zweischiffige Halle und ist somit die älteste Kapelle dieser Art in der Schweiz. Aus dem späten 16. Jahrhundert stammen die Wandgemälde, die St. Petrus, St. Wilhelm, St. Paulus, St. Johannes, Philippus und Bartholomäus zeigen.

Landeskarte 1:25 000, Blatt 1135
Landeskarte 1:50 000, Blatt 237

Buslinie 860.442: Walenstadt–Flums–Walenstadt

Landgasthof Linde, Unterdorfstrasse, 8892 Berschis,
Tel. 081 733 22 21

www.walenstadt.ch
www.heidiland.ch

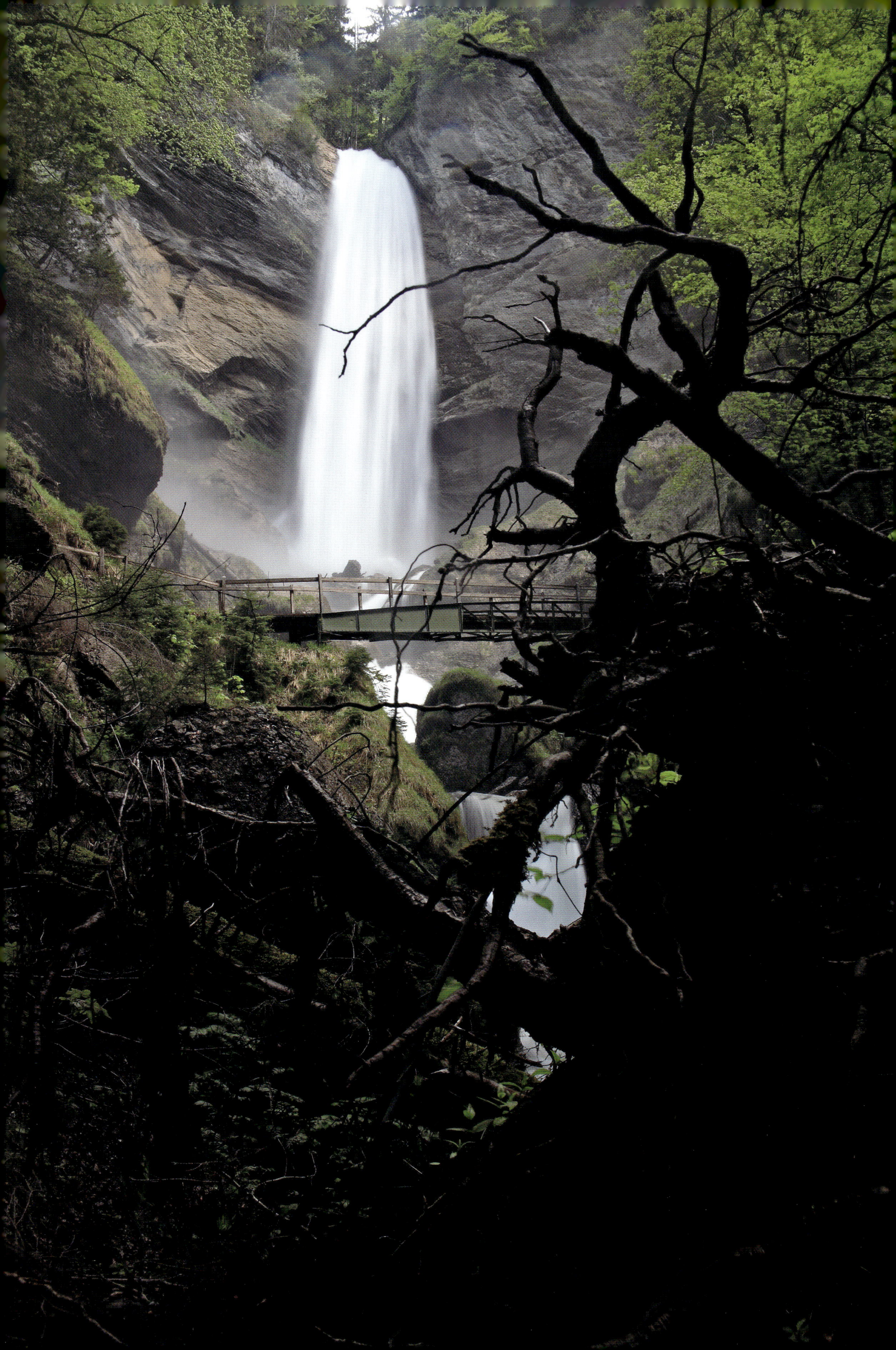

Seerenbachfälle

Walensee SG

Name	Seerenbachfall I	Seerenbachfall II	Seerenbachfall III
Kaskadenhöhe	585 m	585 m	585 m
Stufenhöhe	50 m	305 m	190 m
Koordinaten	731 271/222 436	731 172/222 412	731 003/222 311
Kopfzone	übergangslos	übergangslos	übergangslos
Fallzone	einfach freifallend	mehrfach freifallend	mehrfach freifallend
Prallzone	Kolk	Kolk	Kolk
Gewässername	Seerenbach	Seerenbach	Seerenbach
Einzugsgebietsgrösse	5,6 km²	5,6 km²	5,6 km²
Ort	Amden	Amden	Amden
Nr.	1	2	3

Der höchste Wasserfall der Schweiz

Wegen der Unzugänglichkeit der oberen Seerenbachfälle (Stufen I und II) konnte lange Zeit nur vermutet werden, dass es sich beim Seerenbachfall II um einen sehr hohen Wasserfall handelt. Am 4. April 2006 wurde das Geheimnis der Seerenbachfälle mit einer Abseilaktion gelüftet: Der mittlere Seerenbachfall ist mit einer Gesamthöhe von 305 m der höchste Wasserfall der Schweiz; er übertrifft den Staubbachfall im Lauterbrunnental um 8 m.

Die Vermessung der Seerenbachfälle: Bruno Zumstein, unser Sicherungsmann, neben dem 305 m hohen Seerenbachfall II

Die Seerenbachfälle II und III, unten rechts die Rinquelle

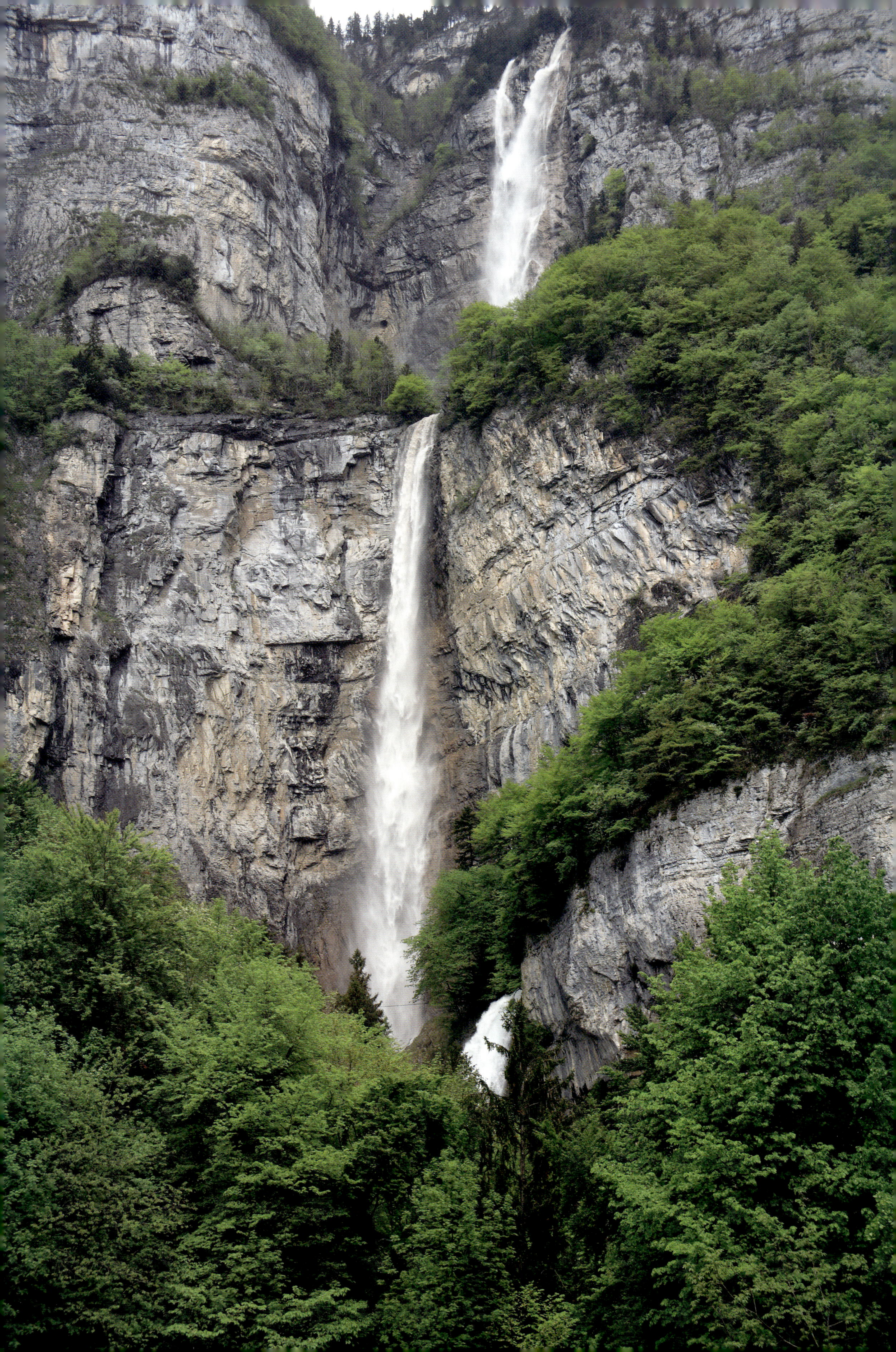

Rinquelle

Walensee SG

Name	Rinquellenfall
Höhe	45 m
Koordinaten	730 950/222 236
Kopfzone	übergangslos
Fallzone	einfach freifallend
Prallzone	Vorfluter
Gewässername	Rinquelle
Einzugsgebietsgrösse	mind. 50 km²
Ort	Amden
Nr.	4

Die Rinquelle

Unmittelbar unterhalb der dritten Stufe der Seerenbachfälle tritt das Wasser der Rinquelle aus dem Berg und fällt über eine 45 m hohe Felswand direkt in den Seerenbach.

Die Rinquelle ist der Überlauf eines weitverzweigten unterirdischen Karsthöhlensystems. Durchschnittlich treten 60 % des Abflusses dieses Höhlensystems bei der Rinquelle an die Oberfläche, der Rest fliesst im Berg 2,5 km weiter nach Westen, um dann 20 bis 30 m unter dem Wasserspiegel als unterirdische Quelle in den Walensee zu strömen.

Während der Schneeschmelze und nach ergiebigen Niederschlägen wird die Rinquelle aktiv. Dabei wurden schon Abflussspitzen von 30 m³/s gemessen. Während niederschlagsarmer Perioden und im Winter versiegt die Rinquelle, reagiert aber sehr rasch auf Änderungen im Wassernachschub. In einer dieser Trockenperiode gelang es Höhlentauchern, 850 m in die Höhle vorzudringen.

Die Rinquelle vor dem Seerenbachfall III

Walensee SG

Uferwanderung am Walensee (1)

Walenstadt, Quinten, Seerenbachfälle/Rinquelle, Beetlis, Flihof:
6½ h / 20,5 km / ↕ 790 m / T1

Die Walensee-Nordroute ist ein guter und vielbegangener Wanderweg. Bei Benutzung des Postautos zwischen Walenstadt und Walenstadtberg reduziert sich die Wanderzeit um 1 h. Zudem kann die Wanderung durch die Benutzung des Kursschiffes auf dem Walensee beliebig abgekürzt werden.
Als lohnenswerter Zwischenhalt empfiehlt sich das ausschliesslich zu Fuss oder per Schiff erreichbare Dorf Quinten. Aufgrund seiner südexponierten Lage am nördlichen Walenseeufer hat Quinten ein fast mediterranes Klima, in dem Weintrauben, Feigen, Kiwis und andere exotische Pflanzen gedeihen.

Landeskarte 1:25 000, Blatt 1134
Landeskarte 1:50 000, Blatt 237

Buslinie 860.443: Walenstadt–Walenstadtberg
Buslinie 860.650: Ziegelbrücke–Weesen–Amden
Kursschiff 3900: Weesen–Walenstadt

Bergrestaurant Garadur, 8881 Walenstadtberg, Tel. 081 735 14 62
Hotel Schifflände, 8878 Quinten, Tel. 081 738 14 60
Restaurant Seehus, 8878 Quinten, Tel. 081 738 16 64
Restaurant Strahlegg, Untere Betliserstrasse 4, 8872 Weesen, Tel. 055 611 11 82
Restaurant Lago mio, Betliserstrasse, 8872 Weesen, Tel. 055 616 17 19

www.amden.ch
www.rinquelle.ch
www.walenseeschiff.ch

Wasserfall

Murgtal SG

Name	Wasserfall
Höhe	12,5 m
Koordinaten	734 815/218 820
Kopfzone	übergangslos
Fallzone	mehrfach freifallend
Prallzone	Kolk
Gewässername	Murgbach
Einzugsgebietsgrösse	41 km²
Ort	Quarten
Nr.	1

Gsponbachfall

Murgtal SG

Name	Gsponbachfall
Kaskadenhöhe	75 m
Koordinaten	733 118/214 936
Kopfzone	übergangslos
Fallzone	mehrfach kaskadenartig
Prallzone	Schuttkegel
Gewässername	Gsponbach
Einzugsgebietsgrösse	10,9 km²
Ort	Quarten
Nr.	2

Murgbachfall

Murgtal SG

Name	Murgbachfall
Höhe	57 m
Koordinaten	731 115/211 272
Kopfzone	allmählich
Fallzone	verzweigt kaskadenartig
Prallzone	Schuttkegel
Gewässername	Murgbach
Einzugsgebietsgrösse	4,7 km²
Ort	Quarten
Nr.	3

Murgtal SG

Zum Oberen Murgsee [1]

Parkplatz Mornen, Unterer Murgsee, Oberer Murgsee, Murgseefurggel, Mürtschen, Gspon, Merlen:
4 h / 13 km / ↑750 m / ↓890 m / T2

Mit dem Privatauto oder mit dem Murgtal-Bus bis Mornen. Der durchgehend gute Weg führt der Murg entlang ins Murgtal, wobei man immer wieder an schönen Alpen mit alten Hütten vorbeikommt. Das Gebiet um den Unteren Murgsee hat Märchencharakter. Alte, knorrige Arven schmücken die Landschaft, der See lädt zur Rast, und der Murgbachfall im Hintergrund macht das Bild perfekt. Am Oberen Murgsee kann im Berggasthaus eingekehrt werden, bevor der Rückweg über Mürtschen vorbei an einem kleinen Wasserfall und am Gsponbachfall nach Merlen in Angriff genommen wird. Es besteht auch die Möglichkeit zur Übernachtung im Berggasthaus Murgsee.

[2] Der Aufstieg vom Bahnhof Murg zum Oberen Murgsee dauert ca. 5 h (13 km / ↕1570 m) oder 3 h länger als von Mornen.

[3] Statt zurück nach Murg zu wandern, kann man über die Widersteiner Furggel nach Engi im Sernftal (Glarus) absteigen (3 h / 7 km / ↑780 m / ↓1200 m / T2).

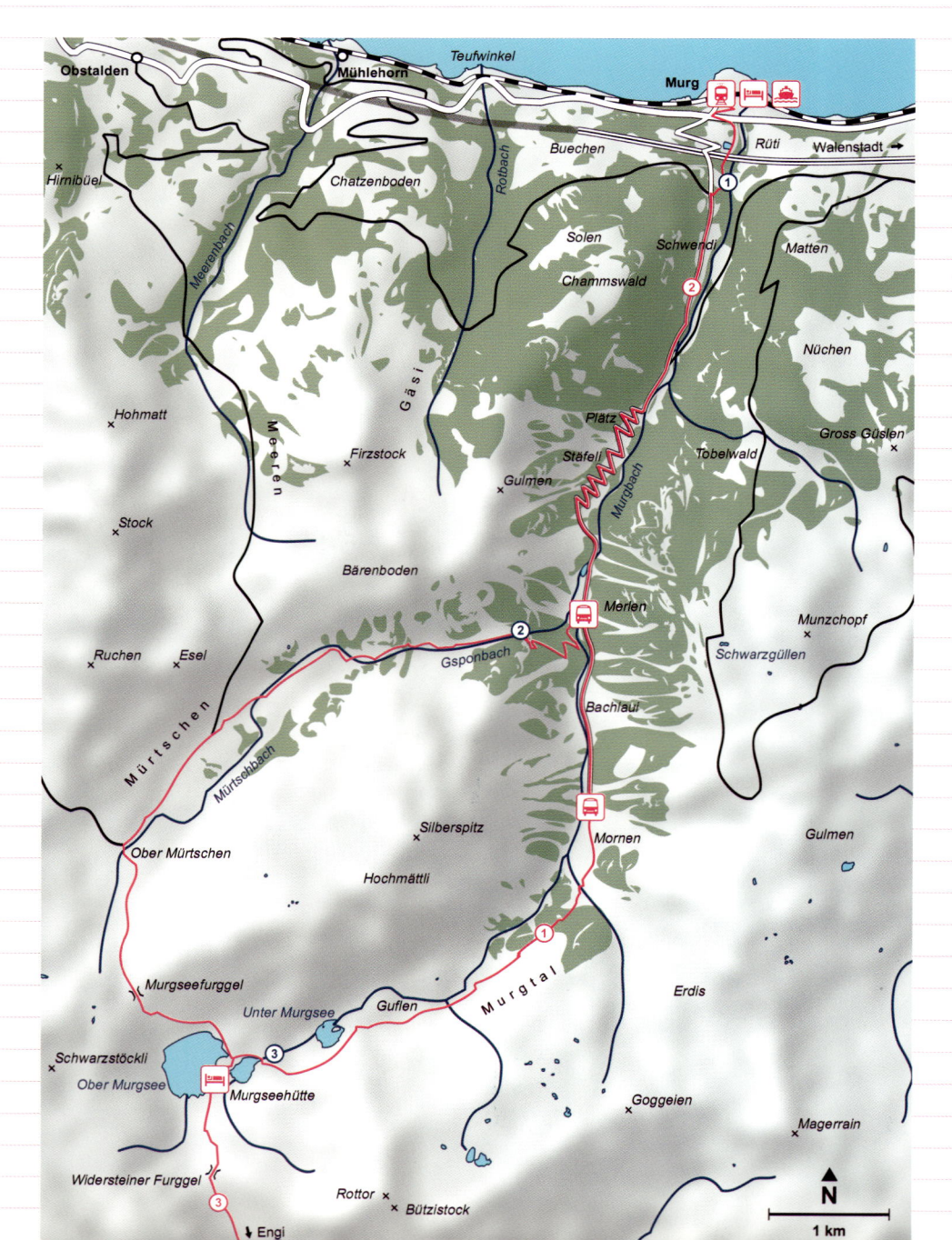

Landeskarte 1:25 000, Blatt 1134, 1154
Landeskarte 1:50 000, Blatt 237

Murgtal-Bus, Luz Walser, Tel. 081 738 14 41
(telefonische Voranmeldung notwendig)

Berggasthaus Murgsee, 8877 Murg,
Tel. 079 341 66 50

www.murg.ch

Saarfall

Rheintal SG

Name	Saarfall
Höhe	55 m
Koordinaten	754 170/209 360
Kopfzone	allmählich
Fallzone	verzweigt kaskadenartig
Prallzone	Kolk
Gewässername	Saar
Einzugsgebietsgrösse	4,2 km²
Ort	Vilters

Landeskarte 1:25 000, Blatt 1155
Landeskarte 1:50 000, Blatt 237

Buslinie 860.430: Sargans–Wangs–Vilters

www.vilters-wangs.ch

Weisstannental SG

Das Weisstannental

Für Wasserfallfans ist ein Besuch des Weisstannentals ein Muss. Im 106 km² grossen Einzugsgebiet der Seez wurden nebst den zahlreichen kleinen Wasserfällen und Kaskaden sieben Wasserfälle erfasst, darunter der dritthöchste Wasserfall der Schweiz – der Isengrindfall. Da alle Wasserfälle zwischen 1500 und 1900 m ü. M. liegen, empfiehlt sich der Besuch ab Anfang Juni. Dennoch, nicht nur im Sommer lohnt sich der Ausflug ins Weisstannental. Wo das Wasser im Sommer stiebt und donnert, findet man im Winter Säulen und Wände aus hellblau leuchtendem Eis. Das ganzjährig austretende Quellwasser erstarrt bei Temperaturen unter dem Gefrierpunkt insbesondere auf den Felswänden zwischen Schattenberg und Schwendi zu Eis und wird so zum Eldorado für Eiskletterer.

Das Gebiet südlich der Seez gehört zum eidgenössischen Jagdbanngebiet Graue Hörner. Dieses Gebiet dient dem Artenschutz und dem Schutz des Lebens der Tiere. Im Gebiet Graue Hörner wurden 1911, nach der Ausrottung im 19. Jahrhundert, die ersten Steinböcke der Schweiz wiederangesiedelt. Heute profitieren Arten wie etwa das Auerhuhn, das Birkhuhn und das Schneehuhn von den speziellen Schutzbestimmungen.

Um die Tiere und die Landschaft effektiv zu schützen, ist es wichtig, die markierten Wanderwege nicht zu verlassen und weitere Vorschriften vor Ort zu beachten.

Zusammen mit dem Calfeisental gehört das Weisstannental zum 160 km² grossen Einzugsgebiet der Kraftwerke Sarganserland AG. Die Wasserfassungen liegen bei den erfassten Wasserfällen teilweise gut ersichtlich in den Bachläufen einige hundert Meter unterhalb der Prallzonen. Nur der Scheubsbach wird oberhalb des ehemaligen Scheubsbachfalles bei Vorsiez gefasst. Durch Stollen wird das Wasser in den Stausee Gigerwald im Calfeisental geleitet.

Hohbachfall

Weisstannental SG

Name	Hohbachfall
Höhe	189 m
Koordinaten	743 615 / 205 073
Kopfzone	übergangslos
Fallzone	mehrfach kaskadenartig
Prallzone	Schuttkegel
Gewässername	Hohbach
Einzugsgebietsgrösse	2,1 km²
Ort	Weisstannen
Nr.	1

Piltschinabachfall

Weisstannental SG

Name	Piltschinabachfall
Höhe	81 m
Koordinaten	745 952/202 552
Kopfzone	übergangslos
Fallzone	einfach freifallend
Prallzone	Fels
Gewässername	Piltschinabach
Einzugsgebietsgrösse	2,3 km²
Ort	Weisstannen
Nr.	2

Das Batöni

Das Batöni eignet sich hervorragend zur Beobachtung verschiedener Wasserfall-Morphologien. So weisen Piltschinabachfall, Sässbachfall und Muttenbachfall je eine andere Fallzone auf, und dem Sässbachfall geht eine 40 m hohe Schiessstrecke voraus. Aber auch bezüglich der Prallzone unterscheiden sich alle drei Fälle. Erklärungen zu diesen Begriffen finden sich im Kapitel Morphologie.

Sässbachfall

Weisstannental SG

Name	Sässbachfall
Höhe	86 m
Koordinaten	745 802/202 367
Kopfzone	übergangslos
Fallzone	mehrfach freifallend
Prallzone	Schuttkegel
Gewässername	Sässbach
Einzugsgebietsgrösse	1 km²
Ort	Weisstannen
Nr.	3

Muttenbachfall

Weisstannental SG

Name	Muttenbachfall
Höhe	45 m
Koordinaten	745 527/202 358
Kopfzone	allmählich
Fallzone	deckend kaskadenartig
Prallzone	Keilanbruch
Gewässername	Muttenbach
Einzugsgebietsgrösse	1,6 km²
Ort	Weisstannen
Nr.	4

Isengrindfall

Weisstannental SG

Name	Isengrindfall
Höhe	230 m
Koordinaten	739 677/202 687
Kopfzone	übergangslos
Fallzone	einfach freifallend
Prallzone	Keilanbruch
Gewässername	Hinteralpbach
Einzugsgebietsgrösse	0,5 km^2
Ort	Weisstannen
Nr.	5

Oberer Mattbachfall

Weisstannental SG

Name	Oberer Mattbachfall
Höhe	65 m
Koordinaten	738 384 / 203 242
Kopfzone	übergangslos
Fallzone	einfach freifallend
Prallzone	Kolk
Gewässername	Mattbach
Einzugsgebietsgrösse	0,6 km²
Ort	Weisstannen
Nr.	6

Unterer Mattbachfall

Weisstannental SG

Name	Unterer Mattbachfall
Höhe	75 m
Koordinaten	738 951 / 203 337
Kopfzone	übergangslos
Fallzone	einfach freifallend
Prallzone	Kolk
Gewässername	Mattbach
Einzugsgebietsgrösse	1,8 km²
Ort	Weisstannen
Nr.	7

Weisstannental SG

Ins Batöni (1)

Bushaltestelle Weisstannen Oberdorf, Gschwend, Unterlavtina, Batöni, Weisstannen Oberdorf:
3½ h / 8 km / ↕ 540 m / T1

Der gute und breite Wanderweg in den Talkessel der Wasserfälle kann auch mit Kindern begangen werden.

Rundwanderung Batöni–Gaffarabüel (2)

Bushaltestelle Weisstannen Oberdorf, Batöni, Oberlavtina, Jägeri, Gaffarabüel, Weisstannen Oberdorf:
5 h / 11,5 km / ↕ 1210 m / T2

Diese Bergwanderung führt ins eidgenössische Jagdbanngebiet Graue Hörner: Bitte Wege nicht verlassen! An einzelnen Stellen ist der Weg leicht exponiert. Von Oberlavtina bis Gaffarabüel bietet sich eine wunderschöne Aussicht ins Weisstannental und in die umliegende Gebirgswelt mit Schwarzen Hörnern, Pizol und Sazmartinshorn.

Nach Walabütz (3)

Bushaltestelle Vorsiez, Schwammböden, Walabütz Untersäss, Schwammböden, Vorsiez:
2½ h / 7 km / ↕ 210 m / T1

Die Wanderung verläuft im Talgrund des Weisstannentales auf breiten Wegen und kleinen Strassen und ist auch für Kinder sehr geeignet.

Rundwanderung Walabütz–Oberscheubs (4)

Bushaltestelle Vorsiez, Schwammböden, Walabütz Untersäss, Foo, Scheubser Hinteralp, Oberscheubs, Vorsiez:
5 h / 13,5 km / ↕ 880 m / T2

Ein guter Wanderweg mit wenigen leicht exponierten Stellen führt von Foo über die Scheubser Alpweiden zum Scheubsbach. Dieser Bach wird auf Kote 1440 m ü. M. gefasst und ins Calfeisental geleitet. Der Scheubsbachfall nach Vorsiez kann nur noch nach starken Niederschlägen oder während der Schneeschmelze beobachtet werden.

Landeskarte 1:25 000, Blatt 1174, 1175
Landeskarte 1:50 000, Blatt 247

Buslinie 860.432: Sargans–Mels–Weisstannen

Hotel Alpenhof, 7326 Weisstannen, Tel. 081 723 17 63
Hotel Gemse, 7326 Weisstannen, Tel. 081 723 17 05
Alp Vorsiez, 7326 Weisstannen, Tel. 081 723 17 48
Alpbetrieb Walabütz Untersäss, 7326 Weisstannen,
Tel. 081 723 54 68

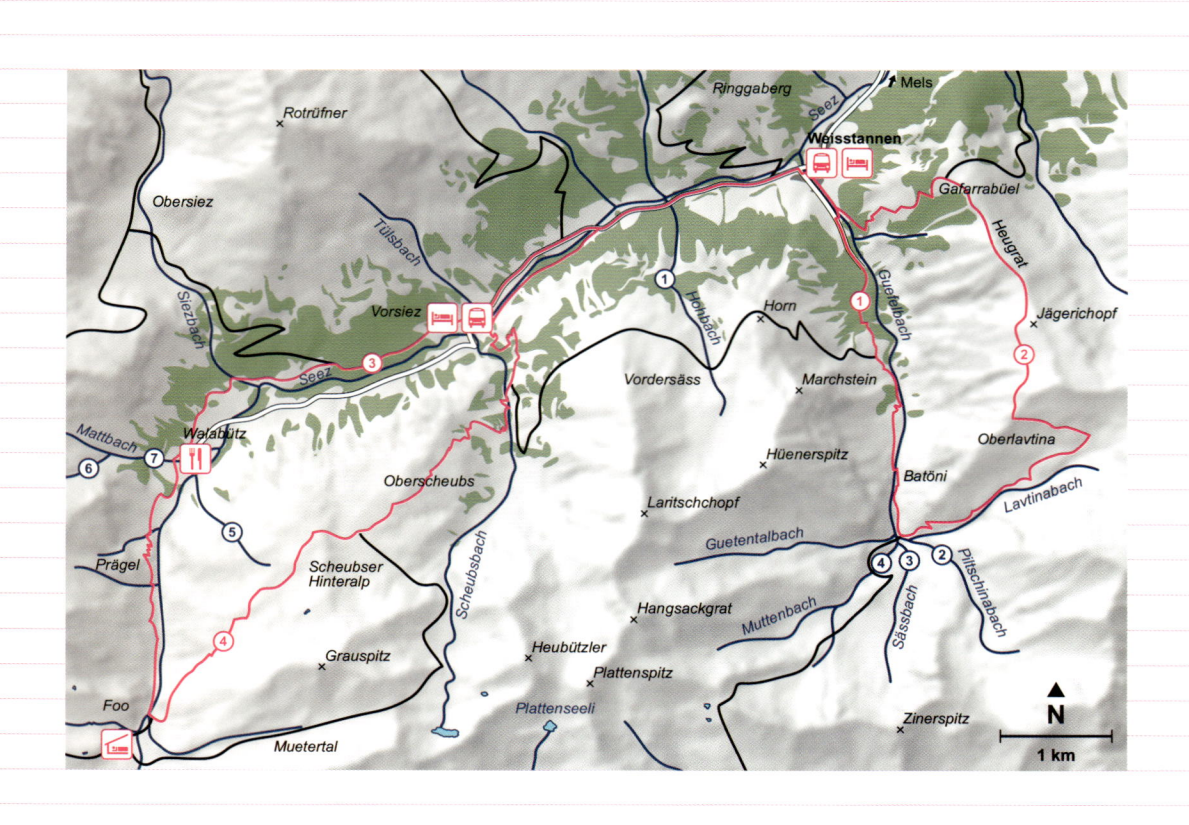

www.geopark.ch
www.weisstannental.ch

Sulzbachfälle

Klöntal GL

Name	Sulzbachfall I	Sulzbachfall II	Sulzbachfall III
Kaskadenhöhe	116 m	116 m	116 m
Stufenhöhe	24 m	42 m	50 m
Koordinaten	714 131/209 940	714 111/209 876	714 108/209 841
Kopfzone	allmählich	allmählich	allmählich
Fallzone	einfach freifallend	einfach freifallend	einfach freifallend
Prallzone	Fels	Kolk	Kolk
Gewässername	Sulzbach	Sulzbach	Sulzbach
Einzugsgebietsgrösse	3,7 km^2	3,7 km^2	3,7 km^2
Ort	Glarus	Glarus	Glarus
Nr.	1	1	1

Tscholbodenfall

Klöntal GL

Name	Tscholbodenfall
Höhe	163 m
Koordinaten	719 210/209 231
Kopfzone	allmählich
Fallzone	einfach freifallend
Prallzone	Fels/Schuttkegel
Gewässername	Chaltälibach
Einzugsgebietsgrösse	1,8 km²
Ort	Glarus
Nr.	2

Darlibachfall

Klöntal GL

Name	Darlibachfall
Höhe	115 m
Koordinaten	718 225/209 017
Kopfzone	übergangslos
Fallzone	einfach freifallend
Prallzone	Schuttkegel
Gewässername	Darlibach
Einzugsgebietsgrösse	0,8 km²
Ort	Glarus
Nr.	3

Blick über den Klöntalersee mit Tscholbodenfall hinten und Darlibachfall

Dunggellauifall

Klöntal GL

Name	Dunggellauifall
Höhe	114 m
Koordinaten	716 460/208 548
Kopfzone	übergangslos
Fallzone	einfach freifallend
Prallzone	Kolk
Gewässername	Dunggellaui
Einzugsgebietsgrösse	1,4 km²
Ort	Glarus
Nr.	4

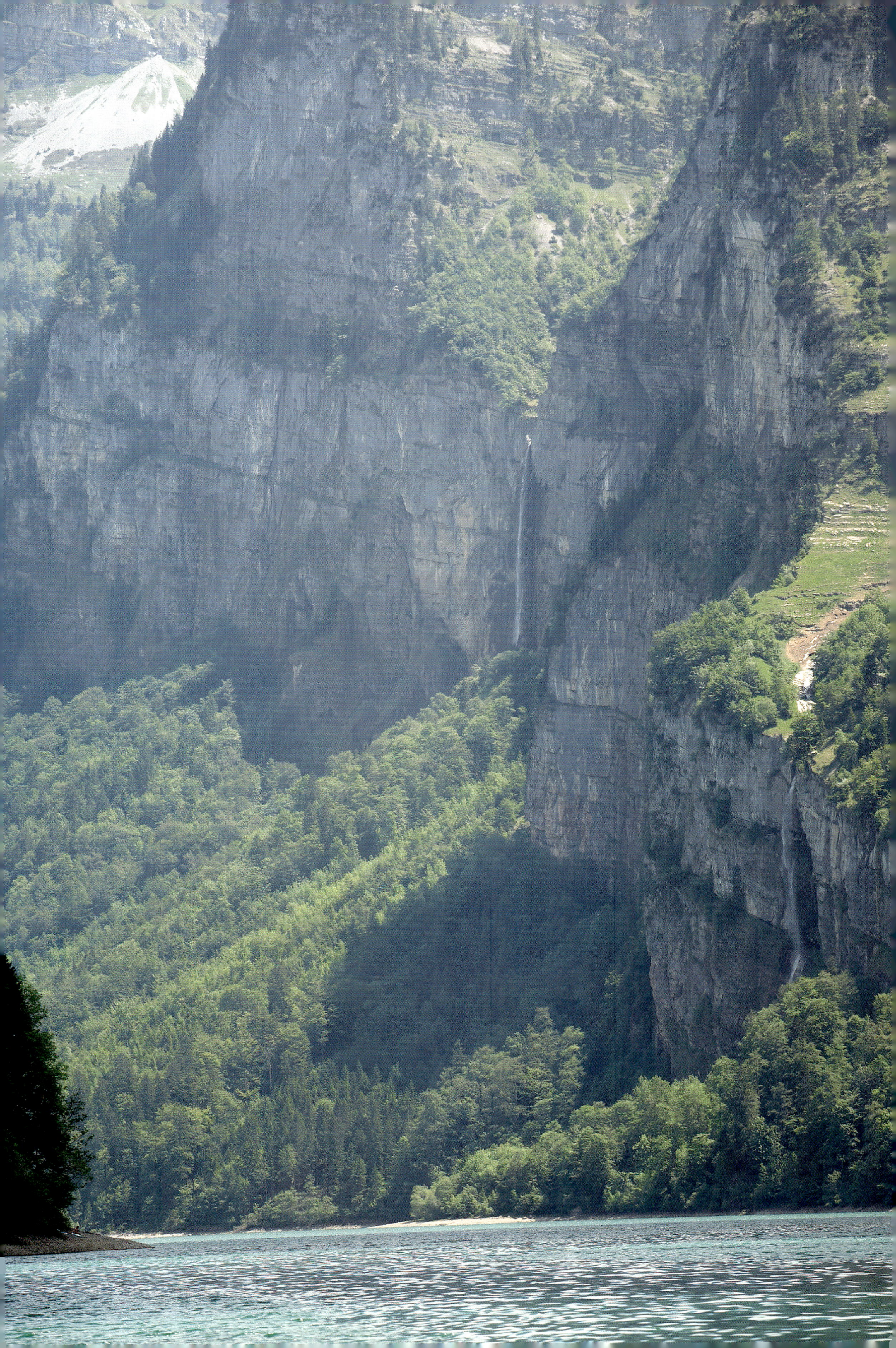

Klöntal GL

Uferwanderung Klöntalersee (1)

Bushaltestelle Rhodannerberg, Zeltplatz Güntlenau, Bärentritt, Plätz, Simmenberg, Sulzbachfälle, Bushaltestelle Vorauen:
2¼ h / 8,5 km / ↕ 25 m / T1

Die schöne Uferwanderung führt auf dem flachen und guten Wanderweg entlang dem Südufer des Klöntalersees, kleine Strände laden im Sommer zu einer willkommenen Abkühlung im Wasser. Über einen kleinen Pfad gelangt man in die unmittelbare Nähe der Prallzone des Darlibachfalles, und hinter dem See lohnt sich der kleine Aufstieg zur dreistufigen Kaskade der Sulzbachfälle. Diese einfache Wanderung lässt sich in verschiedene Richtungen verlängern:

- Aufstieg von Glarus über die Schwammhöhe zum Klöntalersee:
  2½ h / ↑ 630 m / ↓ 250 m
- Aufstieg von Netstal zum Klöntalersee entlang der Löntsch durch den Tobelweg mit vier Holzbrücken:
  2 h / ↑ 400 m
- Abstieg entlang der Löntsch nach Glarus:
  1 h / ↓ 380 m
- Abstieg über Schwammhöhe nach Glarus:
  1¾ h / ↑ 250 m / ↓ 630 m

Landeskarte 1:25 000, Blatt 1153
Landeskarte 1:50 000, Blatt 236

Buslinie 736.50: Glarus–Klöntal

Hotel Vorauen, Hinten am See, 8750 Klöntal,
Tel. 055 640 13 83
Hotel Rhodannenberg, 8750 Klöntal, Tel. 055 650 16 00
Restaurant Schwammhöhe, 8750 Klöntal,
Tel. 055 640 28 17

www.glarusnet.ch
www.glarnerwanderwege.ch
www.kloental.ch

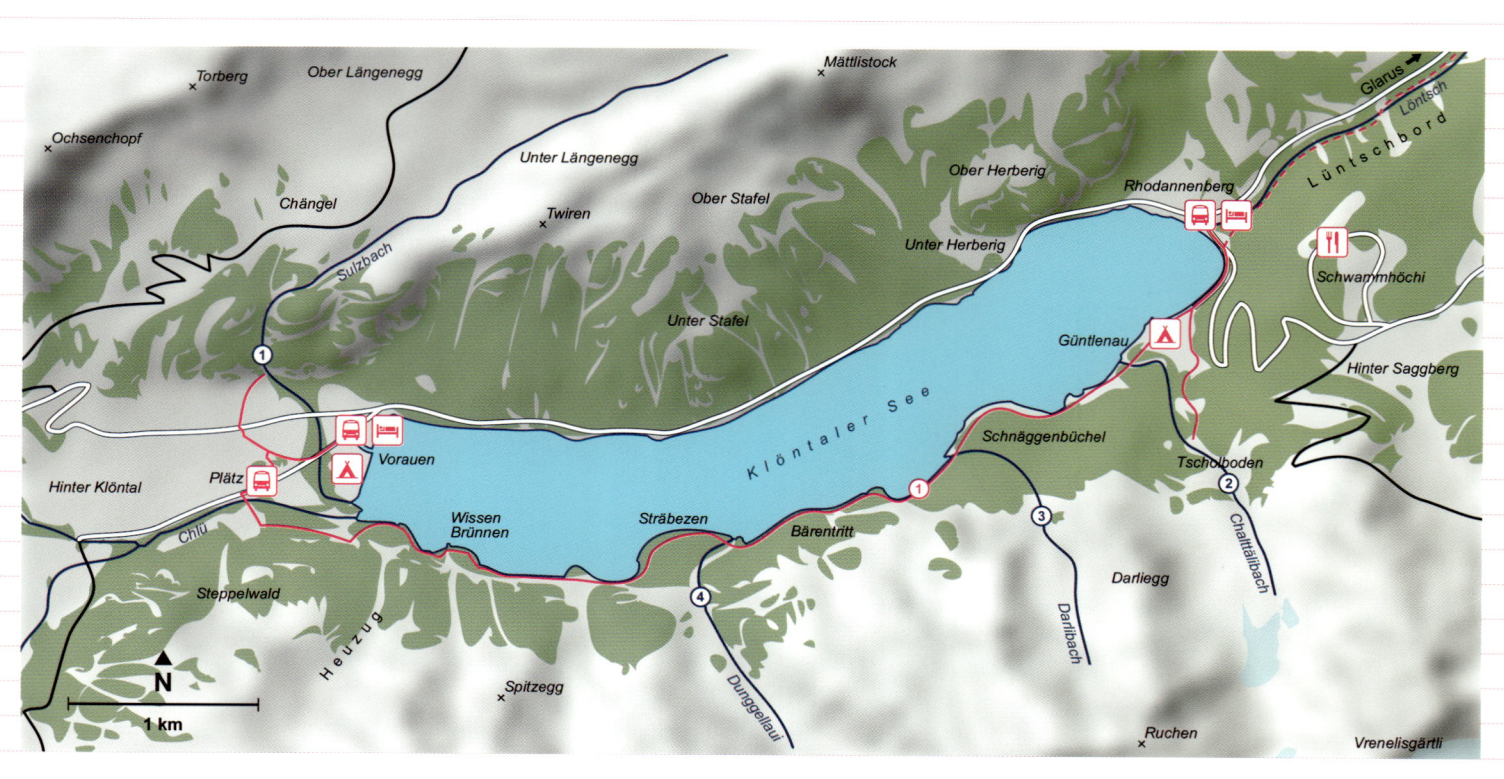

Brummbachfall

Linthal GL

Name	Brummbachfall
Höhe	56 m
Koordinaten	717 270/200 155
Kopfzone	allmählich
Fallzone	einfach freifallend
Prallzone	Schuttkegel
Gewässername	Brummbach
Einzugsgebietsgrösse	3,7 km²
Ort	Braunwald
Nr.	1

Zillibachfälle

Linthal GL

Name	Zillibachfälle
Kaskadenhöhe	186 m
Koordinaten	716 997/198 671
Kopfzone	übergangslos
Fallzone	verzweigt kaskadenartig
Prallzone	Schuttkegel
Gewässername	Zillibach
Einzugsgebietsgrösse	0,6 km²
Ort	Linthal
Nr.	2

Bärglistüber

Linthal GL

Name	Bärglistüber
Höhe	44 m
Koordinaten	717 065/196 415
Kopfzone	allmählich
Fallzone	einfach freifallend
Prallzone	Kolk
Gewässername	Fätschbach
Einzugsgebietsgrösse	39,3 km^2
Ort	Linthal
Nr.	3

Die Überschiebung beim Bärglistüber

Etwa 155 Millionen Jahre alte Kalke wurden über rund 40 Millionen Jahre alte schiefrige Gesteine geschoben. Der harte Kalk bildet heute den Fallmacher des Bärglistübers, die weichen schiefrigen Gesteine darunter wurden durch das Wasser so stark erodiert, dass der Wasserfall hinterwandert werden kann.

Diesbachfälle

Linthal GL

Name	Diesbachfall I	Diesbachfall II
Kaskadenhöhe	108 m	108 m
Stufenhöhe	44 m	64 m
Koordinaten	721 490/200 663	721 464/200 701
Kopfzone	übergangslos	übergangslos
Fallzone	einfach freifallend	einfach freifallend
Prallzone	Kolk	Kolk
Gewässername	Diesbach	Diesbach
Einzugsgebietsgrösse	10,8 km²	10,8 km²
Ort	Betschwanden	Betschwanden

Überlauffall

Linthal GL

Name	Überlauffall
Kaskadenhöhe	242 m
Koordinaten	718 174/192 482
Kopfzone	allmählich
Fallzone	verzweigt kaskadenartig
Prallzone	Fels
Gewässername	Überlaufstollen
Einzugsgebietsgrösse	unbekannt
Ort	Linthal

Der Überlaufstollen des Limmerenstausees endet in einer Felswand oberhalb von Tierfed. Entsprechend ist dieser künstliche Wasserfall nur bei Überlastung oder Revisionsarbeiten am Kraftwerk aktiv, kann dann aber sehr beeindruckend sein.

Linthal GL

Höhenwanderung von Braunwald zum Bärglistüber [1]

Bahnhof Linthal, Braunwaldbahn, Standseilbahn Linthal–Braunwald, Unter Stafel, Rietberg, Balmböden, Friteren, Oberberg, Bushaltestelle Bergli:
4 h / 9 km / ↑290 m / ↓620 m / T1

Nach der Fahrt mit der Braunwaldbahn führt der breite Weg zuerst unter dem Brummbachfall und zwischen Unter Stafel und Rietberg unter den Zilibachfällen durch. Nun steigt der Wanderweg Richtung Urnerboden an, immer mit der beeindruckenden Aussicht ins hintere Linthal und in die Glarner Alpen. In Friteren beginnt der Abstieg über Oberberg zum Bergli, wo ein kleiner Fussweg den Fätschbach und den Bärglistüber erschliesst. Per Postauto gelangt man vom Bergli zurück zum Bahnhof Linthal; die Unermüdlichen können die restlichen 3 km zu Fuss zurücklegen.

Landeskarte 1:25 000, Blatt 1173
Landeskarte 1:50 000, Blatt 246

Standseilbahnlinie 2840: Linthal–Braunwald
Buslinie 600.29: Flüelen–Klausen–Linthal (Historic Route Express)
Buslinie 736.80: Linthal–Urnerboden
(alle Kurse auf Bestellung, 079 609 12 71)

Restaurant Uhu, 8784 Braunwald, Tel. 055 643 17 36
Restaurant Nussbühl, 8784 Braunwald, Tel. 055 643 11 40
Gasthaus Bergli, 8783 Linthal, Tel. 055 643 33 16

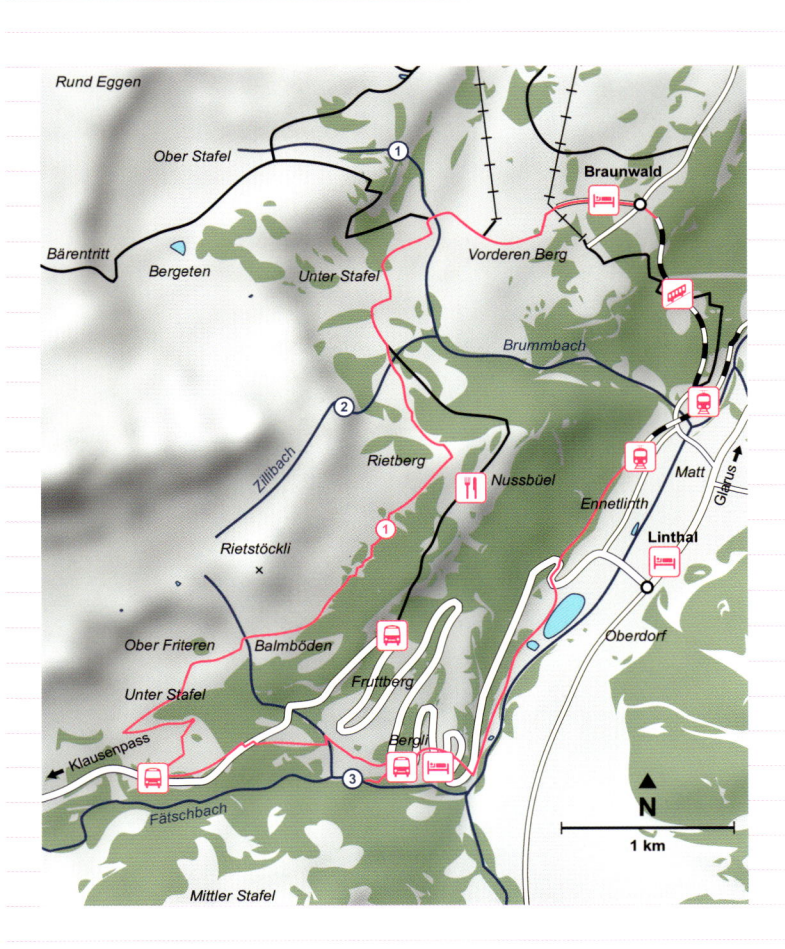

Blick von Braunwald zu den Zilibachfällen mit dem Ortstock und dem Höch Turm im Hintergrund

www.glarusnet.ch
www.glarnerwanderwege.ch
www.braunwald.ch
www.betschwanden.ch

Laubenfälle

Panixerpass GL/GR

Name	Laubenfälle
Kaskadenhöhe	393 m
Koordinaten	731 615/196 073
Kopfzone	übergangslos
Fallzone	einfach kaskadenartig
Prallzone	Kolk
Gewässername	Laubenbach
Einzugsgebietsgrösse	0,7 km²
Ort	Elm
Nr.	1

Mattbachfall

Panixerpass GL/GR

Name	Mattbachfall
Kaskadenhöhe	139 m
Koordinaten	726 342/195 185
Kopfzone	allmählich
Fallzone	mehrfach kaskadenartig
Prallzone	Kolk
Gewässername	Mattbach
Einzugsgebietsgrösse	3,8 km²
Ort	Elm
Nr.	2

Jetzbachfälle

Panixerpass GL/GR

Name	Oberer Jetzbachfall
Höhe	75 m
Koordinaten	728 546/192 325
Kopfzone	übergangslos
Fallzone	mehrfach kaskadenartig
Prallzone	Fels
Gewässername	Jetzbach
Einzugsgebietsgrösse	3,6 km²
Ort	Elm
Nr.	3

Name	Unterer Jetzbachfall
Höhe	42 m
Koordinaten	728 709/193 131
Kopfzone	allmählich
Fallzone	einfach kaskadenartig
Prallzone	Schuttkegel
Gewässername	Jetzbach
Einzugsgebietsgrösse	6,6 km²
Ort	Elm
Nr.	4

Wannenbachfall

Panixerpass GL/GR

Name	Wannenbachfall
Höhe	110 m
Koordinaten	728 470/193 221
Kopfzone	übergangslos
Fallzone	einfach freifallend
Prallzone	Schuttkegel
Gewässername	Wannenbach
Einzugsgebietsgrösse	0,8 km²
Ort	Elm
Nr.	5

Rechts: kleiner Wasserfall beim Jetzloch

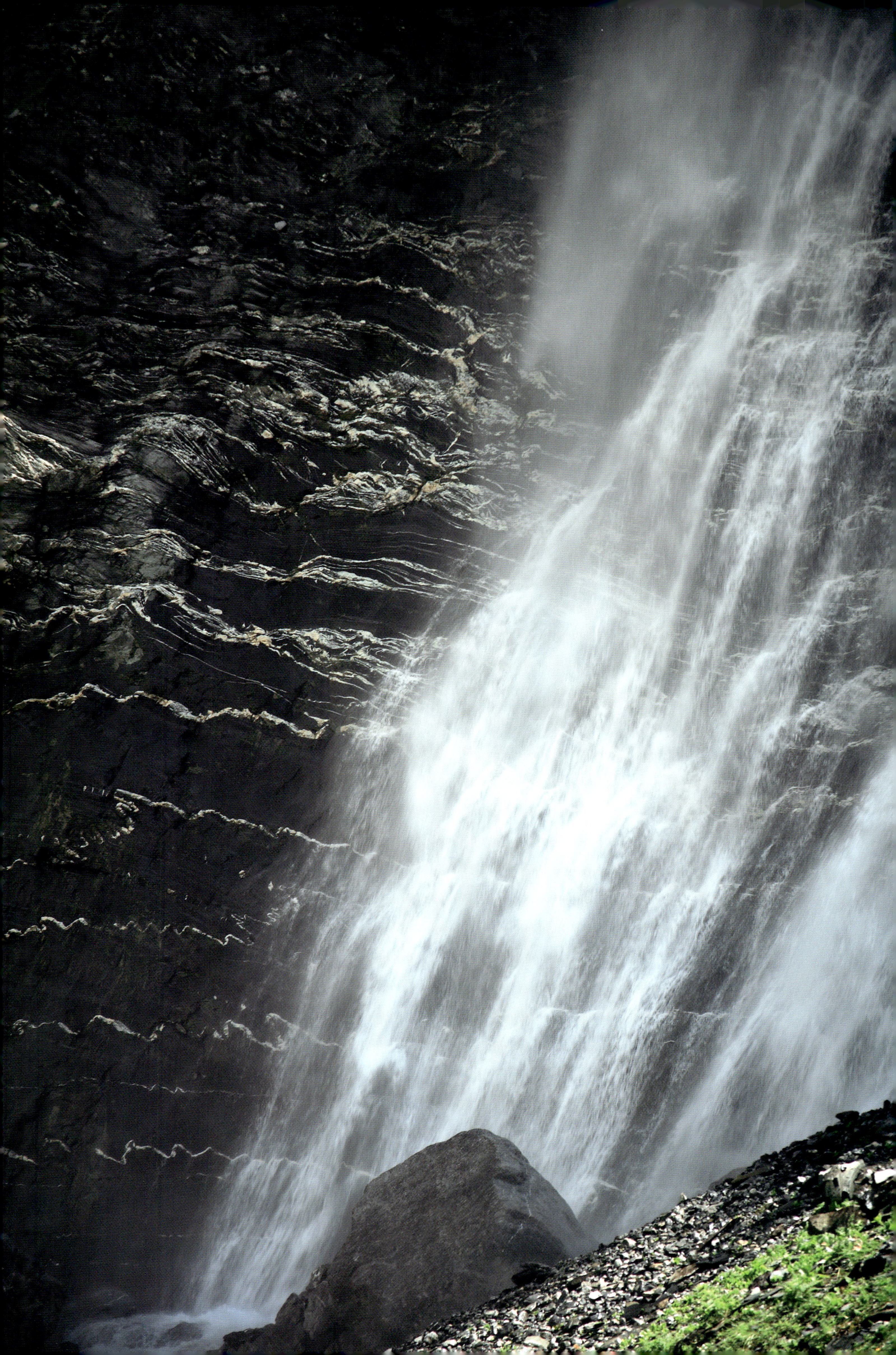

Aua da Fluaz

Panixerpass GL/GR

Name	Aua da Fluaz I	Aua da Fluaz II
Kaskadenhöhe	221 m	221 m
Stufenhöhe	52 m	62 m
Koordinaten	726 013/188 595	726 101/188 576
Kopfzone	übergangslos	allmählich
Fallzone	einfach freifallend	verzweigt kaskadenartig
Prallzone	Kolk	Kolk
Gewässername	Aua da Fluaz	Aua da Fluaz
Einzugsgebietsgrösse	9,7 km^2	9,9 km^2
Ort	Andiast	Andiast
Nr.	6	7

Aua dil Mer

Panixerpass GL/GR

Name	Aua dil Mer
Kaskadenhöhe	215 m
Koordinaten	727 012/188 981
Kopfzone	allmählich
Fallzone	einfach freifallend
Prallzone	Kolk
Gewässername	Aua dil Mer
Einzugsgebietsgrösse	6,4 km²
Ort	Pigniu
Nr.	8

Panixerpass GL/GR

Auf Suworows Spuren über den Panixerpass [1]

Bushaltestelle Elm Sportbahnen, Unter Jetz, Ober Stafel, Häxenseeli, Panixerpass, Alp da Mer, Bushaltestelle Pigniu:
7 h / 17 km / ↑ 1410 m / ↓ 1110 m / T2

Im Jahre 1799 musste der russische General Alexander Wassiljewitsch Suworow vor den Franzosen von Elm her über den Panixerpass flüchten. Mit schwerem Geschütz und mangelndem Proviant waren die angeschlagenen Soldaten total überfordert. Zusätzlich machte ihnen der frühe Wintereinbruch zu schaffen. Suworow verlor bei dieser Überquerung fast alle Kriegsgeräte und viele seiner Soldaten.
Der Panixerpass liegt auf 2407 m ü. M., entsprechende gebirgstaugliche Ausrüstung ist Voraussetzung; Proviant muss für die ganze Strecke mitgebracht werden.
Die Tour kann entweder beim Bushalt Elm Sportbahnen oder im Steinibach beginnen (abhängig von der Busverbindung). Ab Steinibach beträgt die Wanderzeit ca. 6½ h. Entlang dem Jetzbach führt der Weg im Jetzloch am Wannenbachfall und am Jetzbachfall II vorbei und dann über Stein und Geröll dem Panixerpass entgegen, wo weitere, kleine und grosse Wasserfälle zu bestaunen sind. Auf der Passhöhe befindet sich eine kleine, einfache Schutzhütte mit einem Matratzenlager für 15 Personen. Im Sommer lohnt sich eine Übernachtung auf der Passhöhe, die mit einem kurzen Abstecher auf den Rotstock (1 h / ↑ 220 m) kombiniert werden kann. Der Wasservorrat lässt sich hier bei einer nahegelegenen Quelle auffüllen.
Auf der Bündner Seite geht es im Zickzack hinunter entlang der Aua dil Mer, die sich unterhalb der Alp da Mer als 220 Meter hoher Wasserfall zum Lag da Pigniu hinunterstürzt. Leider besteht keine Möglichkeit, von der Alp da Mer direkt zum Lag da Pigniu abzusteigen, und der Wanderweg zweigt erst ca. 1,5 km unterhalb des Stausees in die Strasse ein, die talauswärts nach Pigniu führt.

Um den Lag da Pigniu [2]

Bushaltestelle Pigniu, Staumauer, Denter Auas, Staumauer, Pigniu:
2¾ h / 8 km / ↑ 170 m / T1

Die Wanderung ist hervorragend für Familien geeignet. Der Stausee liegt in einem wilden Tal, umgeben von mächtigen Felswänden, und wird durch die Wasserfälle der Aua del Fluaz und der Aua dil Mer abgeschlossen. Hinter dem Stausee wurde eine Feuerstelle eingerichtet, und ein Brunnen liefert frisches Trinkwasser. Das Picknick zwischen den Wasserfällen wird zum Erlebnis.

Panixerpass GL/GR

Landeskarte 1:25 000, Blatt 1174, 1194
Landeskarte 1:50 000, Blatt 247

Buslinie 736.70: Schwanden–Elm
Buslinie 920.55: Rueun–Pigniu

Restaurant Camperdun, Schiesserblock, 8767 Elm,
Tel. 055 642 16 88
Restaurant Ustarias Alpina, 7156 Pigniu, Tel. 081 941 19 90

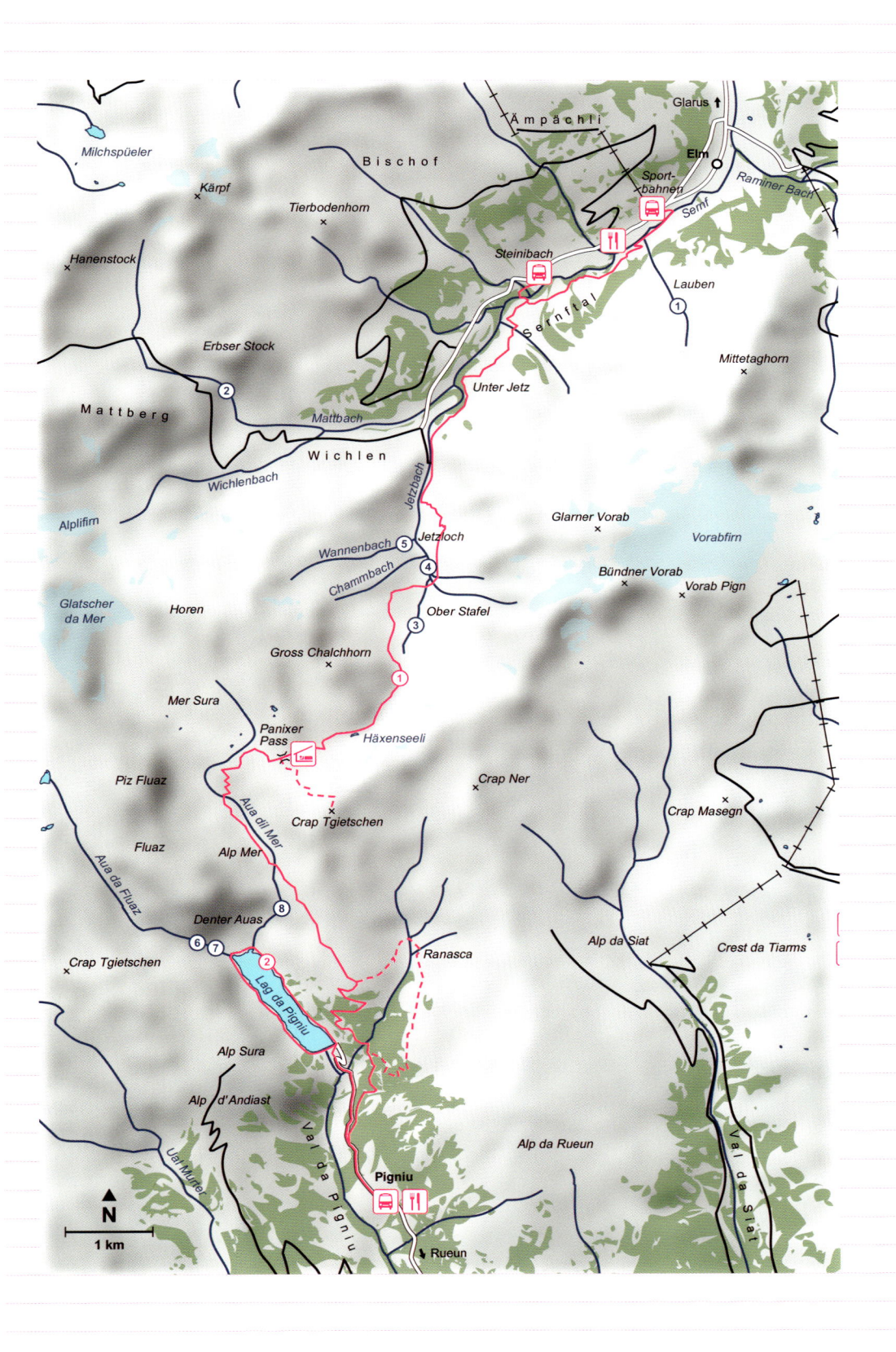

www.glarusnet.ch
www.elm.ch
www.pigniu.ch

Rofflafall

Viamala GR

Name	Rofflafall
Höhe	11 m
Koordinaten	751 780/160 728
Kopfzone	allmählich
Fallzone	deckend kaskadenartig
Prallzone	Kolk
Gewässername	Hinterrhein
Einzugsgebietsgrösse	201 km²
Ort	Andeer

Der Rofflafall – die kleine Attraktion an der A13

Wer den Rofflafall besichtigen will, muss sich im Hotel Rofflaschlucht melden. Auf den Weg zum Wasserfall gelangt man durch ein kleines Hausmuseum zur Geschichte der Erschliessung des Wasserfalls. Eine Felsgalerie führt in die Rofflaschlucht und zuhinterst sogar unter dem Rhein hindurch, sodass man die Fallzone des Rofflafalls von hinten betrachten kann.

Die Geschichte vom Wasserfall

Das Gasthaus in der Rofflaschlucht besteht schon seit vielen Generationen und diente den Säumern und Reisenden auf der alpenquerenden Route über den San Bernardino als Raststätte und Unterkunft. Die Besitzerfamilien der Gaststätte hatten ein gutes, wenn auch bescheidenes Einkommen.
Als Ende des 19. Jahrhunderts die Gotthardeisenbahn eröffnet wurde, verlagerte sich ein grosser Teil des Verkehrs. Die Familie Christian Pitschen hatte schon bald nur noch ein minimales Einkommen und beschloss, nach Amerika auszuwandern. Die Gemeinden bezahlten damals den Auswanderern die Überfahrt, und so verliess die junge Familie die Heimat.
In New York arbeitete Christian Pitschen eine Zeit lang als Diener bei einem reichen Engländer. Auf einer Reise durch Amerika besuchten sie auch die Niagarafälle. Dabei sah er, dass die Wasserfälle ein beliebtes Ausflugsziel sind und dass damit Geld verdient werden kann.
Nach dieser Reise dachte er oft an diesen Wasserfall, denn er wusste, dass es zu Hause in der Rofflaschlucht auch einen Wasserfall gab, dieser jedoch nur zu hören war, da in die Schlucht kein Weg führte. Als dann seine Eltern in einem Brief schrieben, dass sie das Gasthaus aus Altersgründen nicht mehr weiterführen könnten, beschlossen die Auswanderer, nach Hause zurückzukehren. Da sie das Geld für die Rückreise verdienen mussten, dauerte es noch ein Jahr, bis sie in der Roffla ankamen.
Daheim angekommen, nahmen sie die schwierige Arbeit in Angriff, einen Weg in die Schlucht zu erstellen. In den Wintern von 1907 bis 1914 arbeiteten alle Familienmitglieder zusammen in der Schlucht. Rund 8000 Sprengladungen wurden gezündet.
Tatsächlich kamen dann wieder mehr Leute ins Gasthaus und besuchten die imposante Schlucht. Die Betreiber sahen wieder besseren Zeiten entgegen. Zwischen 1950 und 1970 lief das Geschäft im Gasthaus sehr gut. Dann kam die neue Strasse, die nicht mehr am Haus vorbeiführt, und stellte die Familie vor neue Probleme.

Landeskarte 1:25 000, Blatt 1235
Landeskarte 1:50 000, Blatt 257

Buslinie 940.30: Thusis–Splügen–San Bernardino

Hotel Rofflaschlucht, 7440 Andeer, Tel. 081 661 11 97

www.rofflaschlucht.ch
www.viamalaferien.ch

Alteiner Wasserfälle

Arosa/Wiesen GR

Name	Alteiner Wasserfall I	Alteiner Wasserfall II
Kaskadenhöhe	73 m	73 m
Stufenhöhe	59 m	14 m
Koordinaten	772 090/181 299	771 998/181 305
Kopfzone	übergangslos	übergangslos
Fallzone	einfach freifallend	einfach kaskadenartig
Prallzone	Schuttkegel	Kolk
Gewässername	Alteinbach	Alteinbach
Einzugsgebietsgrösse	5,7 km²	5,7 km²
Ort	Arosa	Arosa
Nr.	1	1

Bärentritt

Arosa/Wiesen GR

Name	Bärentritt I	Bärentritt II
Kaskadenhöhe	39 m	39 m
Stufenhöhe	9 m	28 m
Koordinaten	774 801/174 651	774 800/174 642
Kopfzone	allmählich	allmählich
Fallzone	einfach freifallend	einfach freifallend
Prallzone	Kolk	Kolk
Gewässername	Brüggentobelbach	Brüggentobelbach
Einzugsgebietsgrösse	17 km²	17 km²
Ort	Wiesen	Wiesen
Nr.	2	2

Arosa/Wiesen GR

Zu den Alteiner Wasserfällen [1]

Bahnhof Arosa, ARA, Alteiner Wasserfälle, Arosa:
2½ h / 8 km / ↕ 360 m / T1

Von Arosa sind die Alteiner Wasserfälle auf gutem Weg erreichbar; da darf die ganze Familie mitwandern. Entlang der breiten Talsohle des Welschtobels gelangt man zur Prallzone des unteren Wasserfalls. Etwas anspruchsvoller ist der Aufstieg zum oberen Wasserfall. Ein kleiner Weg führt auf halber Höhe an die Wasserfälle heran und lässt einen die Kraft des Wassers aus unmittelbarer Nähe erleben. Der Rückmarsch erfolgt auf demselben Weg.

Von Arosa nach Wiesen [2]

Bahnhof Arosa, ARA, Alteiner Wasserfälle, Alteinsee, Alteiner Fürggli, Heinisch Alp, Platschtobel, Eggen, Bärentritt, Bahnhof Wiesen:
5½ h / 15,5 km / ↑ 870 m / ↓ 1420 m / T2

Die anspruchsvolle, aber sehr abwechslungsreiche Wanderung führt von Arosa ins Welschtobel, wo man schon von weitem die Alteiner Wasserfälle erblickt. Linksseitig steigt der Wanderweg über diese Steilstufe – ein kurzer Abstecher führt an die Wasserfälle heran – zum Alteinsee und von hier zum Kulminationspunkt der Wanderung, dem Alteiner Fürggli (2491 m). Vorbei am Valbellahorn führt der Weg über Alpweiden ins Landwassertal mit herrlicher Aussicht in die Bündner Berge. Über Waldwege und unter der Kantonsstrasse durch erreicht man endlich den Bärentritt. Hier lassen sich die zwei Wasserfallstufen aus einer ungewöhnlichen Perspektive betrachten. Über den Brüggentobelbach gelangt man in einer Viertelstunde zum Bahnhof Wiesen in der Talsohle.

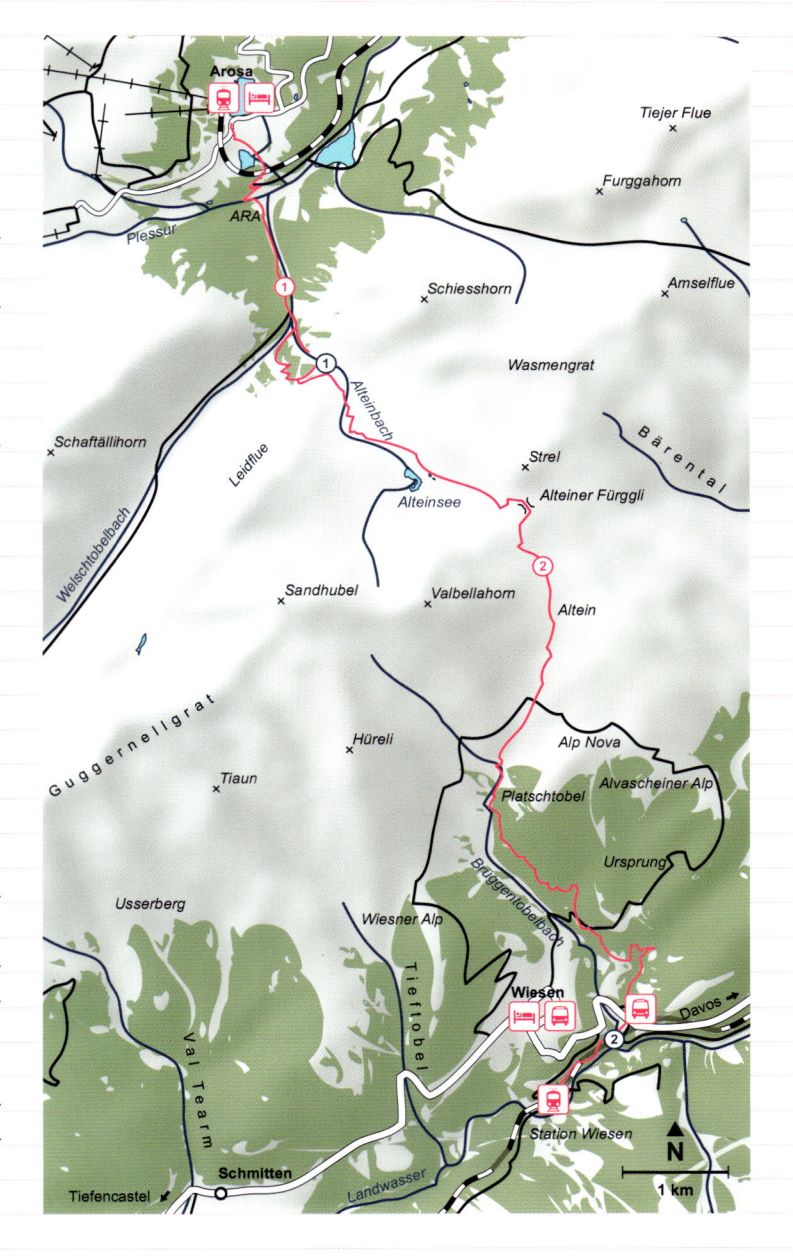

Landeskarte 1:25 000, Blatt 1196, 1216
Landeskarte 1:50 000, Blatt 248, 258

Buslinie 900.86: Lenzerheide/Lai–Davos Platz

Restaurant Bim Statiönli, 7494 Wiesen, Tel. 081 404 19 62

www.arosa.ch
www.wiesen.ch

Ducanfälle

Sertigtal GR

Name	Ducanfall I
Kaskadenhöhe	63 m
Stufenhöhe	25 m
Koordinaten	784 538/175 839
Kopfzone	allmählich
Fallzone	einfach freifallend
Prallzone	Kolk
Gewässername	Ducanbach
Einzugsgebietsgrösse	7,5 km²
Ort	Davos

Name	Ducanfall II
Kaskadenhöhe	63 m
Stufenhöhe	21 m
Koordinaten	784 542/175 857
Kopfzone	allmählich
Fallzone	einfach kaskadenartig
Prallzone	Kolk
Gewässername	Ducanbach
Einzugsgebietsgrösse	7,5 km²
Ort	Davos

Name	Ducanfall III
Kaskadenhöhe	63 m
Stufenhöhe	11 m
Koordinaten	784 545/175 877
Kopfzone	allmählich
Fallzone	einfach freifallend
Prallzone	Kolk
Gewässername	Ducanbach
Einzugsgebietsgrösse	7,5 km²
Ort	Davos

Sertigtal GR

Von Sand zu den Ducanfällen

Bushaltestelle Sand, Wasserfall, Ducanfälle, Sand:
1 h / 3 km / ↕ 60 m / T1

Das Sertigtal bei Davos ist ein wunderschönes Hochtal, das bis weit hinauf traditionell landwirtschaftlich genutzt wird. Weideflächen, kleine Haufensiedlungen und einzelne alte Scheunen prägen die Landschaft. Vom Bushalt in Sand (Kurhaus und grosser Parkplatz) führt die Naturstrasse entlang dem Sertigbach zur kleinen Siedlung mit dem bemerkenswerten Namen Wasserfall. Auf gutem, kinderwagentauglichem Fussweg gelangt man in wenigen Minuten zur Prallzone des untersten Ducanfalls.
Das Sertigtal dient als Ausgangsort für verschiedene grosse Passwanderungen: Über die Fanezfurgga nach Monstein, über die Ducanfurgga nach Bergün oder über den Sertigpass nach Chants.

Landeskarte 1:25 000, Blatt 1217
Landeskarte 1:50 000, Blatt 258

Buslinie 910.70: Davos Platz–Sertig

Walserhuus Sertig, Sand, 7272 Davos Clavadel,
Tel. 081 410 60 30
Restaurant Mühle, Sertig Dörfli, 7272 Davos Clavadel,
Tel. 081 413 25 85

www.davos.ch

Schaftobelfall

Alvaneu Bad GR

Name	Schaftobelfall
Höhe	63 m
Koordinaten	769 585/170 049
Kopfzone	allmählich
Fallzone	einfach kaskadenartig
Prallzone	Fels
Gewässername	Schaftobelbach
Einzugsgebietsgrösse	12,2 km²
Ort	Filisur
Nr.	1

Alvaneu Bad GR

Von Filisur nach Alvaneu Bad [1]

Bahnhof Filisur, Prasiras, Camping Islas, Zinols, Schaftobelfall, Schwefelquellen, Alvaneu Bad:
2½ h (inkl. Besuch der Schwefelquellen 3 h) / 4,5 km / ↓ 240 m / ↑ 140 m / T1

Der gute und breite Weg führt unterhalb von Filisur auf die linke Seite der Albula. Bei Zinols passiert man den Selabach. Der 140 m höher gelegene Selabachfall ist nur von der anderen Talseite aus sichtbar und leider unzugänglich. Auf allmählich ansteigendem Weg gelangt man nun zum Schaftobelfall, wobei die letzten Meter bis zur Prallzone über gefährliche Bacheinhänge, bestehend aus schiefrigem Lockermaterial, führen. Es empfiehlt sich, die Tour etwas weiter unten am Bach zu beenden und die schöne Aussicht von hier zu geniessen.

Von Alvaneu Bad ins Schaftobel [2]

Bushaltestelle Alvaneu Bad, Schaftobelfall, Schaftobel, Foppa, Era, Schaftobel, Schwefelquellen, Alvaneu Bad:
5 h / 8 km / ↑ 990 m / T2

Der Schaftobelfall ist von Alvaneu Bad her in einer halben Stunde erreichbar.
Der Weg führt am neuen Thermalbad in der Talsohle vorbei, über die Brücke auf die andere Seite der Albula und entlang dem Schaftobelbach hinauf zum Wasserfall. Nach kurzem Abstieg auf demselben Weg steigt man auf der rechten Bachseite hinein ins wilde Schaftobel: Kurz vor dem Tunnel über dem Wasserfall lohnt sich der Blick über die Schulter: Die Aussicht auf den Wiesner Viadukt gilt als eine der schönsten. Bei Kote, 1480 m ü. M., muss dem Weg entlang dem Bach gefolgt werden, der kurz darauf den Bach überquert und dem linken Einhang folgt. Nach der Überquerung eines weiteren Grabens erreicht man im Zickzack die Alpen Foppa und Era mit wunderbarer Aussicht ins Albulatal. Der Abstieg erfolgt auf demselben Weg. Zum Abschluss der Wanderung wird der Besuch des Schwefelbads in Alvaneu Bad wärmstens empfohlen.

Die Schwefelquellen

Das schwefelhaltige Wasser tritt rund um Alvaneu Bad an verschiedenen Stellen zu beiden Seiten der Albula aus dem Boden, wobei davon ausgegangen wird, dass das für die Badeanstalt genutzte Wasser von der linken Talseite stammt, unter der Albula durchströmt und als aufsteigende Quelle austritt. Schon die Römer wussten die Schwefelquellen in der Talsohle bei Alvaneu zur Heilung zu nutzen; und zurück bis ins Jahr 1474 wird die Existenz eines Schwefelbads nachgewiesen. Seither wurde das Bad mehrmals umgebaut; zuletzt entstand 2001 ein kleines und gemütliches Kur- und Wellnessbad inmitten der Bündner Bergwelt. Das kalt austretende Wasser der zweitstärksten Schwefelquelle Europas wird im Innen- und Aussenbecken auf 34 °C erwärmt.

Landeskarte 1:25 000, Blatt 1216, 1236
Landeskarte 1:50 000, Blatt 258

Buslinie 940.55: Tiefencastel–Alvaneu Dorf–Filisur

Restaurant Bognin, Thermalbad, 7473 Alvaneu Bad,
Tel. 081 420 44 11
Bad Alvaneu, Thermalbad, Albulastrasse, 7473 Alvaneu Bad,
Tel. 081 420 44 00
Hotel Grischuna, Am Bahnhof, 7477 Filisur,
Tel. 081 404 11 80
Hotel Rätia, 7477 Filisur, Tel. 081 404 11 05
Camping Islas AG, Islas, 7477 Filisur, Tel. 081 404 16 47

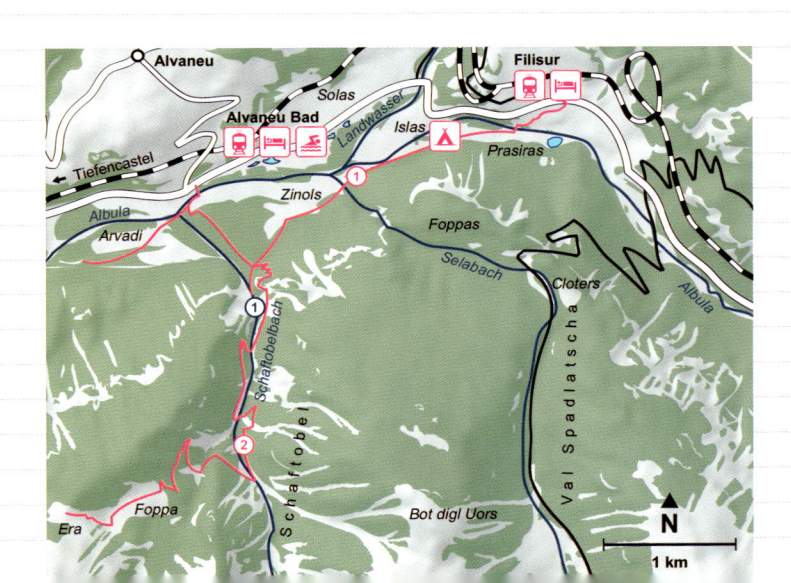

www.alvaneu.ch
www.ansaina.ch

Cascata da Schinellas

Engadin GR

Name	Cascata da Schinellas
Höhe	72 m
Koordinaten	782 187/147 017
Kopfzone	übergangslos
Fallzone	deckend kaskadenartig
Prallzone	Schuttkegel
Gewässername	Ova dal Sagl
Einzugsgebietsgrösse	6,6 km^2
Ort	Silvaplana

Zur Cascata da Schinellas

Bushaltestelle Surlej Parkplatz, Ova da Schinellas, Ova dal Sagl, Cascata da Schinellas, Crap da Sass, Surlej:
1 h / 3 km / ↕ 100 m / T1

Sehr einfache Wanderung auf schönen Wegen und Strassen mit Sicht auf den Silvaplanersee. Der Wasserfall heisst zwar Cascata da Schinellas, liegt aber am Bach Ova dal Sagl (Il Sagl – der Sprung).

Landeskarte 1:25 000, Blatt 1257
Landeskarte 1:50 000, Blatt 268

Buslinie 940.80: Bernina, Lagalbbahn–Pontresina–Samedan–St. Moritz–Maloja

www.silvaplana.ch

Innfall

Engadin GR

Name	Innfall
Kaskadenhöhe	65 m
Koordinaten	773 037/142 208
Kopfzone	allmählich
Fallzone	verzweigt kaskadenartig
Prallzone	Fels
Gewässername	Inn
Einzugsgebietsgrösse	2,2 km²
Ort	Maloja

Zu den Gletschermühlen im Naturschutzreservat

Bushaltestelle Maloja Capolago, Gletschermühlen, Turm Belvedere, Bushalt Maloja Posta:
1 h / 3 km / ↕ 80 m / T1

Der Wanderweg führt auf der Hauptstrasse am Palace vorbei und kurz darauf rechts steil hinauf Richtung Pila. Ins Naturschutzgebiet gelangt man über einen kleinen Pfad. Hier öffnet sich zwischen den Bäumen hindurch immer wieder der Blick zum Innfall. Ein militärisches Sperrgebiet verbietet den Zugang zur Prallzone. Die sieben Gletschermühlen und der Besuch des Turms Belvedere machen diese Wanderung zu einem lohnenswerten Kurzausflug.

Landeskarte 1:25 000, Blatt 1276
Landeskarte 1:50 000, Blatt 268

Buslinie 940.80: Bernina, Lagalbbahn–Pontresina–Samedan–St. Moritz–Maloja
Buslinie 940.81: St. Moritz–Maloja–Castasegna–Chiavenna

www.maloja.ch

Cascada da Pisch

Val Müstair GR

Name	Cascada da Pisch
Höhe	80 m
Koordinaten	830 370/166 780
Kopfzone	allmählich
Fallzone	mehrfach kaskadenartig
Prallzone	Schuttkegel
Gewässername	Pisch
Einzugsgebietsgrösse	6,6 km²
Ort	Müstair

Zur Cascada da Pisch

Bushaltestelle Müstair Somvih, Il Rom, Cascada da Pisch:
1 h / 2,5 km / ↕ 70 m / T1

Vom Bushalt führt der Fussweg hinunter zum Fluss Il Rom und an dessen rechtem Ufer aufwärts bis zum nächsten Bach, dem Pisch. Entlang dem Pisch gelangt man auf einem kleinen Weg hinauf in die Schlucht und im Zickzack zum Fall.

Landeskarte 1:25 000, Blatt 1239bis
Landeskarte 1:50 000, Blatt 259bis

Buslinie 960.20: Zernez–Müstair–Malles/Mals

www.muestair.ch
www.stamaria.ch

Cascata del Rizeu

Misox GR

Name	Cascata del Rizeu
Höhe	107 m
Koordinaten	738 523/137 713
Kopfzone	allmählich
Fallzone	einfach freifallend
Prallzone	Keilanbruch
Gewässername	Rizeu
Einzugsgebietsgrösse	3,4 km²
Ort	Mesocco

Cascata della Buffalora

Misox GR

Name	Cascata della Buffalora
Kaskadenhöhe	243 m
Koordinaten	736 475/134 518
Kopfzone	allmählich
Fallzone	einfach kaskadenartig
Prallzone	Fels
Gewässername	Ri de Buffalora
Einzugsgebietsgrösse	7 km²
Ort	Mesocco

Cascata del Groven

Misox GR

Name	Cascata del Groven
Kaskadenhöhe	68 m
Koordinaten	735 467/131 832
Kopfzone	allmählich
Fallzone	einfach freifallend
Prallzone	Kolk
Gewässername	Groven
Einzugsgebietsgrösse	4 km²
Ort	Lostallo

Landeskarte 1:25 000, Blatt 1274, 1294
Landeskarte 1:50 000, Blatt 267, 277

Buslinie 625.20: Bellinzona–Grono–Mesocco–San Bernardino–(Thusis)
Buslinie 900.80: Chur–San Bernardino–Bellinzona

www.mesocco.ch

Cascata del Frott

Val Calanca GR

Name	Cascata del Frott
Höhe	107 m
Koordinaten	730 170/136 159
Kopfzone	allmählich
Fallzone	deckend kaskadenartig
Prallzone	Kolk
Gewässername	Ria del Frott
Einzugsgebietsgrösse	4,8 km²
Ort	Rossa

Landeskarte 1:25 000, Blatt 1274
Landeskarte 1:50 000, Blatt 267

Buslinie 625.25: (Bellinzona)–Grono–Rossa

www.calanca.org
www.calancatal.ch

Cascata del Botto

Lago di Lugano TI

Name	Cascata del Botto
Stufenhöhe	68 m
Koordinaten	720 830/87 795
Kopfzone	allmählich
Fallzone	einfach freifallend
Prallzone	Kolk
Gewässername	Sovaglia
Einzugsgebietsgrösse	2,5 km^2
Ort	Melano

Von Rovio nach Melano

Bushalt Rovio, Cascata del Botto, Scaracce, Melano:
1¼ h / 2,7 km / ↓ 210 m / T1

Die einfache Wanderung auf schmalen Wanderwegen verläuft hauptsächlich in schattigen Waldpartien und ist deshalb auch im Hochsommer als kurze Tour zu diesem verträumten Ort empfehlenswert.

Landeskarte 1:25 000, Blatt 1353
Landeskarte 1:50 000, Blatt 286

Buslinie 600.93: Maroggia–Melano–Rovio–Arogno (Linea 41)
Buslinie 637.18: Mendrisio–Riva San Vitale–Capolago–Melano (Linea 31)

Grotto Conza, Via alla Madonna, 6821 Rovio, Tel. 091 649 74 94
Santuario del Castelletto Grotto, 6818 Melano, Tel. 091 648 20 58

www.mendrisiotourism.ch

Cascata di Santa Petronilla

Biasca TI

Biasca TI

Name	Cascata di Santa Petronilla I	Cascata di Santa Petronilla II	Cascata di Santa Petronilla III
Höhe	112,5 m	48 m	37 m
Koordinaten	718 898/134 508	718 703/134 557	718 329/134 666
Kopfzone	übergangslos	übergangslos	allmählich
Fallzone	einfach freifallend	einfach freifallend	einfach freifallend
Prallzone	Kolk	Kolk	Kolk
Gewässername	Ri della Froda	Ri della Froda	Ri della Froda
Einzugsgebietsgrösse	4,4 km^2	4,5 km^2	4,5 km^2
Ort	Biasca	Biasca	Biasca
Nr.	1	2	3

Cascata di Santa Petronilla

Biasca TI

Der Ri della Froda

Folgende Wasserfälle und Spezialformen befinden sich im Ri della Froda (von oben nach unten): zwei unzugängliche Wasserfälle ab Kote 900 m ü. M., anschliessend die erste vermessene Stufe (Cascata di Santa Petronilla I), gefolgt von zwei Schiessgerinnen, der zweiten vermessenen Stufe (Cascata di Santa Petronilla II), einem Kolk zum Baden, der Bogenbrücke, einem kleinen Wasserfall mit Kolk zum Baden, einem Schiessgerinne und der dritten vermessen Stufe (Cascata di Santa Petronilla III).

Kultur

Die Kirche San Pietro e Paolo in Biasca steht unter nationalem Baudenkmalschutz. Sie wurde in den 1960er Jahren renoviert. Die romanische Kirche aus dem 12. Jahrhundert befindet sich in dominierender Lage oberhalb von Biasca. Spätere Umbauten betrafen eine Erhöhung des Kirchenbaus und den Kirchturm. Die einschneidenden Veränderungen in der Barockzeit, so die Erhöhung des Steinfussbodens, die Stufen zum Chor und der Bau des Gewölbes über dem Mittelschiff, haben wohl den Grundriss eines lateinischen Kreuzes modifiziert, entsprechen aber dem Wunsch nach einheitlicher Gestaltung.

Der dreischiffige Kirchenraum weist eine merkliche Neigung des Fussbodens auf. Zahlreiche Basreliefs aus verschiedenen Epochen sind in die Mauern eingelassen. Auch die Fresken an den Kirchenwänden stammen aus verschiedenen Jahrhunderten. Die ältesten, am Südbogen des Chors, stammen aus dem 13. bis 14. Jahrhundert, während die Fresken der Apsis und des Chors (die Kirchenlehrer, Szenen aus dem Leben des heiligen Petrus, die Lisenen mit Cherubinen, die Früchte- und Schachbrettdekorationen) vermutlich um die Mitte des 17. Jahrhunderts entstanden sind. Aus der gleichen Zeit stammen die Szenen aus dem Leben des heiligen Karl Borromäus über dem Portal auf der rechten Seite, die Alessandro Gorla zugeschrieben werden. Rechts vom Eingang befindet sich die Rosenkranzkapelle, die Cavalier G. B. Pellanda im 17. Jahrhundert bauen liess.

Der Kreuzweg mit seinen 14 Stationen wurde 1742 erbaut und 1997 grundlegend renoviert. Anstelle der fast gänzlich verschwundenen Fresken wurden Mosaiken zeitgenössischer Tessiner Künstler eingesetzt.

Die Kapelle Santa Petronilla zeigt interessante Fresken, die den Chor und das Kirchenschiff schmücken. Sie sind das Werk eines Malers, der in der ersten Hälfte des 17. Jahrhunderts in der Region tätig war. Dargestellt werden Szenen aus dem Leben der heiligen Petronilla, musizierende Engel und Votivbilder mit den Namen der Auftraggeber, zum grössten Teil aus der Familie Pellanda.

Das Kirchlein wurde von 1985 bis 1987 restauriert. Die Ausgrabungen förderten Reste eines Gebäudes aus dem 11. Jahrhundert zutage. Die erste eigentliche Kirche wurde im 13. Jahrhundert erbaut.

Biasca TI

Kreuzweg über Biasca [1]

Biasca Stazione, Kirche San Carlo, Kirche San Pietro e Paolo, Kreuzweg, Kapelle Santa Petronilla, Kirche San Carlo, Biasca Stazione:
1¼ h (2 h beim Aufstieg zum Kolk der Cascata di Santa Petronilla l) / 4 km / ↕ 100 m / T1

Schon vom Zug aus kann der unterste Doppelfall bestaunt werden, dessen freifallende Wasserstrahlen sich in der Luft kreuzen. Von der Kirche San Pietro e Paolo führt die Via Crucis, der Kreuzweg mit 14 Wegstationen, zur Kopfzone dieses Wasserfalls, über eine schöne Bogenbrücke und zur Kapelle Santa Petronilla. Spezielles: Die Kolkbecken zwischen der zweiten und der dritten Stufe eignen sich im Sommer hervorragend zum Baden.

Ins Valle Santa Petronilla [2]

Biasca Stazione, Cascata di Santa Petronilla, Alpe di Tongia, Alpe di Lago, Alpe di Compiett, Nadro, Biasca:
7 h / 15,5 km / ↕ 1840 m / T2

Die anspruchsvolle Wanderung auf steilen, teilweise exponierten Bergwegen führt vorbei an den Wasserfällen des Ri della Froda zum Karsee auf der Alpe di Lago auf 2089 m ü. M., wo sich das unbewirtete Rifugio Alpe di Lago befindet (für Reservation siehe Adresse).

Landeskarte 1:25 000, Blatt 1273, 1293
Landeskarte 1:50 000, Blatt 266, 276

Rifugio Alpe di Lago, Patriziato di Biasca, Via Lucomagno 17, 6710 Biasca, Tel. 091 862 11 74
Grotto Greina, Via ai Grotti 36, 6710 Biasca, Tel. 091 862 15 27
Grotto Lino, Via ai Grotti, 6710 Biasca, Tel. 091 862 45 47
Casa Alloggio Juliana, Via Chiasso 14, 6710 Biasca, Tel. 091 862 27 09
Albergo Nazionale, Via Bellinzona 24, 6710 Biasca, Tel. 091 862 13 31

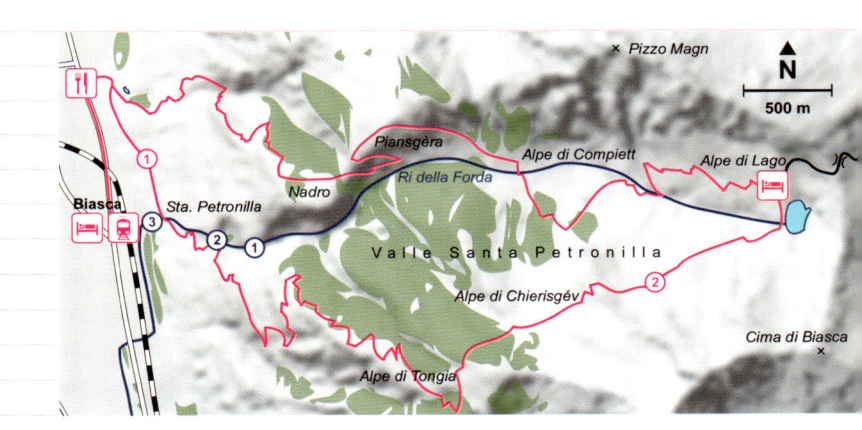

www.biascaturismo.ch

Cascata di Val Mött

Valle Verzasca TI

Name	Cascata di Val Mött
Höhe	52 m
Koordinaten	705 350/130 180
Kopfzone	übergangslos
Fallzone	mehrfach freifallend
Prallzone	Schuttkegel
Gewässername	Riale di Val Mött
Einzugsgebietsgrösse	4,5 km²
Ort	Gerra (Verzasca)

La Froda

Valle Verzasca TI

Name	La Froda
Höhe	100 m
Koordinaten	702 552/133 710
Kopfzone	übergangslos
Fallzone	verzweigt kaskadenartig
Prallzone	Kolk
Gewässername	Redorta
Einzugsgebietsgrösse	3,9 km²
Ort	Sonogno

Landeskarte 1:25 000, Blatt 1292
Landeskarte 1:50 000, Blatt 276

Buslinie 630.55: Locarno–Tenero–Sonogno

Albergo Froda, 6635 Gerra, Tel. 091 746 14 52
Grotto Sassello, 6635 Gerra, Tel. 091 746 13 09
Grotto Efra, 6637 Sonogno, Tel. 091 746 11 73
Grotto Redorta, 6637 Sonogno, Tel. 091 746 13 34

www.verzasca.com

Cascata di Vergeletto

Valle di Vergeletto TI

Name	Cascata di Vergeletto
Höhe	13 m
Koordinaten	690 123/120 058
Kopfzone	allmählich
Fallzone	deckend freifallend
Prallzone	Kolk
Gewässername	Ribo
Einzugsgebietsgrösse	47,3 km^2
Ort	Vergeletto

Die Cascata di Vergeletto ist unter Kajakfahrern eine Legende. Da es sich beim 13 m hohen Wasserfall um einen Grenzfall zwischen schiessendem und freifallendem Abfluss handelt und da er in einem grossen Kolkbecken ohne gefährlichen Rücklauf endet, ist er für viele Kajakfahrer der höchste noch zur Befahrung geeignete Wasserfall der Schweiz.

Der Ribo ist auch oberhalb und unterhalb des Wasserfalls befahrbar, wobei der Schwierigkeitsgrad zwischen IV und V variiert. Der Einstieg erfolgt entweder 3 km oberhalb von Vergeletto bei einem verlassenen Gasthaus oder bei der Steinbrücke direkt oberhalb des Wasserfalls. Kurz vor dem Wasserfall muss eine unbefahrbare Stelle umgangen werden. Nach dem Wasserfall beginnt eine «Perle» unter den Wildwasserstrecken der Schweiz, die Riboschlucht mit Grundgesteinrutschen, Stufen und Zwangspassagen. Besonders gefährlich ist der Eingang zur Schlucht. Der Ausstieg erfolgt bei der Brücke nach Pombino (ca. 1 km oberhalb der Abzweigung ins Valle di Vergeletto). Die besten Verhältnisse zur Befahrung finden sich während der Schneeschmelze zwischen April und Juni.

Landeskarte 1:25'000, Blatt 1312
Landeskarte 1:50'000, Blatt 276

Buslinie 630.52: Russo–Gresso–Vergeletto

www.onsernone.ch

Valle Maggia TI

Fahrradtour Valle Maggia (1)

Ponte Brolla, Maggia, Giumaglio, Riveo, Cevio, Boschetto, Cevio, Someo, Dal Ovi, Lodano, Moghegno, Ponte Brolla:
2½ h (ohne Besichtigung der Wasserfälle) / 46 km / ↕ 200 m

Der grosse Teil der Tour führt über Asphaltstrassen; einzig der Abschnitt zwischen Someo und Ronchi führt über Wanderwege bzw. Waldsträsschen. Die Maggia wird bei Someo mit einer 340 m langen Hängebrücke überwunden, der längsten Hängebrücke im Maggiatal!
Um zu den Prallzonen der sieben Wasserfälle zu gelangen, empfiehlt es sich, das Fahrrad abzustellen und die schmalen und teilweise steilen Wanderwege zu Fuss zu begehen. Alternativ kann die Strecke zwischen Campana und Dal Ovi auch auf der rechten Flussseite gewählt werden; es handelt sich jedoch um teils unbefahrbare Wanderwegabschnitte.
Unermüdlichen Radfahrern empfiehlt es sich, die Tour bis nach Foroglio im Val Bavona zu verlängern, um auch die Cascata Grande in Bignasco und die Cascata di Foroglio zu besuchen; dabei werden zwischen Cevio und Foroglio auf einer Strecke von 8 km 270 Höhenmeter überwunden.

Rundwanderung im Valle del Salto (2)

Bushalt Maggia, Capella della Pioda, Cametta, Staumauer, Rustico Fausto, Ceir, Voipo, Pioda-Brücke, Kirche San Maurizio, Maggia:
4¾ h / 8,5 km / ↕ 550 m / T2

Teilweise rutschiger, schmaler Weg mit steilen Abhängen. Ein Picknick lohnt sich am kleinen Stausee, wo verschiedene kleine Wasserfälle und das klare Wasser zum Verweilen laden.

Landeskarte 1:25 000, Blatt 1271, 1291, 1292, 1312
Landeskarte 1:50 000, Blatt 265, 275, 276

Buslinie 630.60: Locarno–Bignasco–Cavergno
Buslinie 630.70: Bignasco–San Carlo

Locanda Poncini, 6673 Maggia, Tel. 091 760 90 70
Caffè Fiscalin, 6678 Giumaglio, Tel. 091 753 23 16
Pizzeria Soladino, 6674 Riveo, Tel. 091 754 11 29
Albergo Basodino, 6675 Cevio, Tel. 091 754 11 01
Grotto Fanci, 6675 Cevio, Tel. 079 685 25 15

www.magicvalley.ch
www.valle-bavona.ch

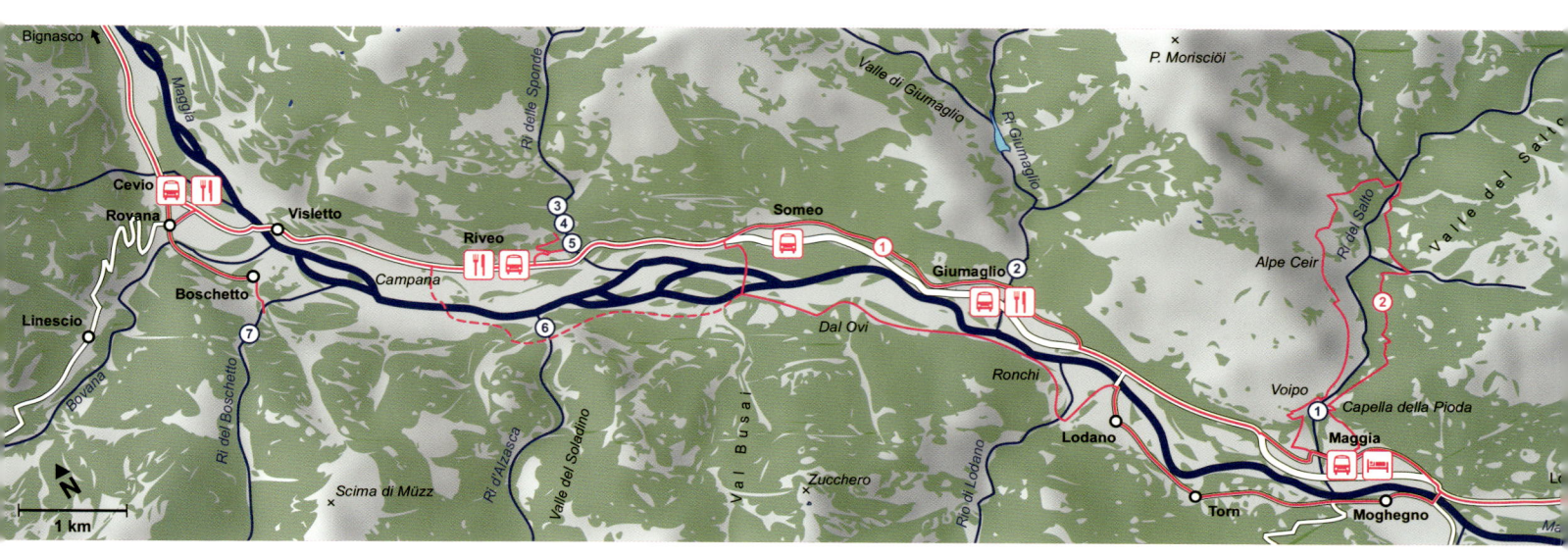

Salto

Valle Maggia TI

Name	Salto
Höhe	61 m
Koordinaten	697 822/122 997
Kopfzone	übergangslos
Fallzone	deckend freifallend
Prallzone	Kolk
Gewässername	Ri del Salto
Einzugsgebietsgrösse	18,5 km²
Ort	Maggia
Nr.	1

Obwohl das Wasser oberhalb des Falles gefasst wird, fliessen im Jahresdurchschnitt noch immer 80 l/s ab. Die Prallzone besteht aus einem runden Kolk, der gemäss Aussagen von Tauchern eine Tiefe von 30 m erreicht.

Cascata di Giumaglio

Valle Maggia TI

Name	Cascata di Giumaglio
Kaskadenhöhe	53 m
Koordinaten	696 063/125 555
Kopfzone	allmählich
Fallzone	einfach freifallend
Prallzone	Kolk
Gewässername	Ri Giumaglio
Einzugsgebietsgrösse	16,8 km²
Ort	Giumaglio
Nr.	2

Cascata delle Sponde

Valle Maggia TI

Name	Cascata delle Sponde I	Cascata delle Sponde II	Cascata delle Sponde III
Höhe	94 m	20 m	95 m
Koordinaten	692 664/128 128	692 646/127 960	692 558/127 818
Kopfzone	allmählich	allmählich	allmählich
Fallzone	einfach freifallend	einfach freifallend	mehrfach kaskadenartig
Prallzone	Kolk	Kolk	Kolk
Gewässername	Ri delle Sponde	Ri delle Sponde	Ri delle Sponde
Einzugsgebietsgrösse	4,6 km²	4,6 km²	4,6 km²
Ort	Someo	Someo	Someo
Nr.	3	4	5

Von der Bushaltestelle Riveo Chiesa führt ein Strässchen an das grosse Kolkbecken der untersten Stufe. Dieses Becken lädt an heissen Tagen zu einem kühlenden Bad, und der Ort ist als Picknickplatz empfehlenswert. Zurück Richtung Dorf führt ein spärlich markierter Wanderweg entlang der Kaskadenstrecke des Ri delle Sponde zu den Stufen I und II. Zudem lohnt sich der Besuch der Kirche, die ein wunderschönes, aus Holz geschnitztes Portal aus dem späten 7. Jahrhundert zeigt.

Die Cascata delle Sponde I

Die Cascata delle Sponde III mit dem grossen Kolkbecken unterhalb

Cascata del Soladino

Valle Maggia TI

Name	Cascata del Soladino
Höhe	100 m
Koordinaten	691 958/127 200
Kopfzone	allmählich
Fallzone	mehrfach freifallend
Prallzone	Kolk
Gewässername	Ri d'Alzasca
Einzugsgebietsgrösse	11,8 km^2
Ort	Someo
Nr.	6

Heute wird das Wasser des Ri d'Alzasca oberhalb der Cascata del Soladino vollständig gefasst und dem Kraftwerk zugeführt. Zu sehen ist der Fall nur noch bei Gewittern oder wenn vom Kraftwerk nicht alles Wasser gebraucht wird. Dann beeindruckt der Doppelfall mit seinen zwei unterschiedlichen Fallhöhen, wobei der höhere Fall im Jahr 1883 durch einen künstlichen Kanal erwirkt wurde, um die Attraktivität noch zu steigern!

Cascata del Boschetto

Valle Maggia TI

Name	Cascata del Boschetto
Höhe	47 m
Koordinaten	689 573/128 538
Kopfzone	übergangslos
Fallzone	mehrfach kaskadenartig
Prallzone	Fels
Gewässername	Ri del Boschetto
Einzugsgebietsgrösse	5,4 km²
Ort	Boschetto
Nr.	7

Cascata Grande

Valle Maggia TI

Name	Cascata Grande
Höhe	75 m
Koordinaten	690 424/132 288
Kopfzone	übergangslos
Fallzone	verzweigt kaskadenartig
Prallzone	Kolk
Gewässername	Ri Grande
Einzugsgebietsgrösse	5,4 km²
Ort	Bignasco

Oberhalb der Cascata Grande liegt die Kapelle Madonna die Monte, die von Bignasco in einer halben Stunde Fussmarsch erreichbar ist.

Das lokale Schwimmbad liegt direkt unterhalb des Wasserfalls. Beim Kolk befindet sich eine Feuerstelle; hier besteht auch die Möglichkeit, im Ri Grande zu baden.

Landeskarte 1:25 000, Blatt 1292
Landeskarte 1:50 000, Blatt 276

Buslinie 630.60: Locarno–Bignasco–Cavergno

Albergo Posta, 6676 Bignasco, Tel. 091 754 11 23
Schwimmbad mit Restaurant, Piscina comunale, 6676 Bignasco, Tel. 091 754 18 38

www.magicvalley.ch
www.valle-bavona.ch

Cascata di Foroglio

Valle Bavona TI

Name	Cascata di Foroglio
Höhe	108 m
Koordinaten	685 106/136 108
Kopfzone	übergangslos
Fallzone	einfach freifallend
Prallzone	Kolk
Gewässername	Fiume Calnègia
Einzugsgebietsgrösse	24,2 km^2
Ort	Foroglio
Nr.	1

una bella forte e innamorata
infaticabile sempre al suo lavoro
intenta sempre al canto suo sonoro

schön, stark und verliebt
immer seiner Arbeit hingegeben
immer sein melodisches Lied singend

(Gedanken über die Cascata di Foroglio von Dichter Silvio Fiori)

Valle Bavona TI

Zur Cascata di Foroglio (1)

Foroglio, Cascata di Foroglio, Foroglio:
20 min / 0,7 km / ↕ 170 m / T1

Der gute Wanderweg führt bis an die Prallzone des imposanten Wasserfalls. Anschliessend empfiehlt sich ein kleiner Rundgang durchs Dorf mit einem Besuch des Ristorante La Froda.

Ins Val Calnègia (2)

Foroglio, Cascata di Foroglio, Val Calnègia, Foroglio:
2½ h / 9 km / ↕ 420 m / T1

Über eine schmale, zwischen steil abfallenden Felswänden eingeklemmte Treppe führt der Weg zur Kapelle des heiligen Salvatore auf der Höhe der Kopfzone der Cascata di Foroglio. Hier beginnt das Hängetal des Val Calnègia, das auf die Entdeckung durch den Wanderer wartet. Zuhinterst im Talkessel erblickt man weitere Kaskaden, die die Laghi della Crosa entwässern.

Zu den Laghi della Crosa (3)

Foroglio, Val Calnègia, Laghi della Crosa, Val Calnègia, Foroglio:
8½ h (Aufstieg 5 h / Abstieg 3½ h) / 15 km / ↕ 1470 m / T2

Gerra im Val Calnègia auf der anderen Flussseite ist wegen seiner Eigenart eine Verschnaufpause wert. Seine Häuser erscheinen zwischen den riesigen Felsblöcken noch viel kleiner, als sie es bereits sind. Beim Aufstieg zu den marineblauen Bergseen sind auf beiden Seiten des Weges weitere Kaskaden und Wasserfälle zu beobachten. Beide Laghi della Crosa eignen sich hervorragend zum Fischen.

Landeskarte 1:25 000, Blatt 1271
Landeskarte 1:50 000, Blatt 265

Buslinie 630.60: Locarno–Bignasco–Cavergno
Buslinie 630.70: Bignasco–San Carlo

Ristorante La Froda, Foroglio, 6690 Cavergno, Tel. 091 754 11 81

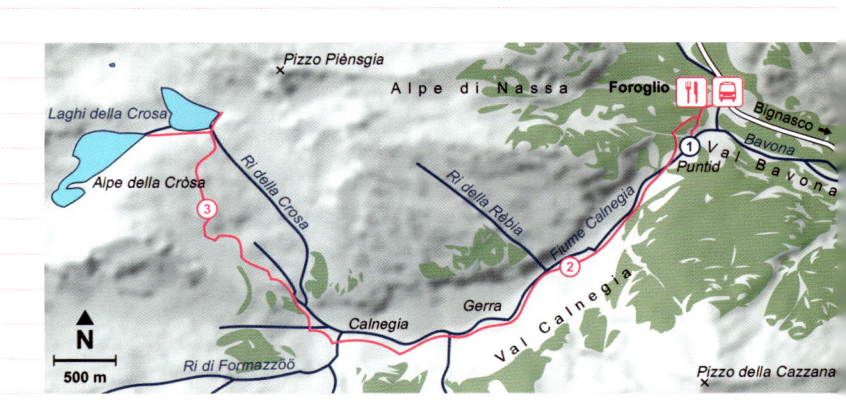

www.foroglio.ch
www.valle-bavona.ch

Cascata della Crosa

Valle di Peccia TI

Name	Cascata della Crosa
Höhe	129 m
Koordinaten	688 097/142 919
Kopfzone	übergangslos
Fallzone	einfach freifallend
Prallzone	Schuttkegel
Gewässername	Ri della Cròsa
Einzugsgebietsgrösse	4,2 km²
Ort	Peccia
Nr.	1

Valle di Peccia TI

Zur Cascata della Crosa [1]

Bushaltestelle Piano di Peccia, Ghiéiba, Cascata della Crosa, Piano di Peccia:
2½ h / 6,5 km / ↕ 460 m / T1

Die einfache Wanderung führt entlang dem Fiume Peccia nach Ghiéiba, von wo man den Wasserfall bereits erblickt. Ein steiler Weg führt anschliessend hinauf zur Cascata della Crosa.

Rundwanderung im Val di Peccia [2]

Bushaltestelle Piano di Peccia, Ghiéiba, Cascata della Crosa, Rifugio Poncione di Braga, Piatto della Froda, Corte della Froda, Sassello, Ghiéiba, Piano di Peccia:
6½ h / 15 km / ↕ 1240 m / T2

Entlang dem Fiume Peccia führt der Weg nach Ghiéiba, wo der steile Aufstieg zum Wasserfall und zum Rifugio Poncione di Braga beginnt. Die exponierte Lage der gemütlichen Hütte lädt zum Picknick mit Aussicht auf die Berge rundherum ein. Es folgt ein relativ flacher Abschnitt, der aber eine gute Geländegängigkeit voraussetzt, und zwischendurch muss der Weg gesucht werden (gutes Kartenmaterial wird empfohlen). Von Piatto della Froda hat man verschiedene Möglichkeiten, nach Corte della Froda zu gelangen. Bei nassem Untergrund sollte der Fahrweg gewählt werden. Beide Alternativrouten führen über felsiges, steiles Gelände. Entlang der Schlucht des wilden Fiume Peccia gelangt man zurück nach Piano di Peccia.

Landeskarte 1:25 000, Blatt 1271
Landeskarte 1:50 000, Blatt 265

Buslinie 630.60: Locarno–Bignasco–Cavergno
Buslinie 630.72: Bignasco–Peccia–Fusio
Buslinie 630.74: Peccia–Piano di Peccia

Ristorante della Posta, Piano di Peccia, 6695 Peccia,
Tel. 091 755 11 35
Ristorante Giuliere, Piano di Peccia, 6695 Peccia,
Tel. 091 755 12 68

www.lavizzara.ch

Maderanertal UR

Das Maderanertal darf als eines der ursprünglichen und intakten Bergtäler der Schweizer Alpen bezeichnet werden. Die traditionelle Kulturlandschaft geht beim Aufstieg allmählich in eine wildromantische Naturlandschaft über. Das sich nach Westen zum Reusstal hin öffnende Tal wird gegen Norden durch die Windgällen, den kleinen und grossen Ruchen, das Schärhorn und den Clariden begrenzt. Den Talabschluss bildet der Hüfifirn, der im Claridenpass kulminiert. Im Süden markiert die Pyramide des Bristen den Eingang zum Maderanertal, gefolgt von Witenalpstock, Oberalpstock und Düssi.

Zusammen mit dem Fellital südlich des Bristen bildet das Maderanertal die 160 km² grosse Landschaft von nationaler Bedeutung (erfasst im Bundesinventar der Landschaften und Naturdenkmäler von nationaler Bedeutung). Der Besuch dieses wunderschönen Tales lohnt sich sowohl für Tagesausflüge als auch für mehrtägige Aufenthalte, wobei sich verschiedene Berggaststätten und SAC-Hütten als Verpflegungs- und Übernachtungsmöglichkeiten anbieten.

Im hinteren Talabschnitt wurden in fünf Bächen insgesamt acht Wasserfälle und Kaskaden erfasst; weitere Wasserfälle finden sich zudem vor dem Hüfifirn. Auf einer Rundwanderung lassen sich diese aus der Nähe oder von der gegenüberliegenden Talseite sehr gut beobachten, wobei Tafeln vor Ort die interessierten Wanderer über die Wasserfälle informieren.

Sidensackfall

Maderanertal UR

Name	Sidensackfall
Höhe	100 m
Koordinaten	702 337/182 726
Kopfzone	allmählich
Fallzone	einfach freifallend
Prallzone	Schuttkegel
Gewässername	Spritzbach
Einzugsgebietsgrösse	0,4 km²
Ort	Silenen
Nr.	1

Milchbachfälle

Maderanertal UR

Name	Milchbachfälle
Höhe	73 m
Koordinaten	702 734/182 995
Kopfzone	allmählich
Fallzone	mehrfach kaskadenartig
Prallzone	Schuttkegel
Gewässername	Milchbach
Einzugsgebietsgrösse	1,1 km²
Ort	Silenen
Nr.	2

Stäuber

Maderanertal UR

Name	Stäuber I	Stäuber II	Stäuber III
Kaskadenhöhe	164 m	164 m	164 m
Stufenhöhe	64 m	57 m	18 m
Koordinaten	703 044/182 025	702 993/182 056	702 947/182 092
Kopfzone	übergangslos	übergangslos	übergangslos
Fallzone	einfach freifallend	einfach kaskadenartig	einfach kaskadenartig
Prallzone	Kolk	Kolk	Kolk
Gewässername	Brunnibach	Brunnibach	Brunnibach
Einzugsgebietsgrösse	16,8 km²	16,8 km²	16,8 km²
Ort	Silenen	Silenen	Silenen
Nr.	3	3	3

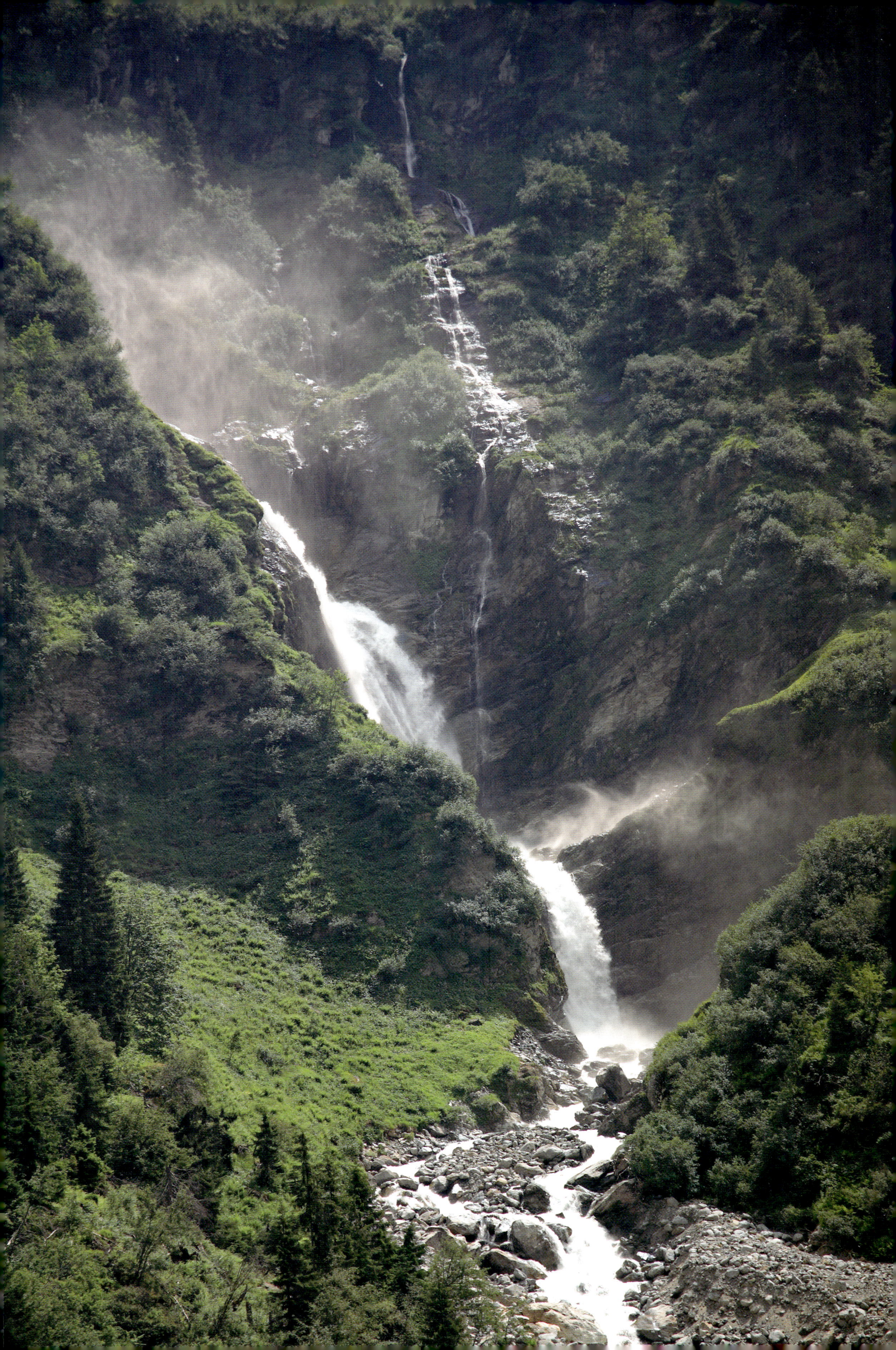

Lämmerbachfall

Maderanertal UR

Name	Lämmerbachfall
Kaskadenhöhe	340 m
Stufenhöhe I	21 m
Stufenhöhe II	45 m
Stufenhöhe III	86 m
Stufenhöhe IV	56 m
Stufenhöhe V	52 m
Koordinaten	703 591/182 626
Kopfzone	übergangslos
Fallzone	einfach kaskadenartig
Prallzone	Kolk
Gewässername	Lämmerbach
Einzugsgebietsgrösse	1,4 km²
Ort	Silenen
Nr.	4

Hüfiquelle

Maderanertal UR

Name	Hüfiquelle
Höhe	133 m
Koordinaten	704 625/184 228
Kopfzone	allmählich
Fallzone	einfach freifallend
Prallzone	Schuttkegel
Gewässername	Karstquelle
Einzugsgebietsgrösse	unbekannt
Ort	Silenen
Nr.	5

Die Hüfiquelle: zweiter Wasserfall von rechts

Maderanertal UR

Zweitageswanderung zur Hüfihütte (1)

1. Tag: Bushaltestelle «Talstation Luftseilbahn Golzern», Lägni, Stössi, Guferen, Blindensee, Hüfihütte SAC:
5½ h / 10,5 km / ↑1510 m / T2
2. Tag: Hüfihütte SAC, Griess, Sass, Hotel Maderanertal SAC, Balmenschachen, Stössi, Lägni, Bushaltestelle «Talstation Luftseilbahn Golzern»:
5 h / 12 km / ↓1510 m / T2

Der Wanderweg folgt dem Chärstelenbach aufwärts, anfänglich durch die ganzjährig bewirtschafteten Talschaften, die allmählich in Alpungen übergehen. Mehrmals wird dabei der imposante Wildbach überquert. Kurz vor Blindensee fällt der Brunnibach in den drei Stufen des Stäubers ins Tal. Sein Einzugsgebiet mit dem Brunnifirn reicht bis zum Oberalpstock und zum Piz Ault. Kurz nach Blindensee überquert der Weg den Lämmerbach, der in fünf Kaskadenstufen vom Gipfel des Gross Düssi herunterfällt. Hier verlässt der Weg den Talgrund und führt entlang der Bergflanke zur Hüfihütte hinauf, wo der lange Aufstieg mit der Aussicht auf den Hüfifirn und die umliegende Gebirgswelt belohnt wird.
Der Rückweg führt auf demselben Weg zurück ins Maderanertal, dann aber dem Chärstelenbach entlang aufwärts zur Sanderfläche im Griess und bietet unterhalb der Hüfihütte Gelegenheit, die Hüfiquelle zu bestaunen. Das Wasser fällt kurz nach dem Austritt aus der Karstquelle 133 m in die Tiefe. Von hier führt der Weg über Sass an den Milchbachfällen (den Zwillingsfällen) und am Sidensackfall vorbei zum Hotel Maderanertal und dann zurück nach Bristen.

Von Golzern zum Hotel Maderanertal (2)

Luftseilbahn Golzern, Golzerensee, Stäfel, Tritt, Sass, Hotel Maderanertal SAC, Balmenschachen, Stössi, Lägni, Bushalt Talstation Luftseilbahn Golzern:
5 h / 14 km / ↑510 m / ↓1070 m / T1

Die Wanderung beginnt mit der Luftseilbahnfahrt nach Golzern (Achtung: die acht Personen fassende Gondel kann an Wochenenden stark überlastet sein!). Der Weg führt am Golzernsee vorbei und dann auf gutem, aber schmalem Wanderweg hinauf nach Stäfel, wo der höchste Punkt der Wanderung erreicht wird. Weiter taleinwärts lassen sich die drei Stufen des Stäubers im Brunnibach und die Kaskadenstrecke des Lämmerbachs auf der gegenüberliegenden Talseite betrachten. Über den Trittweg gelangt man an den Milchbachfällen und am Sidensackfall vorbei zum Hotel Maderanertal und auf breitem Weg zurück nach Bristen.

Landeskarte 1:25 000, Blatt 1192, 1212
Landeskarte 1:50 000, Blatt 246, 256

Buslinie 600.38: (Erstfeld)–Amsteg–Bristen–Golzern Talstation Luftseilbahn
Luftseilbahn 2595: Bristen–Golzern, Tel. 041 883 12 70

Hotel & Restaurant Alpenblick, 6475 Bristen, Tel. 041 883 12 40
Restaurant Golzernsee, Golzern, 6475 Bristen, Tel. 041 883 11 56
Gasthaus Edelweiss, Golzern, 6475 Bristen, Tel. 041 883 13 46
Hotel Maderanertal SAC, Balmenegg, 6475 Bristen,
Tel. 041 883 11 22
Hüfihütte SAC, 6475 Bristen, Tel. 041 885 14 75
Windgällenhütte AACZ, 6475 Bristen, Tel. 041 885 10 88

www.silenen.ch

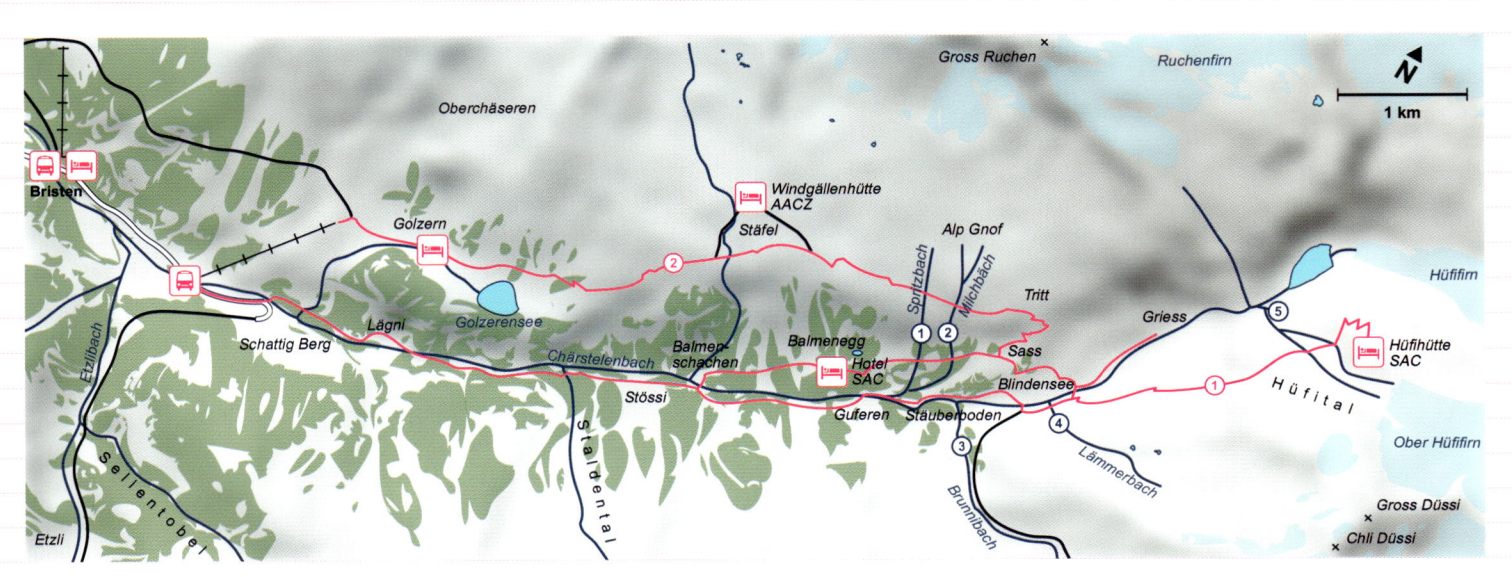

Stäuber

Schächental UR

Name	Stäuber (Stäubifall)
Höhe	100 m
Koordinaten	705 390/191 085
Kopfzone	übergangslos
Fallzone	verzweigt kaskadenartig
Prallzone	Fels
Gewässername	Stäuben
Einzugsgebietsgrösse	9,1 km²
Ort	Unterschächen
Nr.	1

Schächental UR

Schächentaler Höhenweg (1)

Bushalt Ribi, Luftseilbahnstation Ribi–Wannelen, Nideralp, Oberalp, Stäuber, Äsch, Ribi:
3 h / 8 km / ↑230 m / ↓800 m / T2

Die Wanderung beginnt mit einer Fahrt mit der Luftseilbahn Ribi–Wannelen. Der Höhenwanderweg mit wunderbarer Aussicht ins Schächental und in die Berge rundherum führt von der Wannelenalp auf einem breiten Weg bis zur Nideralp und von dort über einen schmalen Weg zur Oberalp (an einigen Stellen ein wenig steil und felsig). Im Abstieg entlang dem Bach lässt sich der mächtige Stäuber aus verschiedenen Perspektiven beobachten. Ab Äsch führt ein breiter Fahrweg zurück zur Luftseilbahnstation in Ribi. Um sich den Abstieg von der Oberalp nach Äsch zu ersparen, kann man die Luftseilbahn Äsch–Oberalp benutzen.
Statt der Fahrt mit der Luftseilbahn Ribi–Wannelen kann der Aufstieg zu Fuss von Unterschächen über Bielen, Flue, Unter Boden nach Wannelen erfolgen:
ca. 2 h / 4,2 km / ↑630 m / T2.
Übrigens bietet sich auch von der Klausenpassstrasse ein imposantes Bild vom Stäuber auf der gegenüberliegenden Talseite.

Landeskarte 1:25 000 Nr. 1192
Landeskarte 1:50 000 Nr. 246

Buslinie 600.29: Flüelen–Klausen–Linthal (Historic Route Express)
Buslinie 600.30: Flüelen–Unterschächen–Urigen
Luftseilbahn Ribi–Wannelen, Tel. 041 879 14 43
Luftseilbahn Äsch–Oberalp, Tel. 041 879 12 81 oder 041 879 18 23

Die Älpler in Wannelen und Oberalp bieten Alpprodukte zum Kauf an, und für hungrige und durstige Wanderer steht ein Bergbeizli zur Verfügung.

Gasthaus Alpenrose, Klausenstrasse, 6465 Unterschächen, Tel. 041 879 11 08
Hotel Alpina, Klausenstrasse, 6465 Unterschächen, Tel. 041 879 11 52
Hotel Brunnital, 6465 Unterschächen, Tel. 041 879 11 62

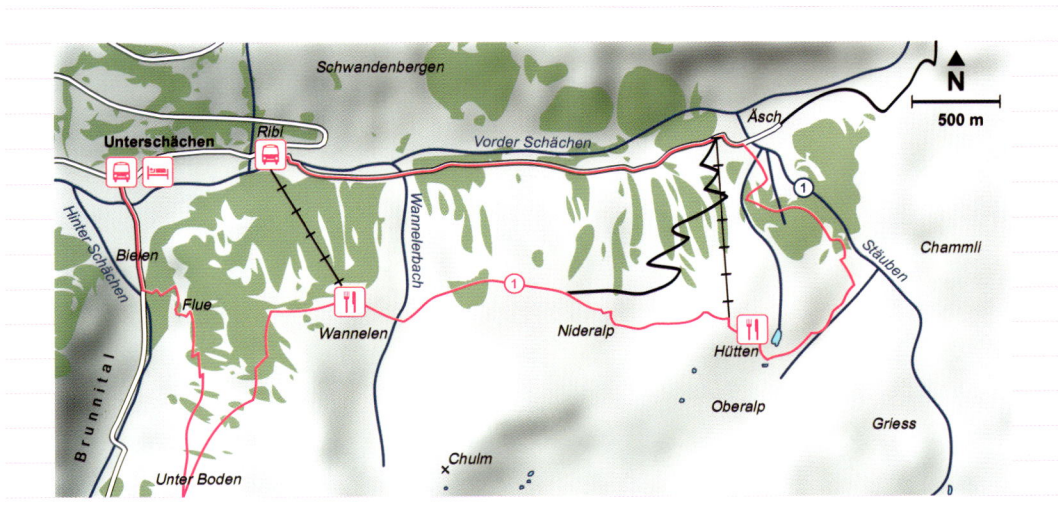

www.schaechental.ch
www.unterschaechen.ch

Stüber

Grosstal UR

Name	Stüber
Höhe	167 m
Koordinaten	680 800/192 404
Kopfzone	allmählich
Fallzone	einfach freifallend
Prallzone	Schuttkegel
Gewässername	Oberalperbach
Einzugsgebietsgrösse	2,3 km²
Ort	Isenthal
Nr.	1

Grosstal UR

Über die Bannalper Schonegg nach Oberrickenbach [1]

St. Jakob, Chimiboden, Gossalp, Oberalp, Bannalper Schonegg, Luftseilbahnstation Chrüzhütte:
5½ h / 11,5 km / ↑ 1280 m / ↓ 540 m / T1

Die leichte Wanderung verläuft entlang dem Isitalerbach und dann entlang dem Oberalperbach hinauf zur Gossalp, wo der Stüber über die Oberalper Flue fällt. Auf der Bannalper Schonegg überschreitet man die Kantonsgrenze zwischen Uri und Nidwalden, mit Blick auf den Chaisterstuel im Norden sowie die Walenstöcke und den Ruchstock im Süden führt der Weg hinunter zum Bannalpsee und zur Bergstation der Luftseilbahn von der Bannalp nach Oberrickenbach.

Über den Oberalper Grat [2]

St. Jakob, Chimiboden, Gossalp, Oberalp, Bannalper Schonegg, Chingstuel, Oberalper Grat, Sinsgäuer Schonegg, Sulztal, Luftseilbahnstation Gitschenen:
6 h / 14 km / ↑ 1430 m / ↓ 860 m / T3

Die mittelschwere Wanderung führt auf gleichem Weg wie die erste Tour am Stüber vorbei auf die Bannalper Schonegg. Auf dem Gipfel des Chingstuel wartet die beeindruckende Aussicht auf die Walenstöcke, den Ruchstock, den Engelberger Rotstock, den Urirotstock und über den Oberalper Grat zum Glärnisch und zur Silberen im Hintergrund. Der anspruchsvolle Abstieg zur Sinsgäuer Schonegg empfiehlt sich nur für erfahrene Berggänger, da felsig, exponiert und oft steil. Ein guter Weg führt anschliessend durchs Sulztal zurück zur Bergstation der Luftseilbahn von Gitschenen nach St. Jakob.

Landeskarte 1:25 000 Nr. 1171, 1191
Landeskarte 1:50 000 Nr. 245

Buslinie 600.34: Flüelen–Altdorf–Isenthal–Seilbahn St. Jakob (Linie 5)
Buslinie 480.20: Wolfenschiessen–Oberrickenbach
Luftseilbahn 2589: St. Jakob–Gitschenen
Luftseilbahn 2540: Fell (Oberrickenbach)–Chrüzhütte (Bannalp)
Luftseilbahn 2541: Fellboden (Oberrickenbach)–Bannalpsee

Berggasthaus Gitschenen, 6461 Isenthal, Tel. 041 878 11 58
Berggasthaus Urnerstafel, Bannalp, 6387 Oberrickenbach, Tel. 041 628 15 75
Alpwirtschaft Kreuzhütte, Bannalp, 6387 Oberrickenbach, Tel. 041 628 23 09
Restaurant Bannalpsee, Bannalp, 6387 Oberrickenbach, Tel. 041 628 15 56

www.isenthal.ch
www.bannalp.ch

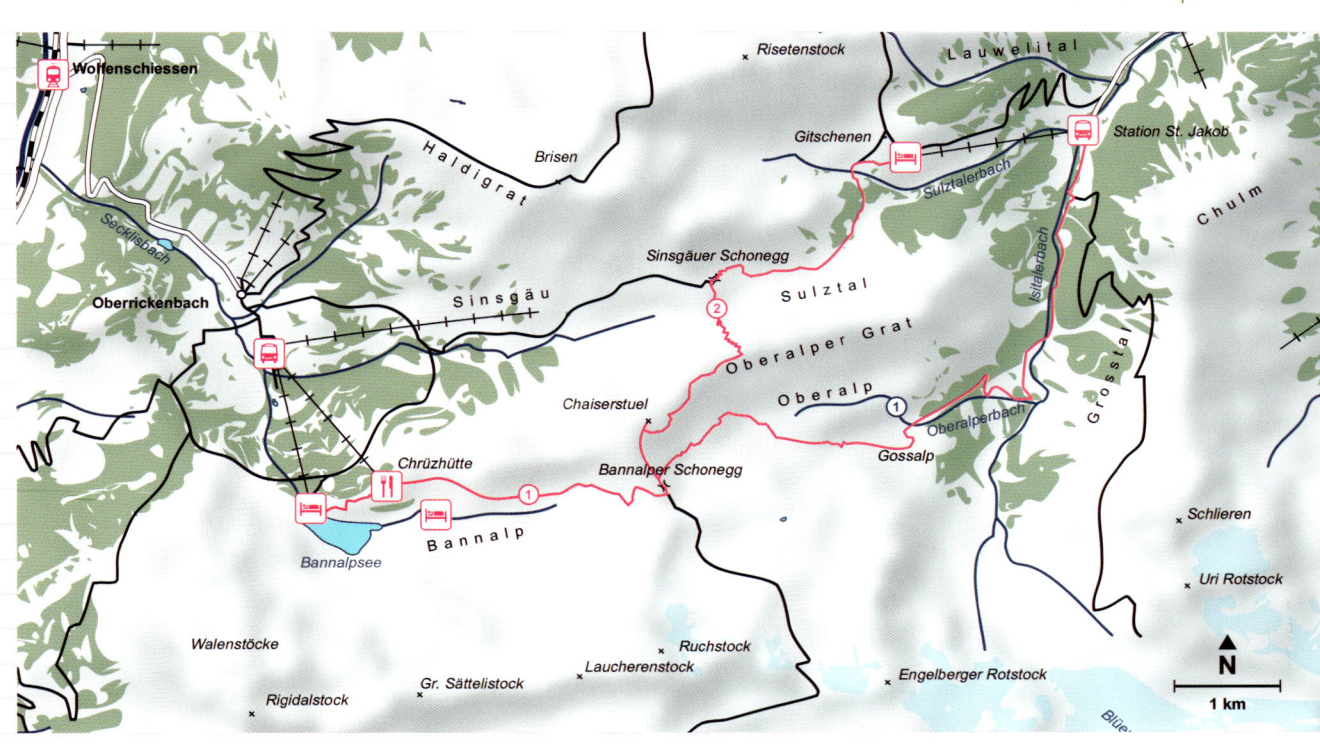

Stäuber

Surenenpass OW/UR

Name	Stäuber I	Stäuber II
Kaskadenhöhe	54 m	54 m
Stufenhöhe	26 m	26 m
Koordinaten	681 272/185 311	681 283/185 256
Kopfzone	allmählich	übergangslos
Fallzone	einfach kaskadenartig	einfach freifallend
Prallzone	Kolk	Kolk
Gewässername	Stierenbach	Stierenbach
Einzugsgebietsgrösse	15 km²	15 km²
Ort	Attinghausen	Attinghausen
Nr.	1	1

Stäuber

Surenenpass OW/UR

Die Entstehung des Stierenbaches oder die Sage vom Uristier

Auf der Surenenalp, die das Land Uri und das obwaldnerische Tal von Engelberg trennt, lebte einst ein blutjunger Schafhirte namens Urs im Ried. Die weite Alp gehörte dem Kloster Engelberg und trug ihm gar fette Einkünfte in goldgelber Butter und weißem Ziger ein. Zuweilen schlachtete der junge Schäfer ein Schaf und trug sein Fell ins Urnertal, wo er allerlei Sachen dagegen eintauschte.

Eines Tages, als er auch wieder dort war, zogen aus dem Welschland seltsame dunkelhaarige Männer durch das Hochtal. Sie trieben auserlesen schöne, hellhaarige Schafe vor sich her, wie sie der Hirtenbub noch nie gesehen hatte. Besonders ein kleines, schneetaubenweißes Lämmlein gefiel ihm also, daß er nicht mehr davon wegkam und die fremden Hirten flehentlich bat, sie möchten ihm doch das schöne Lamm schenken. Erst wollten sie nichts davon wissen. Aber endlich sagte ihm ihr Meister, er solle das Lämmlein haben, wenn er aufknie und einen Rosenkranz bete. Willig tat er's. Und danach überließ man ihm das weiße Lamm, und lachend gingen die welschen Hirten davon.

Urs im Ried aber, der junge Schäfer, kehrte im Flug nach der Surenenalp zurück mit seinem Lämmlein und wußte sich vor Freude über das schöne Schaf fast nicht zu fassen. Es mußte immer um ihn sein, mit ihm essen und bei ihm schlafen. Er trieb es so weit mit seiner Abgötterei, daß er beschloß, das weiße Lämmlein zu taufen. Heimlich machte er sich über die Surenenecke nach Attinghausen ins Urnerland hinunter. Dort schlich er sich in die Kirche, erbrach den Taufstein und schöpfte Taufwasser daraus. Und heimlich machte er sich wieder auf die Alp zurück. Dort taufte er das vergötterte Tier nach christlichem Brauch.

Da war es, als ginge die Welt unter. Über die Berge herein kam es kohlenschwarz. Ungeheuerliche Wolkengestalten mit Köpfen und Armen jagten am Himmel hin, und dann begann es zu donnern, und ein Unwetter kam, davon die Erde erbebte. Ein Blitz schlug wie ein Riesenhammer in die Hütte, sie zerschmetternd. Als aber der junge Hirt, an nichts denkend als an sein weißes Lämmlein, sich ängstlich nach diesem umsah, um es zu retten, stand statt dessen ein entsetzliches schwarzes Ungeheuer in den Alpenrosen.

Zu Tode erschrocken wollte er davonhasten, aber das Ungeheuer stürzte ihm nach, und im Hui war er zerfetzt und zerrissen.

Von da ab war es nicht mehr geheuer auf der Alp. Menschen und Vieh schlug das grause Ungetüm, das die Hirten der Surenenalp das Greiß nannten. Nach und nach wollte kein Engelberger Älpler mehr auf der Alp sömmern, und sie wurde auch immer unfruchtbarer, also daß das Gotteshaus Engelberg sie den Urnern um einen Spottpreis verkaufte. Doch sie hatten auch nicht viel davon, denn auch sie schädigte das fürchterliche Greiß an Menschen und Vieh.

Da kam einmal ein fahrender Schüler nach Altdorf unter dem Bannwald. Der anerbot sich, den Urnern zur Erlösung der Alp von dem fürchterlichen Greiß einen guten Rat zu geben, wenn sie ihm den Geldbeutel mit Kronen füllen und ihm den Becher siebenmal mit dickrotem Welschwein ausebnen wollten. Als sie's nun getan hatten, riet er ihnen, sie möchten ein silberweißes Stierkalb aufziehen und es neun Jahre lang mit reiner Milch tränken, und zwar das erste Jahr mit der Milch von einer Kuh, das zweite Jahr mit der Milch von zwei Kühen und so weiter bis auf neun. Dann sollten sie den erwachsenen Stier durch eine reine Jungfrau zu der Alp führen lassen, in der das Greiß umgehe.

Alles wurde so ausgeführt. Wie nun die neun Jahre um waren, bot sich Agnes, die Tochter des Freiherrn von Attinghausen, an, die Erlösung der Alp zu vollbringen. Und also zog sie eines Tages mutterseelenallein, weißgekleidet und bräutlich geschmückt auf die Surenenalp. An einem seidenen Schnürchen aber, das in einem Nasenring hing, führte sie den silberweißen Stier hinter sich her, der ihr willig folgte.

Wie nun die Jungfrau um die Surenenecke bog, erhob sich ein schreckliches Gewitter. Der Sturmwind pfiff und schnob daher, als wollte er alle Berge über den Haufen stoßen; schwarze Donnerwolken machten den Tag zur Nacht, und ganze Garben von Blitzen machten sie wieder zum Tag. Aber auf einmal war ein seltsames Brüllen in der Alp, und jetzt hüllten die daherfahrenden Wolken alles ein.

Als sich die Urner nach langem, bangem Warten unten zu Attinghausen endlich auf die Alp getrauten, da es droben still geworden zu sein schien, fanden sie auf den Alpenweiden ein unförmliches, schrecklich zugerichtetes Ungeheuer: es war das tote Greiß. Aber nicht weit daneben lag auch der siegreiche silberweiße Stier tot in seinem Blute. Doch entsprang unter ihm eine reiche Quelle, die man von da ab den Stierenbach nannte. Schon wollte man in Jubel ausbrechen, da fragte einer nach Agnes, der Jungfrau von Attinghausen. Doch nirgends war sie zu finden, und wie man auch die Alp absuchte, sie blieb für immer verschwunden.

Da waren die Urner sehr unglücklich. Konnte auch das Greiß ihr Vieh nicht mehr schlagen, so hatten sie die Erlösung der Alp mit dem Leben der Jungfrau doch teuer bezahlt. Also hielten sie eine feierliche Landsgemeinde zu Altdorf ab und beschlossen, den Kopf des siegreichen Stieres mit dem Nasenring in ihr Landeswappen aufzunehmen, das nachmals der Schrecken ihrer Feinde wurde. Die Jungfrau von Attinghausen aber nahmen sie auf ewige Zeiten in ihre Herzen auf.

Quelle: Meinrad Lienert, Schweizer Sagen und Heldengeschichten, Stuttgart 1915

Grassenbachfälle

Surenenpass OW/UR

Name	Grassenbachfall I	Grassenbachfall II
Kaskadenhöhe	209 m	209 m
Stufenhöhe	130 m	60 m
Koordinaten	680 268/182 834	680 279/182 945
Kopfzone	allmählich	übergangslos
Fallzone	einfach kaskadenartig	einfach freifallend
Prallzone	Schuttkegel	Schuttkegel
Gewässername	Grassenbach	Grassenbach
Einzugsgebietsgrösse	1,3 km²	1,3 km²
Ort	Attinghausen	Attinghausen
Nr.	3	4

Lägerenbachfall

Surenenpass OW/UR

Name	Lägerenbachfall
Kaskadenhöhe	147 m
Koordinaten	681 484/183 501
Kopfzone	übergangslos
Fallzone	einfach freifallend
Prallzone	Keilanbruch
Gewässername	Lägerenbach
Einzugsgebietsgrösse	1 km²
Ort	Attinghausen
Nr.	2

Tätschbachfall

Surenenpass OW/UR

Name	Tätschbachfall
Höhe	60 m
Koordinaten	677 020/184 380
Kopfzone	allmählich
Fallzone	einfach freifallend
Prallzone	Kolk
Gewässername	Tätschbach
Einzugsgebietsgrösse	4,2 km²
Ort	Engelberg
Nr.	5

Surenenpass OW/UR

Über den Surenenpass (1)

Luftseilbahn Attinghausen, Brüsti, Surenenpass, Stäfeli, Tätschbachfall, Engelberg:
6½ h / 20,5 km / ↑760 m / ↓1290 m / T2

Die anspruchsvolle Wanderung führt über den historischen Passübergang vom Urnerland nach Engelberg. Das wilde Engelbergeraatal fasziniert durch die Bergwelt beidseitig des Wanderweges und beeindruckt durch die verschiedenartigen Kulturlandschaften entlang dem Talboden. In umgekehrter Richtung dauert die Wanderung ca. 7¼ h.

Landeskarte 1:25 000, Blatt 1191
Landeskarte 1:50 000, Blatt 245

Buslinie 600.36: Altdorf–Attinghausen
Luftseilbahn 2531: Engelberg–Fürenalp
Luftseilbahn 2591: Attinghausen–Brüsti
Wandertaxi Engelberg, Tel. 078 666 57 57

Rundwanderung Fürenalp–Stäuber–Herrenrüti (2)

Luftseilbahn Herrenrüti, Fürenalp, Hohbiel, Stäuber, Alpenrösli, Herrenrüti:
3¼ h / 14 km / ↑20 m / ↓770 m / T1

Gemütliche Halbtagestour mit diversen Gaststätten unterwegs. Achtung: Die Luftseilbahn Herrenrüti–Fürenalp ist an sonnigen Wochenenden stark überlastet (Gleitschirmfluggebiet). In umgekehrter Richtung dauert die Wanderung 4 h.

Berggasthaus Z'Graggen, Brüsti, 6468 Attinghausen,
Tel. 041 871 06 38
Bergrestaurant Fürenalp, Fürenalp-Bahn, 6390 Engelberg,
Tel. 041 637 39 49
Restaurant Stäfeli, 6390 Engelberg, Tel. 041 637 45 11
Restaurant Alpenrösli, Niedersurenen, 6390 Engelberg,
Tel. 041 637 44 24
Restaurant zum Wasserfall, Wasserfallstrasse, 6390 Engelberg,
Tel. 041 637 13 37

www.attinghausen.ch
www.engelberg.ch

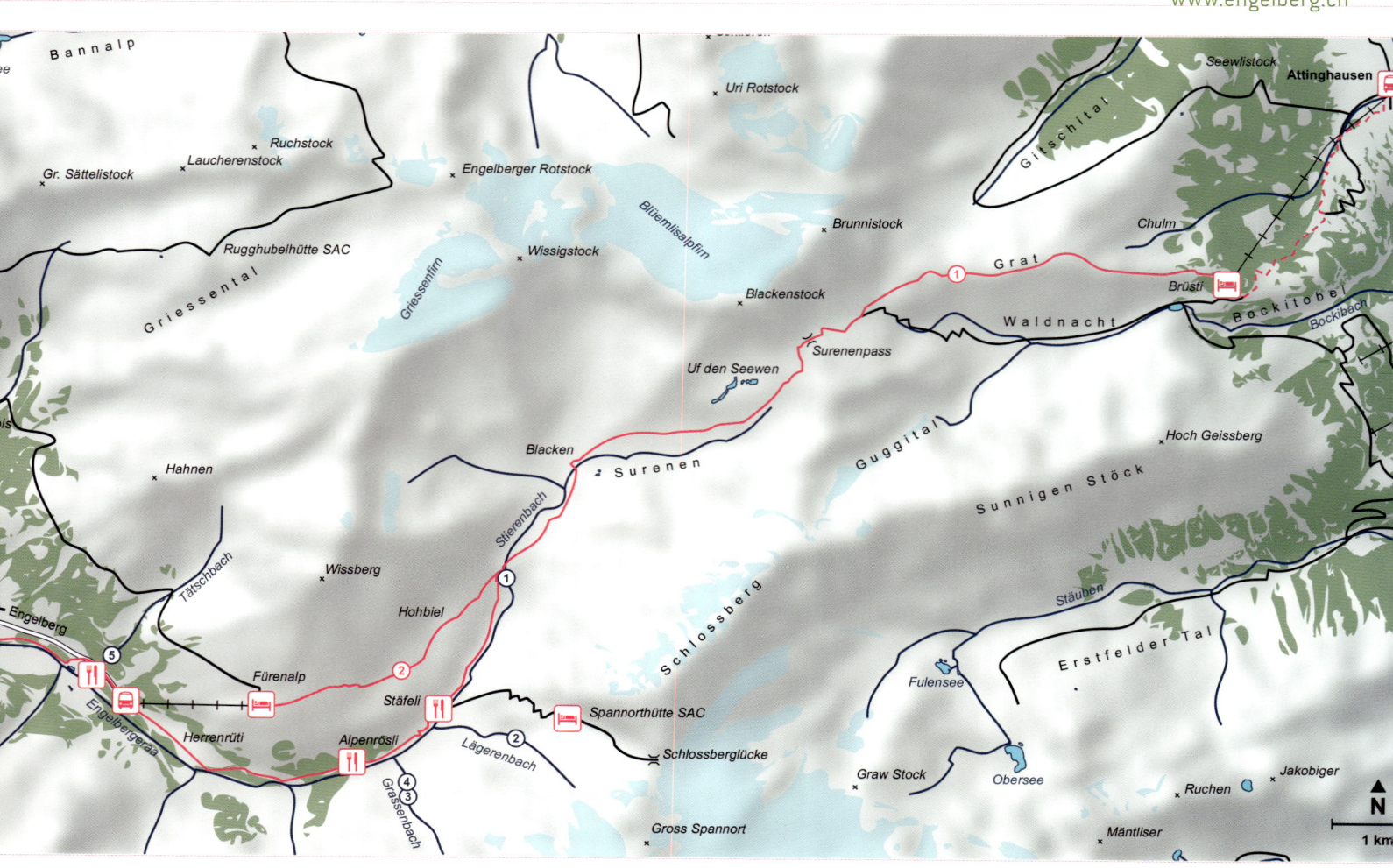

Dundelbachfälle

Lungern OW

Name	Dundelbachfall I	Dundelbachfall II
Kaskadenhöhe	150 m	150 m
Stufenhöhe	77 m	57 m
Koordinaten	654 049/182 270	654 088/182 209
Kopfzone	allmählich	allmählich
Fallzone	mehrfach kaskadenartig	einfach freifallend
Prallzone	Kolk	Kolk
Gewässername	Dundelbach	Dundelbach
Einzugsgebietsgrösse	2,8 km²	2,8 km²
Ort	Lungern	Lungern

Lauifall

Lungern OW

Name	Lauifall
Höhe	156 m
Koordinaten	652 400/181 011
Kopfzone	übergangslos
Fallzone	einfach freifallend
Prallzone	Kolk
Gewässername	Laui
Einzugsgebietsgrösse	4 km²
Ort	Lungern

Landeskarte 1:25 000, Blatt 1189, 1209
Landeskarte 1:50 000, Blatt 244, 254

www.lungern.ch

Alpbachfälle

Haslital BE

Name	Alpbachfall I	Alpbachfall II
Kaskadenhöhe	84 m	84 m
Stufenhöhe	50 m	30 m
Koordinaten	657 725/175 715	657 675/175 683
Kopfzone	übergangslos	übergangslos
Fallzone	einfach freifallend	einfach freifallend
Prallzone	Fels	Kolk
Gewässername	Alpbach	Alpbach
Einzugsgebietsgrösse	13,4 km²	13,4 km²
Ort	Meiringen	Meiringen
Nr.	1	2

Grosser Reichenbachfall

Haslital BE

Name	Grosser Reichenbachfall
Höhe	110 m
Koordinaten	656 863/173 856
Kopfzone	übergangslos
Fallzone	einfach freifallend
Prallzone	Kolk
Gewässername	Rychenbach
Einzugsgebietsgrösse	51,5 km^2
Ort	Schattenhalb
Nr.	3

Landeskarte 1:25 000, Blatt 1210
Landeskarte 1:50 000, Blatt 255

Standseilbahnlinie 2475: Meiringen RfB–Reichenbachfall
Buslinie 470.78: Geissholz–Meiringen–Unterbach

Gasthaus Zwirgi, 3860 Meiringen, 033 971 14 22
Sherlock Holmes Museum Meiringen, Bahnhofstrasse 26,
3860 Meiringen, Tel. 033 971 41 41

Grosser Reichenbachfall

Haslital BE

Der letzte Fall

Als der britische Schriftsteller Sir Arthur Conan Doyle 1891 das Haslital und die Reichenbachfälle besuchte, kam ihm beim Anblick des imposanten Wasserfalls der Gedanke, diesen eindrücklichen Ort für das spektakuläre Ende seines Romanhelden als Kulisse zu verwenden:

Seit Sherlock Holmes trotz minutiöser Planung die Festnahme des sehr raffiniert operierenden Verbrechers Professor Moriarty misslang, wurde Holmes ständig verfolgt. Moriarty wollte sich am Meisterdetektiv Holmes für seinen Ruin um jeden Preis rächen. Am Reichenbachfall in Meiringen endete diese Verfolgungsjagd. Sherlock Holmes und sein ständiger Begleiter, Dr. Watson, stiegen zum Wasserfall hoch, wo Dr. Watson unter einem undurchsichtigen Vorwand wieder nach Meiringen zurückgerufen wurde. Professor Moriarty sah endlich die lang ersehnte Gelegenheit sich zu rächen, und versuchte Sherlock Holmes in den tosenden Wasserfall zu stossen. Offenbar stürzten die beiden ebenbürtigen Gegner nach einem intensiven Zweikampf zusammen in die Tiefe. Dr. Watson, der im Tal der Täuschung gewahr wurde und eilends wieder zum Wasserfall hochstieg, fand an einem Felsen angelehnt Holmes' Wanderstock und am Rande der Felswand seine Zigarettendose sowie drei Seiten aus seinem Notizbuch. Von den beiden Rivalen fehlte jede Spur.

Die Reichenbachfälle bestehen aus sieben Stufen. Die unterste Stufe ist von der Talstation der Reichenbachfall-Bahn aus zugänglich. Die mittleren Stufen können während der Fahrt mit der Standseilbahn kurz gesehen werden. Bei der Bergstation erreicht man den obersten, grossen Reichenbachfall. Ein weisser Stern in der Felswand neben dem grossen Reichenbachfall kennzeichnet die Stelle, wo Sherlock Holmes und Professor Moriarty ihren Zweikampf austrugen und abstürzten.

In Meiringen empfiehlt sich interessierten Besuchern das Sherlock Holmes Museum in der alten Englischen Kirche am Conan Doyle Place. Das Sherlock-Holmes-Denkmal unmittelbar vor der Kirche verbirgt 60 Hinweise und Motive zu den 60 Sherlock-Holmes-Geschichten.

www.reichenbachfall.ch
www.sherlockholmes.ch

Wandelbachfälle

Haslital BE

Name	Wandelbachfall I	Wandelbachfall II
Höhe	77 m	52 m
Koordinaten	653 100/175 040	653 109/175 101
Kopfzone	allmählich	allmählich
Fallzone	verzweigt kaskadenartig	einfach freifallend
Prallzone	Kolk	Schuttkegel
Gewässername	Wandelbach	Wandelbach
Einzugsgebietsgrösse	5,7 km²	5,7 km²
Ort	Meiringen	Meiringen
Nr.	5	6

Name	Wandelbachfall III	Wandelbachfall IV
Höhe	58 m	122 m
Koordinaten	653 095/175 440	653 225/176 015
Kopfzone	übergangslos	übergangslos
Fallzone	zweifach freifallend	einfach freifallend
Prallzone	Fels	Kolk
Gewässername	Wandelbach	Wandelbach
Einzugsgebietsgrösse	5,7 km²	5,7 km²
Ort	Meiringen	Meiringen
Nr.	7	8

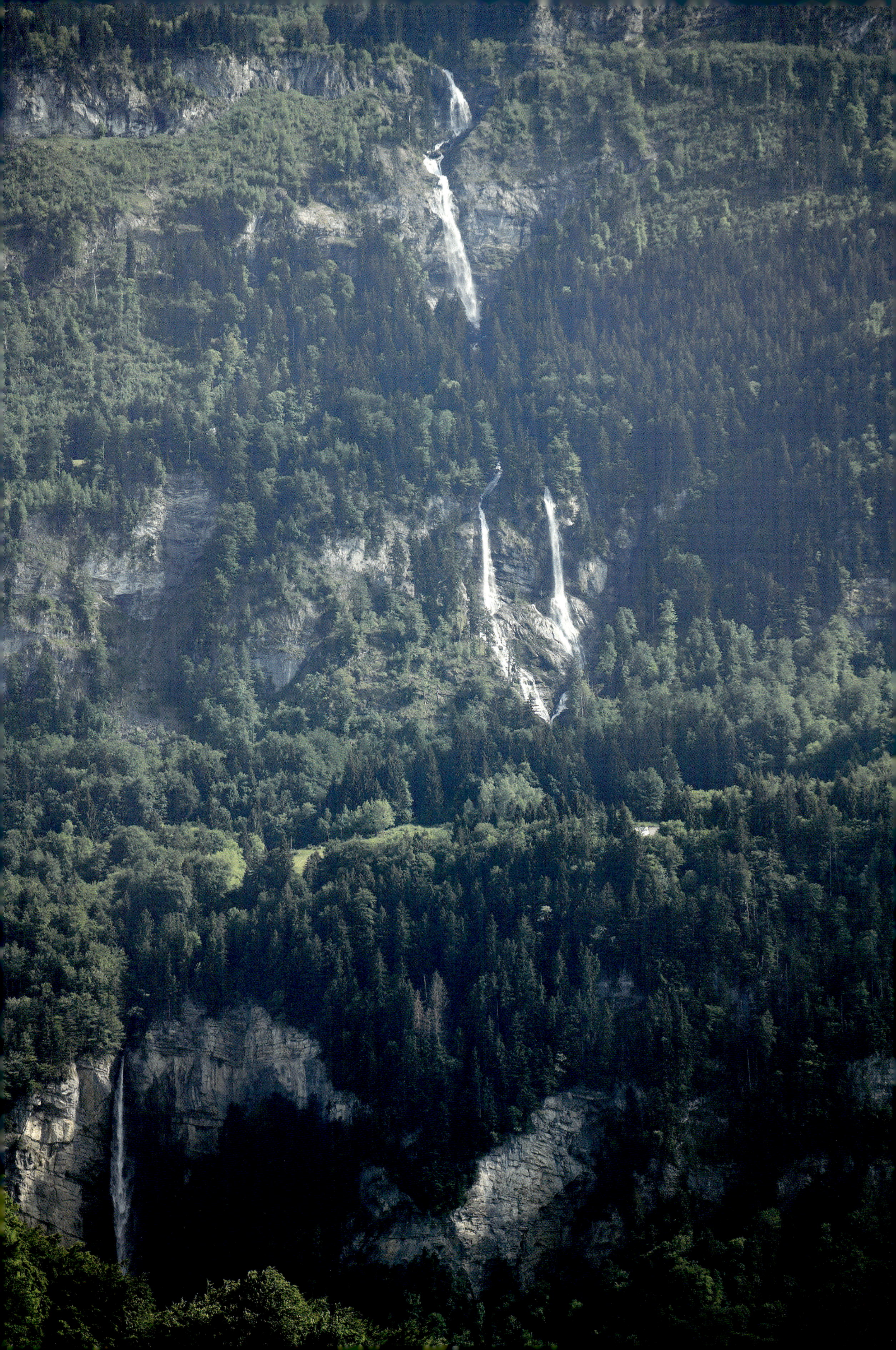

dr Falcherebach

Haslital BE

Name	dr Falcherebach
Höhe	125 m
Koordinaten	655 945/174 600
Kopfzone	übergangslos
Fallzone	einfach freifallend
Prallzone	Fels
Gewässername	Falcherebach
Einzugsgebietsgrösse	1,1 km²
Ort	Meiringen
Nr.	4

Oltschibachfall

Haslital BE

Name	Oltschibachfall
Höhe	140 m
Koordinaten	651 635/175 780
Kopfzone	allmählich
Fallzone	verzweigt kaskadenartig
Prallzone	Kolk
Gewässername	Oltschibach
Einzugsgebietsgrösse	9,8 km²
Ort	Meiringen
Nr.	9

Haslital BE

Landeskarte 1:25 000, Blatt 1209, 1210
Landeskarte 1:50 000, Blatt 254, 255

Buslinie 470.78: Geissholz–Meiringen–Unterbach

www.alpenregion.ch

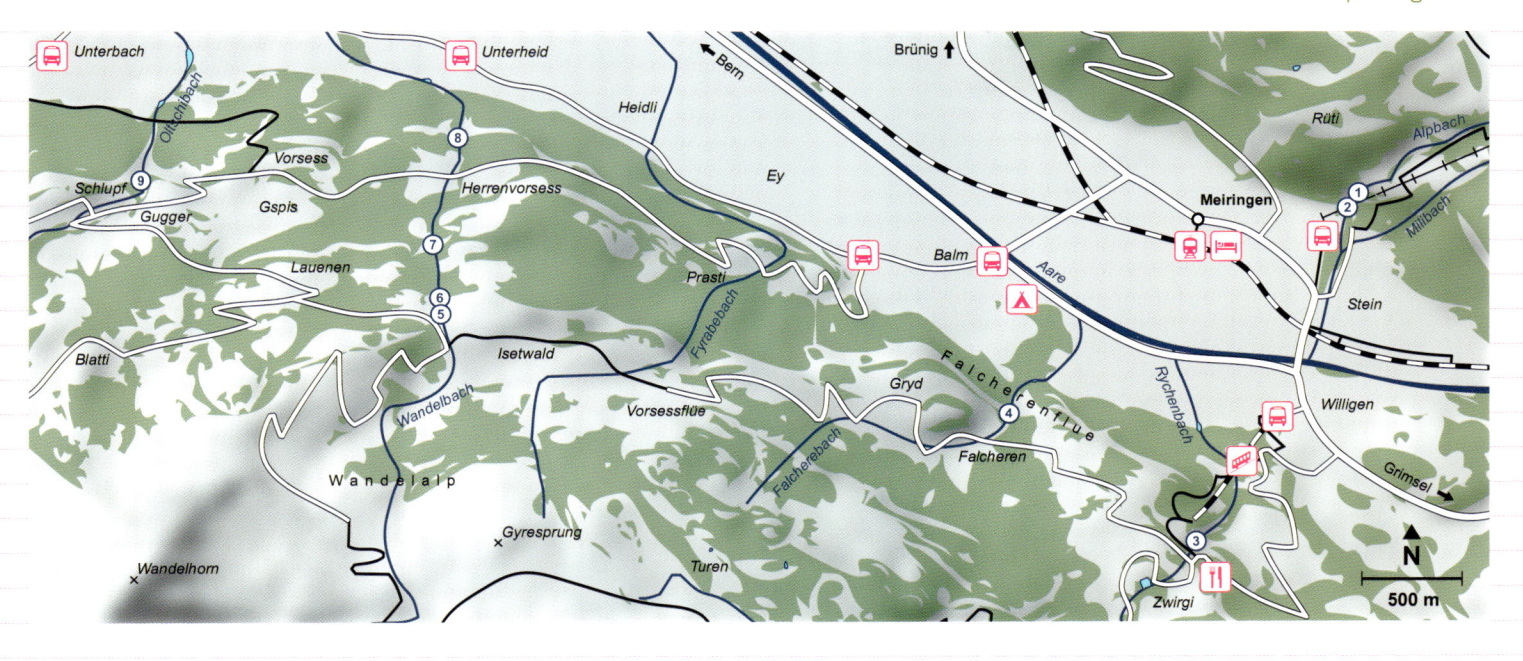

Das Haslital mit dem Oltschibachfall

Giessbachfälle

Brienzersee BE

Name	Giessbachfall I	Giessbachfall II	Giessbachfall III
Höhe	15 m	33 m	12 m
Koordinaten	644 785/175 737	644 783/175 765	644 776/175 804
Kopfzone	allmählich	übergangslos	allmählich
Fallzone	einfach freifallend	einfach freifallend	einfach freifallend
Prallzone	Kolk	Kolk	Kolk
Gewässername	Giessbach	Giessbach	Giessbach
Einzugsgebietsgrösse	24,6 km^2	24,6 km^2	24,6 km^2
Ort	Brienz	Brienz	Brienz
Nr.	1	2	3

Giessbachfälle

Brienzersee BE

Name	Giessbachfall IV	Giessbachfall V	Giessbachfall VI
Höhe	13 m	24 m	12 m
Koordinaten	644 752/175 832	644 743/175 868	644 738/175 893
Kopfzone	allmählich	allmählich	übergangslos
Fallzone	einfach freifallend	einfach freifallend	deckend freifallend
Prallzone	Kolk	Kolk	Fels
Gewässername	Giessbach	Giessbach	Giessbach
Einzugsgebietsgrösse	24,6 km²	24,6 km²	24,6 km²
Ort	Brienz	Brienz	Brienz
Nr.	4	5	6

Eine Geschichte von Blüte und Niedergang

Zusammen mit dem Grandhotel Giessbach bilden die gleichnamigen Wasserfälle am südöstlichen Ende des Brienzersees eine der schönsten touristischen Attraktionen der Schweiz.
Unterhalb des 2927 m hohen Schwarzhorns entspringt der Giessbach und fliesst durch ein landschaftlich ansprechendes und wenig erschlossenes Tal, das durch vier Steilstufen und Wasserfälle geprägt ist. Unter dieser Zone schliesst sich die 100 Meter tiefe Bottenklamm an, bevor der Giessbach in – offiziell – vierzehn Stufen über insgesamt 290 m in den Brienzersee stürzt.
Touristisch wurden die Giessbachfälle am Ende des 18. Jahrhunderts entdeckt, als die ersten Besucher mit Ruderbooten von Brienz aus zu den Fällen gebracht wurden. In den folgenden Jahren wurde das Gebiet langsam mit einer Infrastruktur für Besucher ausgestattet, und im Jahr 1857 wurde ein erstes Hotel mit 60 Betten eröffnet. Mit der Eröffnung des ersten Grandhotels Giessbach im Jahr 1875 wurde eine neue Ära dieser Entwicklung eingeläutet. Dieses im Stil des französischen Barocks errichtete Grandhotel war der Unterbringung «höherer Herrschaften würdig», sollte aber auch «dem bescheidenen Bürger als Ruhe- und Raststätte zu empfehlen sein». Als weiterer Höhepunkt der Erschliessung des Naturwunders Giessbachfälle wurde vier Jahre später die Standseilbahn zwischen der Schiffsanlegestelle und dem Grandhotel gebaut, die im Jahr 2004 das 125. Betriebsjahr absolvierte und somit als älteste in Betrieb stehende Drahtseilbahn ein besonderes Jubiläum feiern konnte.
Nach einem Brand, bei dem das erste Grandhotel vollständig vernichtet wurde, öffnete 1884 dasjenige Hotel die Türen, das auch heute noch im Schweizer Holzbaustil diesen Ort massgeblich prägt. Der Neubau bot einen Luxus, der der einheimischen Bevölkerung zur damaligen Zeit wohl sehr verschwenderisch vorkommen musste: Gesellschaftsräume, Lese-, Billard-, Musik- und Spielsäle, Turngeräte, Ruderboote, Tennisfelder, Croquetfeld, Kegelbahn, Flobertschiessanlage und Angeln ermöglichten den Gästen einen individuellen Zeitvertrieb. Doch auch drei tägliche Konzerte, Bäder, ein Zigarrenmagazin, elektrische Beleuchtung und eine Bierhalle garantierten dem Grandhotel in der Blütezeit des Tourismus einen Grosserfolg und liessen die Besucherzahlen schon bald nach der Eröffnung auf über 70 000 pro Jahr anschwellen.

Vom totalen Einbruch der Grosshotellerie im Ersten Weltkrieg erholte sich das Grandhotel nicht mehr, und es drohten nach dem Zweiten Weltkrieg sogar der Abriss und die Nutzung des Giessbachs zur Wasserkrafterzeugung, was das Ende dieser landschaftlich so wertvollen Wasserfälle bedeutet hätte. Dagegen wehrten sich jedoch der Uferschutzverband Thuner- und Brienzersee und der Berner Heimatschutz. Noch zweimal waren die Wasserfälle und das Grandhotel in den folgenden Jahren in ihrer Substanz bedroht: einerseits durch den Bau der Nationalstrasse Interlaken–Brienz – die nun jedoch das gesamte Gelände in einem Tunnel unterquert –, andererseits mit den Plänen für einen Abriss dieses kulturhistorisch bedeutenden Gebäudes und einen Neubau im «Jumbo-Chalet-Stil».
Glücklicherweise wurde jedoch die Stiftung «Giessbach dem Schweizervolk» unter Franz und Judith Weber aktiv, und es gelang ihnen, die nötigen drei Millionen Franken zur Rettung und zum Kauf des historischen Hotels und des Umschwungs aufzubringen.
In den folgenden sechs Jahren wurde das Grandhotel durch aufwendige Restaurierungen, Sanierungen und Ausbauten wieder in einen vorzüglichen Zustand versetzt.
Somit ist einer der schönsten und bekanntesten Wasserfälle der Schweiz wieder einem Publikum zugänglich, das sich nicht nur an diesem aussergewöhnlichen Naturdenkmal erfreuen, sondern auch das historische Ambiente ausreizen kann. Die Giessbachfälle und das Grandhotel Giessbach – das zum historischen Hotel des Jahres 2004 ernannt wurde – ziehen in der Zwischenzeit wieder gleich viele Besucher an wie zur besten Zeit der Belle Époque hundert Jahre früher.

Giessbachfälle

Brienzersee BE

Name	Giessbachfall VII	Giessbachfall VIII
Höhe	20 m	35 m
Koordinaten	644 734/175 927	644 732/175 966
Kopfzone	übergangslos	allmählich
Fallzone	deckend freifallend	deckend kaskadenartig
Prallzone	Kolk	Kolk
Gewässername	Giessbach	Giessbach
Einzugsgebietsgrösse	24,6 km²	24,6 km²
Ort	Brienz	Brienz
Nr.	7	8

Die Namen der 14 Giessbachfälle

Um 1820 benannten die Erschliesser der Giessbachfälle Kehrli und Wyss aus Brienz die damals 14 Wasserfälle nach bekannten Persönlichkeiten aus der Berner Geschichte. Da gemäss unserer Definition von Wasserfällen nur 12 Giessbachfälle erfasst werden konnten, ist eine Zuordnung der Namen zu den Fällen nicht mehr möglich. Von oben nach unten trugen die Wasserfälle folgende Namen:

1	Berchtold von Zähringen: Gründer der Stadt Bern (1191)
2	Cuno von Bubenberg: Schultheiss von Bern (1269–1271)
3	Walo von Greyerz: Wohltäter des oberen Spitals in Bern (1374)
4	Die Neunhaupt: Berner Geschlecht (13. bis 15. Jahrhundert)
5	Ulrich von Erlach: Schultheiss von Bern (1446)
6	Peter Wendschatz: Venner (Fähnrich) im Laupenkrieg (1339)
7	Rudolf von Erlach: Anführer der Berner im Laupenkrieg (1339)
8	Hans Matter: Anführer der Berner in der Schlacht bei St. Jakob an der Birs (1444)
9	Niklaus von Scharnachthal: Schultheiss von Bern (1463)
10	Seckelmeister Fränkli: Exponent im Twingherrenstreit (1470)
11	Hans von Hallwyl II: Anführer im Murtenkrieg (1476)
12	Adrian von Bubenberg: Verteidiger in Murten (1476)
13	Hans Franz Nägeli: Anführer der Berner bei der Eroberung der Waadt (1536)
14	Schultheiss Niklaus Friedrich von Steiger: letzter Schultheiss von Bern (1729–1799)

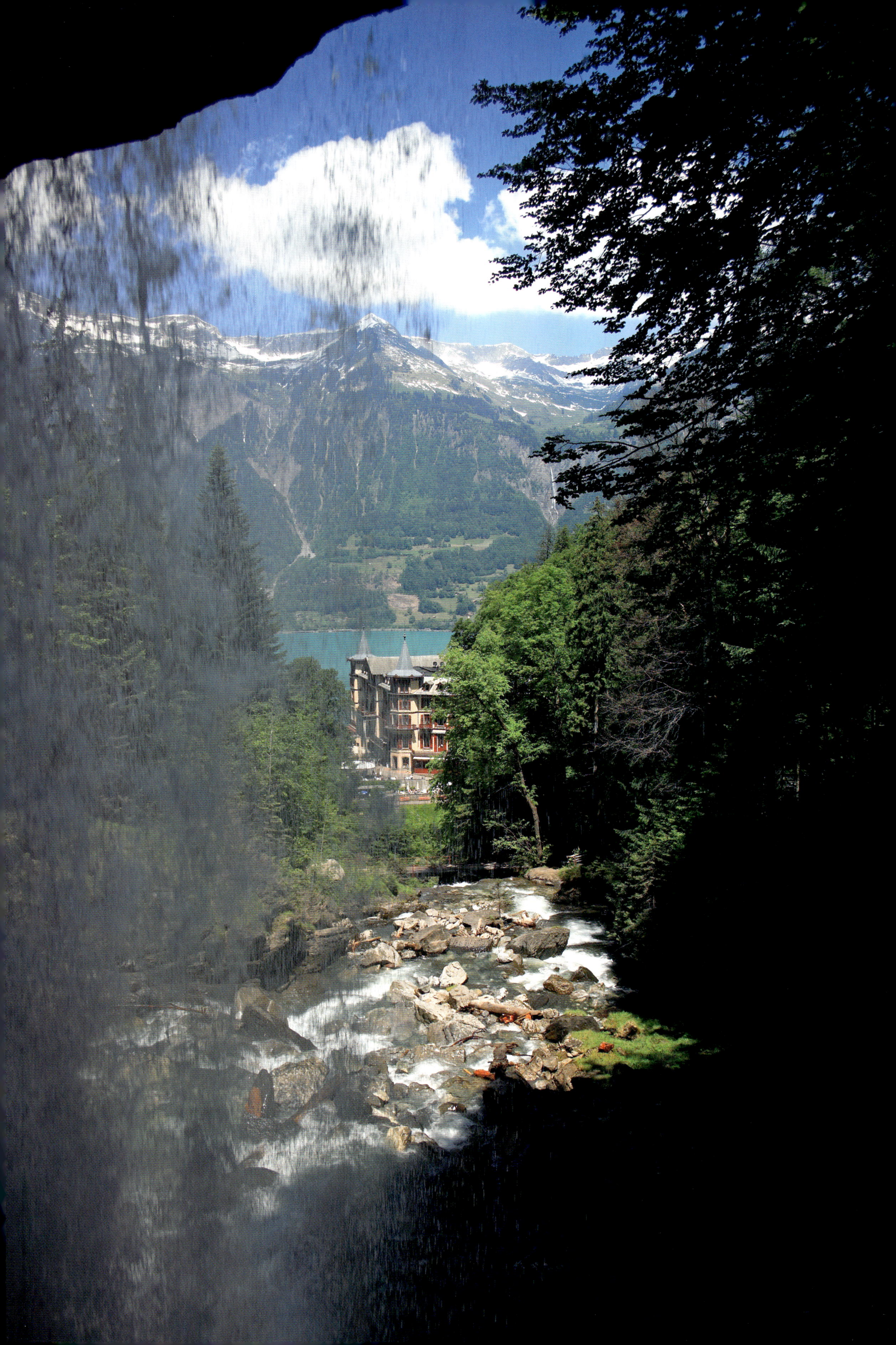

Giessbachfälle

Brienzersee BE

Name	Giessbachfall IX	Giessbachfall X
Höhe	25 m	16 m
Koordinaten	644 715/176 058	644 704/176 082
Kopfzone	allmählich	allmählich
Fallzone	deckend kaskadenartig	deckend kaskadenartig
Prallzone	Kolk	Kolk
Gewässername	Giessbach	Giessbach
Einzugsgebietsgrösse	24,6 km²	24,6 km²
Ort	Brienz	Brienz
Nr.	9	10

Name	Giessbachfall XI	Giessbachfall XII
Höhe	8 m	11 m
Koordinaten	644 574/176 101	644 475/176 167
Kopfzone	übergangslos	allmählich
Fallzone	deckend kaskadenartig	mehrfach kaskadenartig
Prallzone	Kolk	See
Gewässername	Giessbach	Giessbach
Einzugsgebietsgrösse	24,6 km²	24,6 km²
Ort	Brienz	Brienz
Nr.	11	12

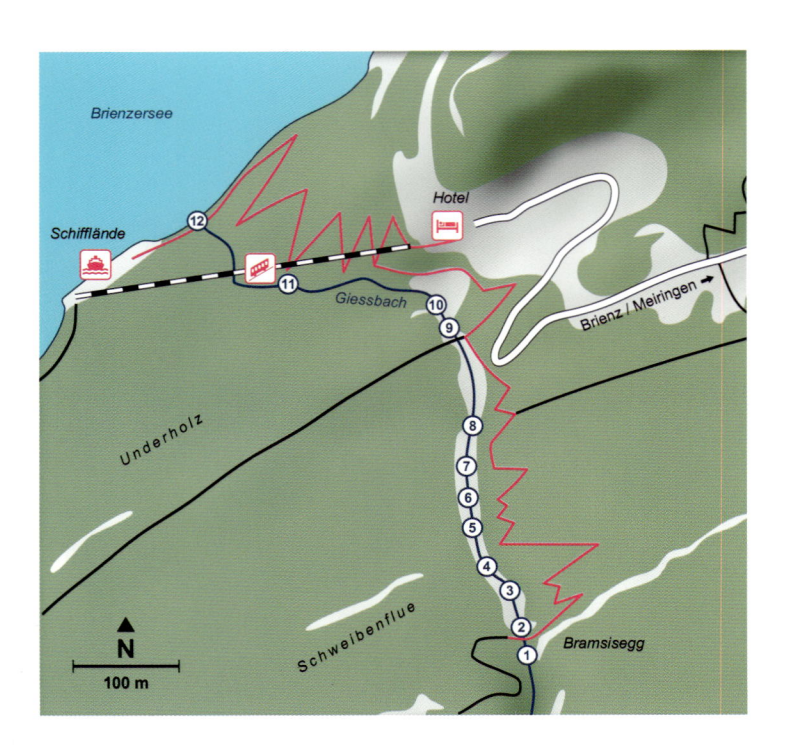

Landeskarte 1:25 000, Blatt 1209
Landeskarte 1:50 000, Blatt 254

Buslinie 470.95: Brienz–Axalp
Kursschiff 3470: Interlaken–Brienz

Grandhotel Giessbach, 3855 Brienz,
Tel. 033 952 25 25

www.giessbach.com
www.brienzersee.ch

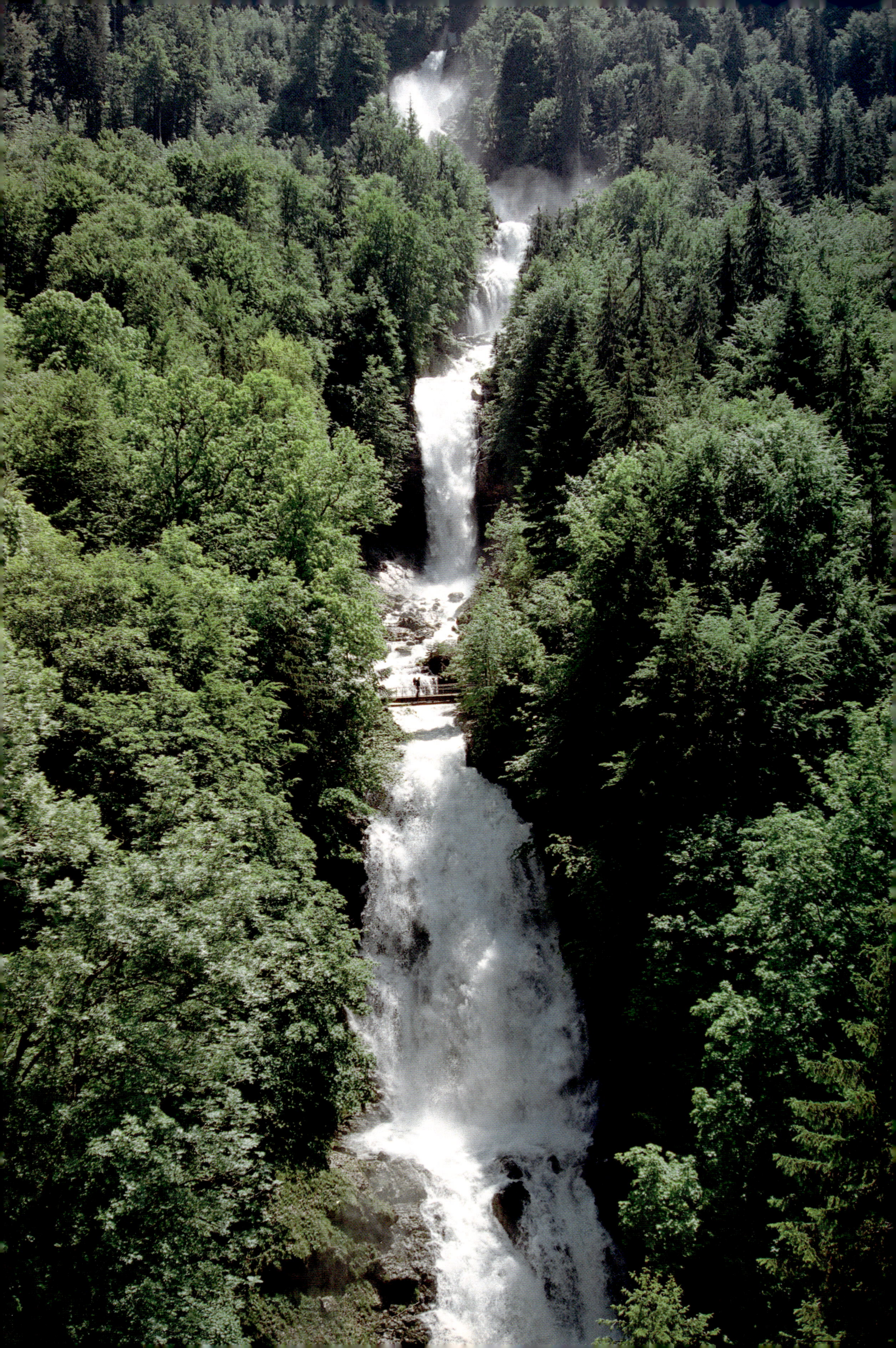

Mülibachfall

Brienzersee BE

Name	Mülibachfall
Höhe	147 m
Koordinaten	644 395/179 735
Kopfzone	übergangslos
Fallzone	einfach freifallend
Prallzone	Kolk
Gewässername	Mülibach
Einzugsgebietsgrösse	4,4 km²
Ort	Brienz

Landeskarte 1:25 000, Blatt 1209
Landeskarte 1:50 000, Blatt 254

www.brienz.ch

Lauterbrunnental BE

Das Lauterbrunnental

Diesem weltbekannten Tal kann man nur gerecht werden, wenn man es «das Tal der Wasserfälle» nennt. Offiziell wird mit dem Begriff «Tal der 72 Wasserfälle» geworben. Dass man in fast jedem Gewässer einen Wasserfall oder eine Kaskade mit mehreren Stufen findet, ist der erosiven Kraft der Gletscher zu verdanken. Sie formten dieses ausgeprägte Trogtal mit seinen bis zum Talgrund senkrecht abfallenden Felswänden. Nirgendwo sonst in den Alpen gelangt man so sicher und bequem so nahe an die grossen Bergwände: Vom Talboden bei Stechelberg (919 m) zum Gipfel der Jungfrau (4158 m) beträgt der Höhenunterschied 3239 m, wobei die Horizontaldistanz nur 4630 m beträgt. Damit befindet sich hier eine der extremsten Reliefenergien der Alpen.

Der Begriff Lauterbrunnen bezieht sich auf die klaren (lauter) Quellen und Bäche (Brunnen), wobei bereits im 13. Jahrhundert schriftliche Quellen den Ort Claro Fonte nennen; und im 14. Jahrhundert taucht das Wort Luterbrunnen zum ersten Mal auf.

Unesco Weltnaturerbe

2001 wurde der hintere Teil des Lauterbrunnentals als Bestandteil der Region Jungfrau–Aletsch–Bietschhorn vom Welterbe-Komitee der United Nations Educational, Scientific and Cultural Organization, Unesco, in die Liste der Weltnaturerbe aufgenommen. Die Begründung dieser Aufnahme liegt in der Einzigartigkeit der Landschaft als Zeugnis der alpinen Gebirgsbildung, geprägt durch das grösste zusammenhängende Gletschermassiv Europas mit seiner herausragenden Schönheit und ökologischen und kulturellen Vielfalt.

Das Lauterbrunnental um 1760. Gemälde von Christian Georg Schütz, Schweizerisches Landesmuseum Zürich

Staubbachfall

Lauterbrunnental BE

Name	Staubbachfall
Höhe	297 m
Koordinaten	635 744/159 914
Kopfzone	übergangslos
Fallzone	einfach freifallend
Prallzone	Keilanbruch
Gewässername	Staubbach
Einzugsgebietsgrösse	2,3 km²
Ort	Lauterbrunnen
Nr.	1

Gesang der Geister über den Wassern

Auf seiner zweiten Reise durch die Schweiz 1779/1780 besuchte Johann Wolfgang von Goethe das romantische Lauterbrunnental. Der berühmte Staubbachfall, der 297 m über die Mürrenflue fällt, inspirierte Goethe Anfang Oktober 1779 zum Vergleich der menschlichen Seele mit dem natürlichen Kreislauf des Wassers und des menschlichen Schicksals mit dem Wind. Der Grundstein zum Gedicht war damit gelegt. An Charlotte von Stein schreibt Goethe: «... wir haben den Staubbach bei gutem Wetter zum ersten Mal gesehen und der blaue Himmel schien durch. An den Felsenwänden hingen Wolken, selbst das Haupt, wo der Staubbach herunter kommt, war leicht bedeckt. Es ist ein sehr erhabener Gegenstand.» Das Gedicht wurde 1789 veröffentlicht:

Des Menschen Seele
Gleich dem Wasser:
Vom Himmel kommt es,
Zum Himmel steigt es,
Und wieder nieder
Zur Erde muß es,
Ewig wechselnd.

Strömt von der hohen,
Steilen Felswand
Der reine Strahl,
Dann stäubt er lieblich
In Wolkenwellen
Zum glatten Fels,
Und leicht empfangen
Wallt er verschleiernd,
Leisrauschend
Zur Tiefe nieder.

Ragen Klippen
Dem Sturz entgegen,
Schäumt er unmutig
Stufenweise
Zum Abgrund.

Im flachen Bette
Schleicht er das Wiesental hin,
Und in dem glatten See
Weiden ihr Antlitz
Alle Gestirne.

Wind ist der Welle
Lieblicher Buhler;
Wind mischt vom Grund aus
Schäumende Wogen.

Seele des Menschen,
Wie gleichst du dem Wasser!
Schicksal des Menschen,
Wie gleichst du dem Wind!

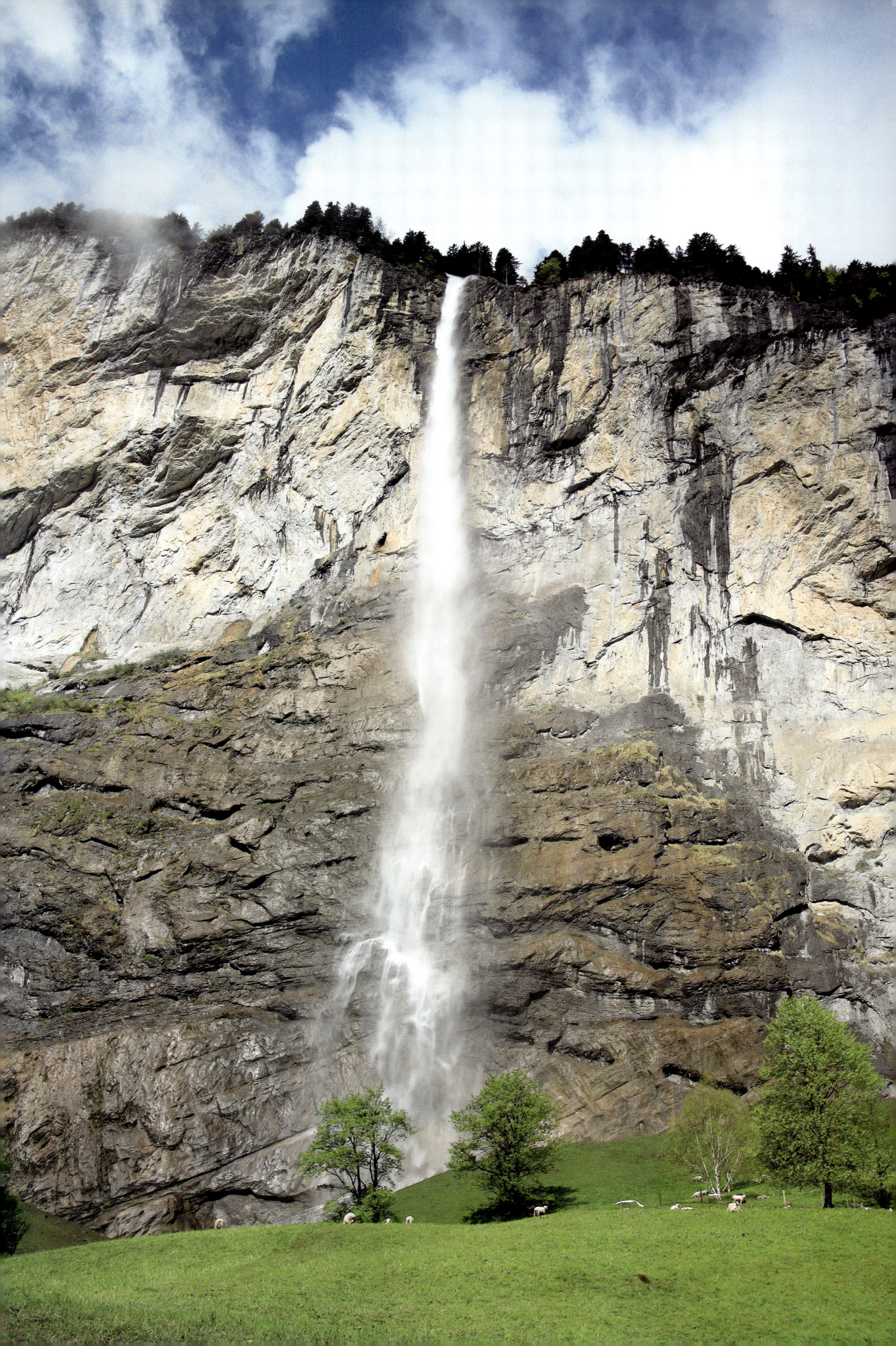

Spissbachfall

Lauterbrunnental BE

Name	Spissbachfall
Höhe	265 m
Koordinaten	635 647/159 204
Kopfzone	übergangslos
Fallzone	einfach freifallend
Prallzone	Fels
Gewässername	Spissbach
Einzugsgebietsgrösse	1,3 km²
Ort	Lauterbrunnen
Nr.	2

Ägertenbachfall

Lauterbrunnental BE

Name	Ägertenbachfall
Höhe	255 m
Koordinaten	635 321/157 264
Kopfzone	übergangslos
Fallzone	einfach kaskadenartig
Prallzone	Fels
Gewässername	Ägertenbach
Einzugsgebietsgrösse	1,7 km²
Ort	Lauterbrunnen
Nr.	4

Mürrenbachfall

Lauterbrunnental BE

Name	Mürrenbachfall
Kaskadenhöhe	417 m
Koordinaten	634 982/156 149
Kopfzone	übergangslos
Fallzone	verzweigt kaskadenartig
Prallzone	Keilanbruch
Gewässername	Mürrenbach
Einzugsgebietsgrösse	3,5 km²
Ort	Lauterbrunnen
Nr.	5

Trümmelbachfälle

Lauterbrunnental BE

Name	Trümmelbachfälle
Kaskadenhöhe	140 m
Koordinaten	636 560/157 594
Kopfzone	–
Fallzone	einfach freifallend
Prallzone	–
Gewässername	Trümmelbach
Einzugsgebietsgrösse	23,3 km²
Ort	Lauterbrunnen
Nr.	3

Die Trümmelbachfälle

In der engen Klamm des Trümmelbaches folgen einander auf 140 Höhenmetern zehn Wasserfälle. Kaum ein Licht fällt von oben in diese sehr enge, durch die extreme Erosionskraft des frachtstoffreichen Schmelzwassers geformte Schlucht, sodass die Trümmelbachfälle als unterirdische Wasserfälle bezeichnet werden. Der Trümmelbach entspringt den Gletschern der Eigerostwand, der Mönchnordostwand und der Jungfraunordwand und transportiert jährlich 20 000 Tonnen Geschiebe. Diese enormen Geschiebemengen tragen durch Tiefenerosion wesentlich zur Schluchtbildung bei. Zwischen Dezember und März und nach Frostnächten im Sommerhalbjahr fliesst nur ein Rinnsal durch die Schlucht. Während der Schneeschmelze (April bis Juni), der Gletscherschmelze (Juni bis September) sowie nach Landregen und Gewittern können bis zu 20 m³/s durch die Felsen donnern, und der Trümmelbach wird zum Fluss. Die Fälle zählen zum Unesco-Weltnaturerbe des Gebietes Jungfrau–Aletsch–Bietschhorn und sind im schweizerischen Bundesinventar der Landschaften und Naturdenkmäler von nationaler Bedeutung.

Die Erschliessung

Die untersten Fälle wurden zwischen 1877 und 1886 mit Treppen und Brücken zugänglich gemacht. Der Tunnellift, eine Standseilbahn mit Gegengewicht, wurde 1913 gebaut, gleichzeitig mit dem Zugang zu den oberen drei Fällen. Die oberste Tunneltreppe mit Galerie und Aussichtsstollen wurde 1986 fertiggestellt.
Im Winter 1990 wurde der untere mit dem oberen Teil der Schlucht verbunden. Seither ist die Trümmelbachschlucht auf 600 Metern begehbar, zehn Fälle sind erschlossen, und der Höhenunterschied vom untersten zum obersten Fall beträgt 140 Meter.

Die Entstehung

Vor 500 000 Jahren begannen die Gletscher der Eiszeiten die heutigen Täler auszuheben und einen grossen Teil des älteren Schutts wegzuräumen. Die blanken Felswände des Lauterbrunnentales verraten die erosive Kraft des Eises, das einst das Tal bis zum Rand gefüllt hatte.
Während die meisten Wasserfälle frei über die vom Eis gehobelten Felswände stürzen, hat der Trümmelbach angefangen, sich in den Fels zu bohren, als das Tal noch mit Eis gefüllt war. Die seitlichen Schmelzwasser des Gletschers haben eine Gletschermühle in Gang gesetzt, die während eines guten Teils der letzten Eiszeit funktioniert haben muss und durch einen Glücksfall nicht von Moränenschutt verstopft wurde. Durch dieses Gletschermühlenloch haben die oberflächlichen Schmelzwasser ihren Weg bis an die Gletschersohle gefunden und sind dann, etwa bei Lauterbrunnen, unter dem Gletschereis hervorgestrudelt. So donnert der Trümmelbach seit etwa 15 000 bis 20 000 Jahren durch den Fels als ein Zeuge der letzten Eiszeit.

www.truemmelbachfaelle.ch

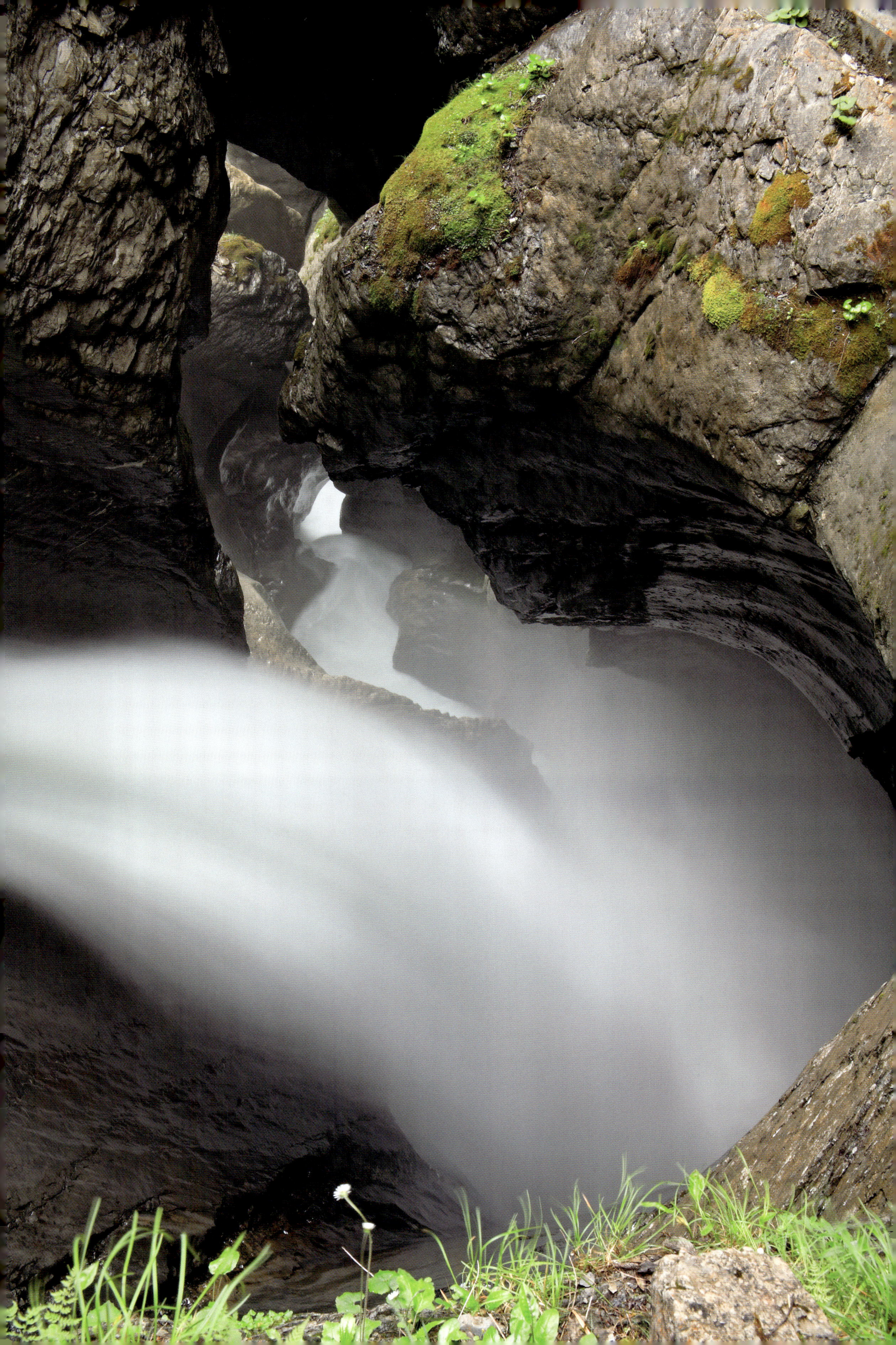

Mattenbachfälle

Lauterbrunnental BE

Name	Mattenbachfälle
Kaskadenhöhe	840 m
Koordinaten	636 755/155 095
Kopfzone	–
Fallzone	einfach kaskadenartig
Prallzone	–
Gewässername	Mattenbach
Einzugsgebietsgrösse	0,9 km²
Ort	Lauterbrunnen
Nr.	6

Die Mattenbachfälle links und die Staldenbachfälle im Abendlicht

Staldenbachfälle

Lauterbrunnental BE

Name	Staldenbachfälle
Kaskadenhöhe	630 m
Koordinaten	636 620/154 700
Kopfzone	–
Fallzone	einfach kaskadenartig
Prallzone	–
Gewässername	Staldenbach
Einzugsgebietsgrösse	1,3 km²
Ort	Lauterbrunnen
Nr.	7

Talbachfall

Lauterbrunnental BE

Name	Talbachfall
Höhe	18 m
Koordinaten	634 895/151 741
Kopfzone	allmählich
Fallzone	einfach freifallend
Prallzone	Kolk
Gewässername	Tschingel-Lütschine
Einzugsgebietsgrösse	14 km²
Ort	Lauterbrunnen
Nr.	8

Die Mattenbachfälle

Das 0,9 km² kleine Einzugsgebiet des Mattenbaches unter dem Silberhorn kann durch seine extreme Reliefenergie charakterisiert werden. Auf 2,7 km Horizontaldistanz steigt das Gelände um 2450 m an. Die Kopfzone der ersten Stufe der Kaskade liegt auf 1940 m, die Prallzone der untersten Stufe auf 1100 m ü. M. Mit einer totalen Fallhöhe von 840 m stellt der Mattenbach die höchste vermessene Kaskade der Schweiz.

Holdrifälle

Lauterbrunnental BE

Name	Holdrifall I	Holdrifall II
Höhe	25 m	13 m
Koordinaten	635 147/151 574	635 266/151 747
Kopfzone	allmählich	allmählich
Fallzone	verzweigt kaskadenartig	einfach kaskadenartig
Prallzone	Kolk	Kolk
Gewässername	Schmadribach	Schmadribach
Einzugsgebietsgrösse	12,4 km^2	12,4 km^2
Ort	Lauterbrunnen	Lauterbrunnen
Nr.	9	10

Schmadribachfälle

Lauterbrunnental BE

Name	Schmadribachfälle
Kaskadenhöhe	200 m
Koordinaten	634 950/150 917
Kopfzone	allmählich
Fallzone	deckend kaskadenartig
Prallzone	Schuttkegel
Gewässername	Schmadribach
Einzugsgebietsgrösse	8,3 km²
Ort	Lauterbrunnen
Nr.	11

Die Schmadribachfälle

Zuhinterst im Lauterbrunnental und unmittelbar unter den Gipfeln von Mittaghorn, Grosshorn und Breithorn entspringt der Schmadribach den Gletschern, um nach kurzer Fliessstrecke in die Kaskade der Schmadribachfälle überzugehen und 200 m Stufe um Stufe ins Tal zu stürzen. Die sanfte und gleichzeitig rauhe Landschaft, in welche die Schmadribachfälle eingebettet sind, übertrug der wichtige Erneuerer der Landschaftsmalerei Joseph Anton Koch in seine Gemälde.

Die Schmadribachfälle mit dem Breithorn im Hintergrund

Lauterbrunnental BE

Durchs Tal der Wasserfälle

Bahnhof Lauterbrunnen, Staubbachfall, Trümmelbachfälle, Ägertenbachfall, Mürrenbachfall, Bushaltestelle Stechelberg:
3 h (bei Besuch der Trümmelbachfälle 4 h) / 8,5 km / ↑120 m / T1

Der einfache und ziemlich flache Weg eignet sich auch zur Begehung mit Kinderwagen. Die Wanderung führt im flachen Talboden links der Weissen Lütschine auf einer kleinen Nebenstrasse talaufwärts. Bei den Staubbächen lohnt sich der Aufstieg zur Felsengalerie mit Einblick in die Prallzone. Die Trümmelbachfälle sind von Anfang April bis Anfang November täglich von 9 bis 17 h und im Juli und August von 8.30 bis 18 h zugänglich. Ein Felsenlift bringt die Gäste vor den Eingang der Schlucht.

Zu den Schmadribachfällen

Bushaltestelle Stechelberg, Staldenbachfall, Trachsellauenen, Schürboden, Talbachfall, Läger, Holdrifälle, Schürboden, Trachsellauenen, Pfäffer, Gimmelwald, Luftseilbahn Gimmelwald–Stechelberg:
5 h / 11,5 km / ↑930 m / ↓470 m / T2

Ab Bushaltestelle Stechelberg führt ein guter Wanderweg im Talboden entlang der Tschingel Lütschine bis hinter den Schürboden, wo sich der kleine Abstecher zum Talbachfall lohnt – die Erosionskraft des frachtstoffreichen Gletscherwassers durchbohrte den Felsriegel in der Prallzone, sodass der Wasserfall nun durch ein Loch im Felsen in den Kolk fällt. Wenig später wird die Tschingel Lütschine überquert; es folgt der Aufstieg nach Läger mit Blick auf die Schmadribachfälle und die Berner Alpen. Insbesondere zeigt sich die Jungfrau hier von ihrer wild-schönen Westseite. Im Abstieg führt ein kleiner Weg zum oberen Holdrifall. Auf dem Rückweg empfiehlt sich der Aufstieg nach Gimmelwald, wo sich der beste Aussichtspunkt in die Kaskaden des Mattenbaches und des Staldenbaches auf der anderen Talseite bietet. Statt des Abstieges nach Stechelberg lohnt sich die Fahrt mit der Luftseilbahn über die Mürrenflue mit Einblick in die Kaskade des Mürrenbachfalls zur linken Seite.

Landeskarte 1:25 000, Blatt 1228, 1248
Landeskarte 1:50 000, Blatt 254, 264

Buslinie 311.15: Lauterbrunnen–Stechelberg
Luftseilbahn 2460: Stechelberg–Mürren–Schilthorn

Hotel Stechelberg, Rütti, 3824 Stechelberg, Tel. 033 855 29 21
Hotel Obersteinberg, 3824 Stechelberg, Tel. 033 855 20 33
Berggasthaus Trachsellauenen, 3824 Stechelberg, Tel. 033 855 12 35
Hotel Trümmelbach, 3824 Stechelberg, Tel. 033 855 32 32
Hotel Mittaghorn, 3826 Gimmelwald, Tel. 033 855 16 58
Pension Gimmelwald, 3826 Gimmelwald, Tel. 033 855 17 30

Rechts: Die Schmadribachfälle

www.lauterbrunnen.ch
www.stechelberg.ch
www.gimmelwald-news.ch
www.welterbe.ch

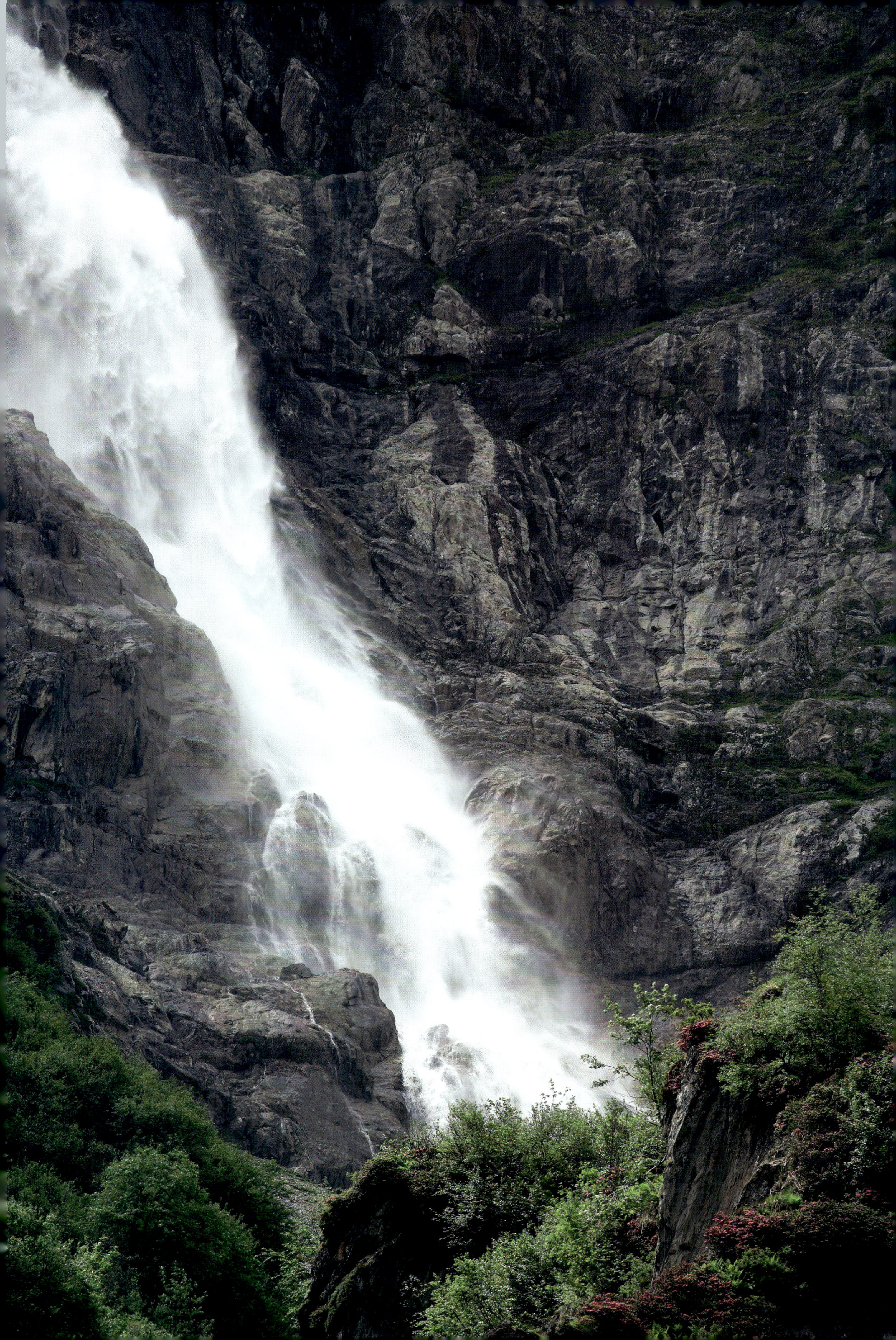

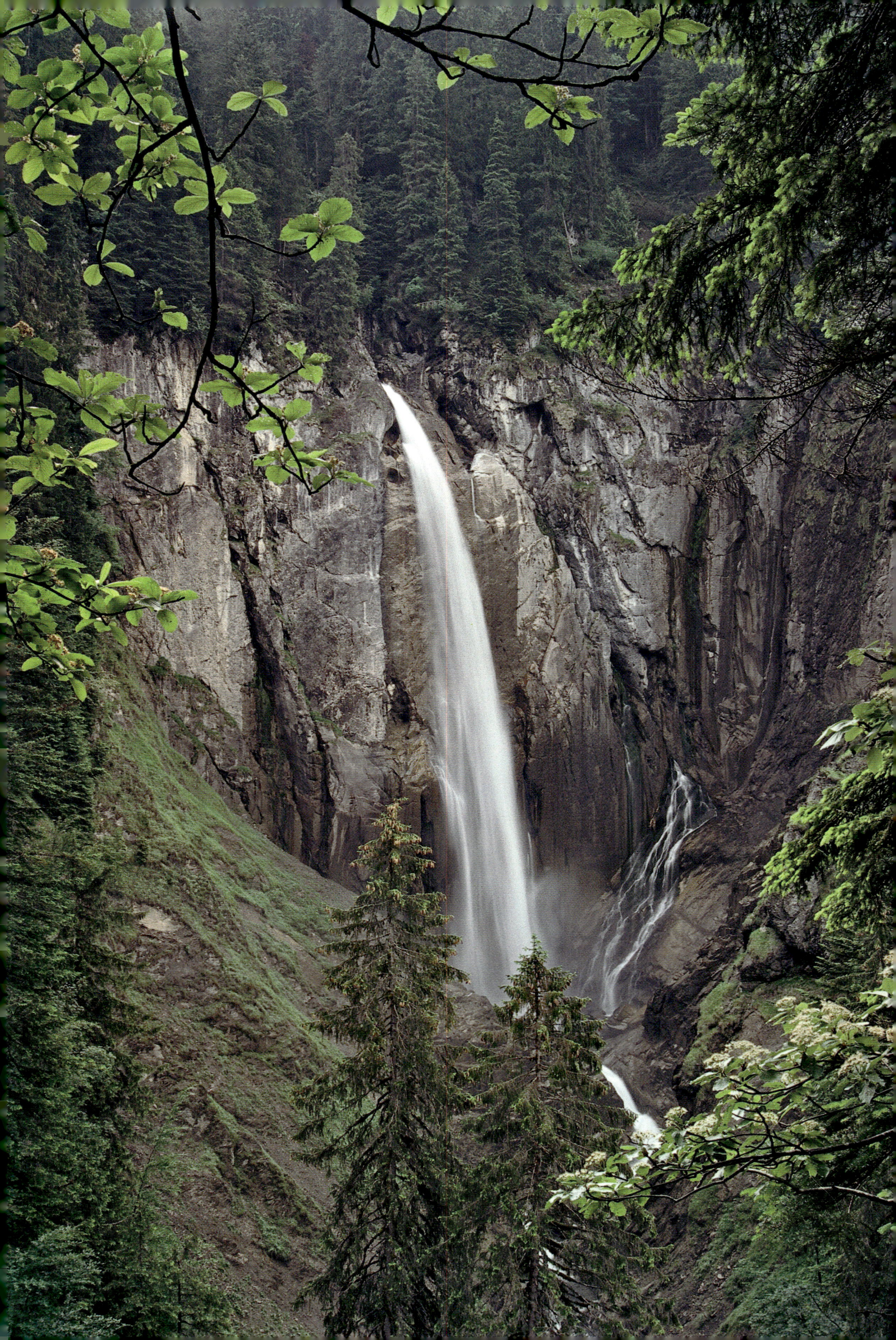

Pochtenfall

Suldtal BE

Name	Pochtenfall
Höhe	81 m
Koordinaten	625 470/163 220
Kopfzone	übergangslos
Fallzone	einfach freifallend
Prallzone	Kolk
Gewässername	Suld
Einzugsgebietsgrösse	9,2 km²
Ort	Aeschi bei Spiez
Nr.	1

Das Naturschutzgebiet Suldtal liegt zwischen dem Thunersee und dem Kiental und ist ein hervorragendes Wandergebiet für unterschiedlichste Ansprüche. Das untere Suldtal wird vom engen, bewaldeten Suldgraben geprägt, durch den sich die wilde Suld schlängelt. Hinter dem Pochtenfall öffnet sich das Tal zu den Alpweiden unterhalb der Gipfel von Morgenberghorn, Schwalmere und Latrejespitz. Trittsichere Berggänger werden insbesondere durch den Aufstieg zum Morgenberghorn mit einer fantastischen Aussicht auf den Thunersee und in die Berner Alpen belohnt.

Zum Pochtenfall [1]

Mülenen, Suldgraben, Suld, Pochtenfall, Suld, Aeschiried:
4¼ h / 13,5 km / ↑610 m / ↓290 m / T1

Der Weg führt vom Bahnhof Mülenen durchs Dorf und dann in den Suldgraben. Nach einer Strecke von 1,5 km auf einer Asphaltstrasse beginnt der eigentliche Wanderweg, der mehrheitlich linksseitig der Suld entlang führt. Nach dem Restaurant Pochtenfall beginnt der Rundweg um den Pochtenfall, mit hervorragender Aussicht auf den Wasserfall und den Talkessel.
Die Route kann um ca. eine Stunde verkürzt werden, wenn der Bus von Spiez nach Aeschiried benutzt wird. An Wochenenden und auf Voranmeldung fährt der Bus bis zum Restaurant Pochtenfall.

Ins Naturschutzgebiet Suldtal [2]

Suld, Pochtenfall, Louene, Schlieri, Mittelberg, Suld:
3 h / 7 km / ↕510 m / T1

Auf guten Wanderwegen gelangt man ins Naturschutzgebiet des hinteren Suldtals. Hier kann man zahlreiche Gemsen beobachten, und oft sind im Gebiet auch Steinadler zu sehen, die hier seit 1938 heimisch sind.

Aufs Morgenberghorn [3]

Aeschiried, Greberegg, Brunni, Morgenberghorn, Rengg, Mittelberg, Pochtenfall, Suld, Suldgraben, Aeschiried:
7½ h / 17 km / ↕1240 m / T2

Nach anfänglich steilem Aufstieg zum Grat führt ein Höhenwanderweg mehrheitlich im Wald nach Brunni, dann ein exponierter Bergweg zum Gipfel des Morgenberghorns (nur für trittsichere Wanderer). Abstieg ins Suldtal mit Besichtigung des Pochtenfalls, einer möglichen Einkehr im Restaurant Pochtenfall und Rückweg durch den Suldgraben nach Aeschiried.

Landeskarte 1:25 000, Blatt 1227, 1228
Landeskarte 1:50 000, Blatt 254

Buslinie 310.62: Spiez–Aeschi bei Spiez–Aeschiried

Restaurant Pochtenfall, Suldtal, 3703 Aeschi bei Spiez,
Tel. 033 654 18 66

www.aeschi-tourismus.ch

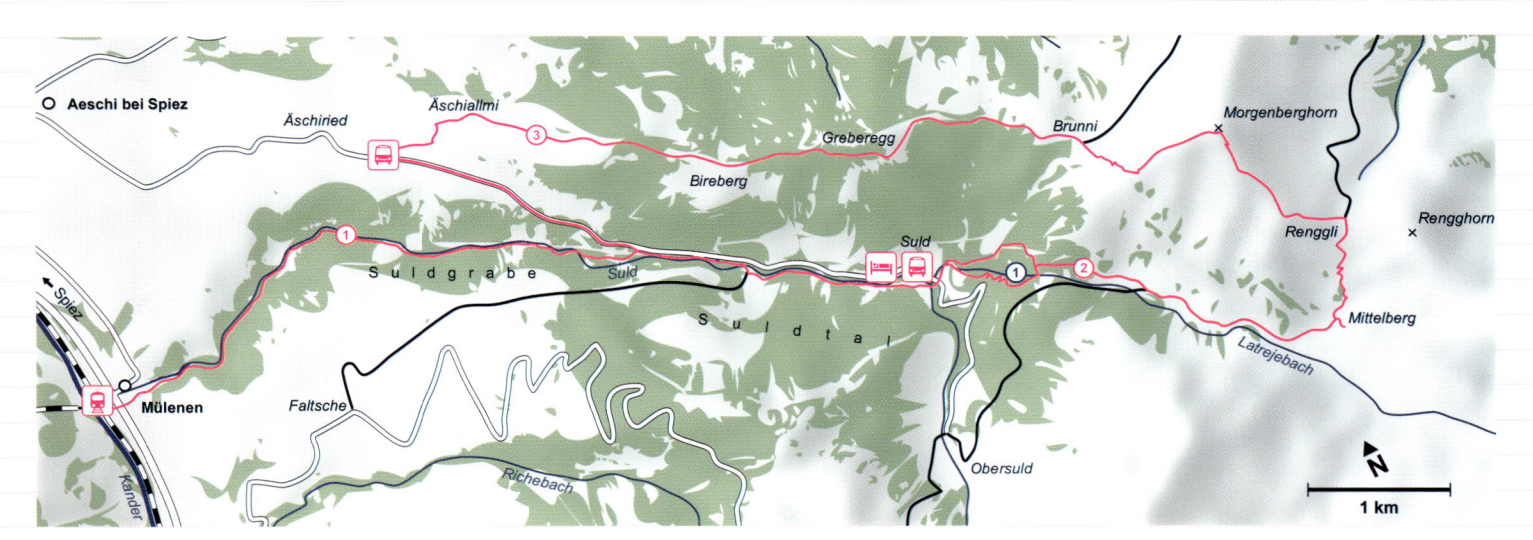

Färrichbachfall

Kiental BE

Name	Färrichbachfall
Kaskadenhöhe	74 m
Koordinaten	627 829/157 591
Kopfzone	übergangslos
Fallzone	einfach freifallend
Prallzone	Kolk
Gewässername	Färrichbach
Einzugsgebietsgrösse	2,9 km²
Ort	Reichenbach im Kiental
Nr.	1

Hohkienfall

Kiental BE

Name	Hohkienfall
Kaskadenhöhe	350 m
Koordinaten	627 682/157 221
Kopfzone	übergangslos
Fallzone	einfach kaskadenartig
Prallzone	Fels
Gewässername	Hohkienbach
Einzugsgebietsgrösse	2,3 km²
Ort	Reichenbach im Kiental
Nr.	2

Im Spiggengrund von links nach rechts: der Färrichbach, der Hohkienbach und das Färrichbächli

Oberer Fall
Kiental BE

Name	Oberer Fall
Höhe	140 m
Koordinaten	627 609/157 112
Kopfzone	übergangslos
Fallzone	einfach freifallend
Prallzone	Fels
Gewässername	Färrichbächli
Einzugsgebietsgrösse	0,8 km²
Ort	Reichenbach im Kiental
Nr.	3

Unterer Fall
Kiental BE

Name	Unterer Fall
Höhe	51 m
Koordinaten	627 418/157 203
Kopfzone	allmählich
Fallzone	einfach freifallend
Prallzone	Kolk
Gewässername	Färrichbächli
Einzugsgebietsgrösse	0,8 km²
Ort	Reichenbach im Kiental
Nr.	4

Pochtenfall

Kiental BE

Name	Pochtenfall
Höhe	13,5 m
Koordinaten	624 506/155 141
Kopfzone	übergangslos
Fallzone	einfach freifallend
Prallzone	Kolk
Gewässername	Gamchibach
Einzugsgebietsgrösse	25,7 km²
Ort	Reichenbach im Kiental
Nr.	5

Dündenfall

Kiental BE

Name	Dündenfall
Höhe	59 m
Koordinaten	624 360/154 885
Kopfzone	allmählich
Fallzone	verzweigt kaskadenartig
Prallzone	Keilanbruch
Gewässername	Dündebach
Einzugsgebietsgrösse	3,9 km²
Ort	Reichenbach im Kiental
Nr.	6

Gwindlibachfall

Kiental BE

Name	Gwindlibachfall
Höhe	118 m
Koordinaten	623 407/155 198
Kopfzone	übergangslos
Fallzone	einfach freifallend
Prallzone	Kolk
Gewässername	Gwindlibach
Einzugsgebietsgrösse	1,8 km²
Ort	Reichenbach im Kiental
Nr.	7

Kiental BE

Der Wildwasserweg durch die Griesschlucht [1]

Bushaltestelle Tschingel, Griesschlucht, Bushaltestelle Griesalp:
40 min / ↑ 250 m / T1

Der Wildwasserweg führt entlang dem Gamchibach durch die Griesschlucht hinauf zur Griesalp. Anfänglich folgt man der Strasse bis zum Hexenkessel. Hier wechselt der Weg auf die rechte Bachseite und auf den eigentlichen Wildwasserweg. Aufwärts gelangt man nun zum Pochtenfall, den man zuerst von unten, später von oben sieht. Bei der Zufahrtsstrasse zum Hotel Waldrand lohnt sich der Blick von der Brücke in die tiefe Schlucht.

Vom Tschingel in den Spiggengrund [2]

Bushaltestelle Tschingel, Griesschlucht, Golderli, Chanzel, Spiggengrund, Bushaltestelle Abzweigung Spiggengrund:
5 h / 14 km / ↑ 790 m / ↓ 890 m / T2

Von der Bushaltestelle Tschingel führt der Wildwasserweg vorbei am Pochtenfall hinauf zur Griesalp. Nun führt der Weg über Golderli hinauf zur Chanzel. Der Abstecher auf die Chanzel wird mit dem ausgezeichneten Blick ins Kiental auf der einen Seite und zu den Wasserfällen, die von der Hohkien über den Felsriegel in den Spiggengrund stürzen, auf der anderen Seite belohnt. Von hier bieten sich zwei Abstiegsmöglichkeiten an. Die einfachere führt direkt hinunter in den Spiggengrund und von dort aus der Strasse entlang Richtung Kiental zurück; die andere, anspruchsvollere folgt Richtung Nordwesten dem Grat über den Aabeberg nach Goldere und führt von dort hinunter über Bergflanken und Runsen ins Tal. Beide Varianten nehmen ungefähr gleich viel Zeit in Anspruch.

Landeskarte 1:25 000, Blatt 1228, 1248
Landeskarte 1:50 000, Blatt 254, 264

Buslinie 330.20: Reichenbach im Kandertal–Kiental–Griesalp

Griesalp Hotelzentrum, 3723 Kiental, Tel. 033 676 71 71
Hotel Waldrand, Pochtenalp, 3723 Kiental, Tel. 033 676 12 08
Berggasthaus Golderli, Griesalp Gorneren, 3723 Kiental, Tel. 033 676 21 92
Berghaus Bundalp, 3723 Kiental, Tel. 033 676 11 92

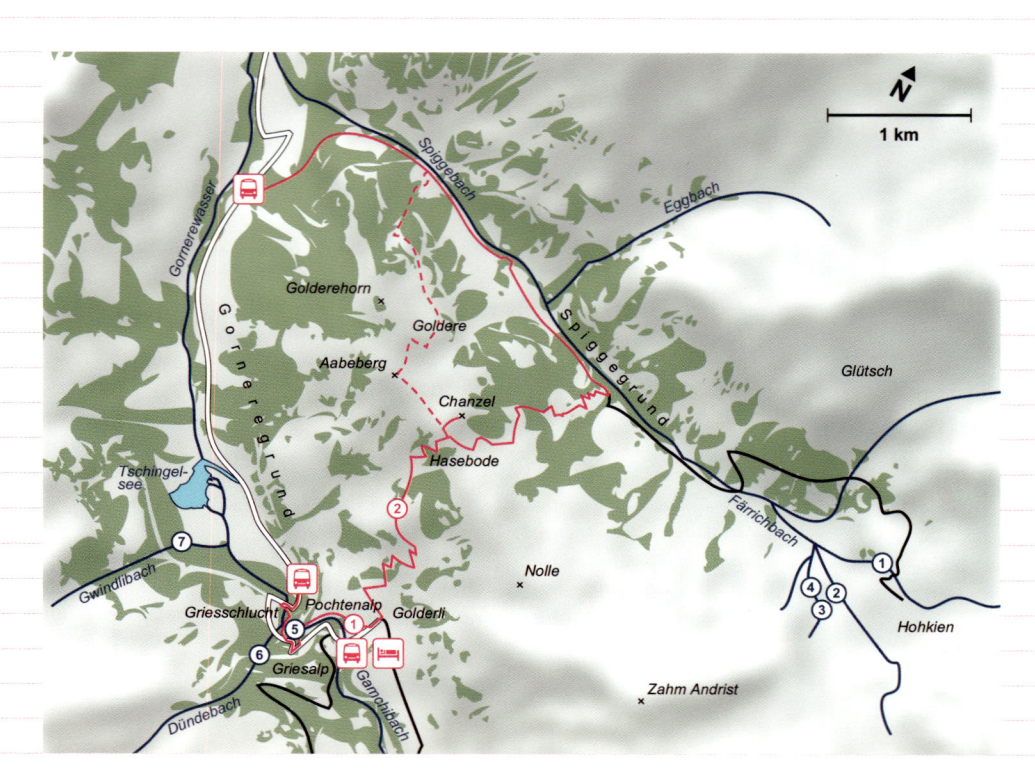

www.griesalp.ch
www.golderli.ch

Wisistüber

Kandertal BE

Name	Wisistüber
Höhe	103 m
Koordinaten	625 422/145 965
Kopfzone	übergangslos
Fallzone	einfach freifallend
Prallzone	Schuttkegel
Gewässername	Kander
Einzugsgebietsgrösse	4,9 km²
Ort	Kandersteg
Nr.	1

Direkt aus dem Kanderfirn fällt der Wisistüber über die Karschwelle 103 m in die Tiefe. Bedingt durch das Rückschmelzen des Gletschers wechselte der Wasserfall zwischen 2001 und 2004 seine Position um 40 m nach Südosten. Bei einem weiteren Abschmelzen des Gletschers könnte die Kander die Felswand bald südlich umfliessen; der Wisistüber gehörte dann der Vergangenheit an.

Wildelsigfälle

Kandertal BE

Name	Wildelsigfall I	Wildelsigfall II
Kaskadenhöhe	230 m	300 m
Koordinaten	618 771/144 452	618 892/144 508
Kopfzone	allmählich	übergangslos
Fallzone	einfach freifallend	einfach kaskadenartig
Prallzone	Schuttkegel	Schuttkegel
Gewässername	Wildelsigbach West	Wildelsigbach Ost
Einzugsgebietsgrösse	1,5 km²	2,1 km²
Ort	Kandersteg	Kandersteg
Nr.	2	3

Geltenbachfall

Kandertal BE

Name	Geltenbachfall
Höhe	60 m
Koordinaten	617 617/144 991
Kopfzone	übergangslos
Fallzone	einfach freifallend
Prallzone	Fels
Gewässername	Geltenbach
Einzugsgebietsgrösse	unbekannt
Ort	Kandersteg
Nr.	4

Als Schichtquelle tritt am Nordhang des Tatlishorns der Geltenbach aus der Felswand. Da der Höhlenausgang 60 m über dem Talgrund liegt, geht das austretende Wasser unmittelbar in den Wasserfall über, der nur im Sommer bei Schnee- und Eisschmelze oder bei langanhaltenden Niederschlägen aktiv wird. Für solche unmittelbar in den freien Fall übergehende Quellen wird auch der Begriff Fallquelle verwendet.

Schwarzgletscherfall

Kandertal VS

Name	Schwarzgletscherfall
Höhe	109 m
Koordinaten	616 571/141 466
Kopfzone	allmählich
Fallzone	einfach freifallend
Prallzone	Kolk
Gewässername	Schwarzbach
Einzugsgebietsgrösse	0,3 km²
Ort	Leukerbad

Schwarzbachfall

Kandertal BE

Name	Schwarzbachfall
Höhe	22 m
Koordinaten	616 994/145 384
Kopfzone	übergangslos
Fallzone	zweifach freifallend
Prallzone	Keilanbruch
Gewässername	Schwarzbach
Einzugsgebietsgrösse	14,8 km²
Ort	Kandersteg
Nr.	5

Almenbachfälle

Kandertal BE

Name	Almenbachfall I	Almenbachfall II
Kaskadenhöhe	197 m	197 m
Stufenhöhe	78 m	119 m
Koordinaten	616 657/148 956	616 668/148 952
Kopfzone	übergangslos	allmählich
Fallzone	verzweigt kaskadenartig	einfach freifallend
Prallzone	Fels	Schuttkegel
Gewässername	Almenbach	Almenbach
Einzugsgebietsgrösse	3,1 km²	3,1 km²
Ort	Kandersteg	Kandersteg
Nr.	6	6

Fründefälle

Kandertal BE

Name	Fründefall Ost	Fründefall West
Stufenhöhe	81 m	81 m
Koordinaten	622 482/149 059	622 470/149 101
Kopfzone	übergangslos	allmählich
Fallzone	einfach freifallend	einfach kaskadenartig
Prallzone	Fels	Kolk
Gewässername	Doldenhornbach	Doldenhornbach
Einzugsgebietsgrösse	0,8 km²	2,2 km²
Ort	Kandersteg	Kandersteg
Nr.	7	8

Die vermessenen Fründenfälle I und II befinden sich rechts im Vordergrund.

Bärglifall

Kandertal BE

Name	Bärglifall
Höhe	50 m
Koordinaten	622 208/150 323
Kopfzone	übergangslos
Fallzone	einfach kaskadenartig
Prallzone	Kolk
Gewässername	Bärglibach
Einzugsgebietsgrösse	8,3 km²
Ort	Kandersteg
Nr.	9

Staubbachfall

Kandertal BE

Name	Staubbachfall
Höhe	172 m
Koordinaten	620 348/148 981
Kopfzone	übergangslos
Fallzone	einfach kaskadenartig
Prallzone	Keilanbruch
Gewässername	Staubbach
Einzugsgebietsgrösse	0,9 km²
Ort	Kandersteg
Nr.	10

Kandertal BE

Das Gasterntal

Das relativ unberührte Alpental, in dem nur eine geringe touristische Infrastruktur zur Verfügung steht, überwältigt mit seiner wilden Schönheit der Natur. Vielerorts schlängelt sich die junge Kander mäandrierend über die Schwemmflächen des breiten Trogtals. Über die senkrechten Felswände zu beiden Seiten fallen kleinere und mächtigere Bäche in die Tiefe. Die imposantesten Wasserfälle finden sich in den Wildesigbächen unterhalb des Balmhorns und zuhinterst im Tal, wo das Wasser direkt aus dem Kanderfirn über eine Karschwelle fällt.

Erreichbar ist das Gasterntal per privaten Autobusdienst, zu Fuss, per Mountainbike oder per Privatauto, wobei eine Benützungsgebühr in der Gemeindekanzlei oder bei der Seilbahn zu zahlen ist. Von leichten Wanderungen bis zu anspruchsvollen Hochgebirgstouren wird dieses Tal jeder Anforderung gerecht. Mehrere Gasthöfe und SAC-Hütten bieten Unterkunft und Verpflegung an.

Landeskarte 1:25 000, Blatt 1267, 1268
Landeskarte 1:50 000, Blatt 263, 264

Buslinie 330.40: Kandersteg–Selden
Buslinie 330.41: Kandersteg Talstation Sunnbüel–Kandersteg Bahnhof

Hotel Waldhaus, Gastern, 3718 Kandersteg, Tel. 033 675 12 73
Hotel Steinbock, Selden, 3718 Kandersteg, Tel. 033 675 11 62
Hotel Gasterntal, Selden, 3718 Kandersteg, Tel. 033 675 11 63
Balmhornhütte SAC, Tel. 033 675 13 40

Zum Kanderfirn [1]

Waldhus, Selden, Heimritz, Uf de Schafgrinde, Selden, Waldhus:
7½ h / 23,5 km / ↕ 1060 m / T2

Autobus vom Bahnhof Kandersteg bis Waldhus. Ab Gasthaus Waldhus guter Wanderweg im Talboden entlang der Kander. Auf dem letzten Aufstieg vom Talboden zum Kanderfirn (Uf de Schafgrinde) wird der Weg steiler und führt über eine Seitenmoräne. Dieser Aufstieg wird aber mit der Sicht auf den Kanderfirn, die Blüemlisalp und den Wisistüber belohnt.

Die Wanderung kann auch als Zweitagestour geplant werden: Anreise am Vorabend mit Wanderung ab Bushalt Talstation Sunnbüel nach Selden (3 h) und Übernachtung in einem der Gasthöfe.

Zur Balmhornhütte [2]

Bushalt Sunnbüel, Waldhus, Gasternholz, Balmhornhütte, Gasternholz, Bushalt Sunnbüel:
5½ h / 11 km / ↕ 760 m / T3

Diese Wanderung lohnt sich sowohl als Eintages- als auch als Zweitagestour mit einer Übernachtung in der Balmhornhütte, eignet sich aber nur für geübte Berggänger, die sich an exponierte Bergwege gewöhnt sind. Im Gasternholz signalisiert ein markanter Wegweiser den Weg zur Balmhornhütte, zudem gibt hier eine Tafel an, ob die Hütte bewartet ist. Der gut ausgebaute und gesicherte Weg führt durch Wald- und Felspartien über die Wildesigfälle hinauf nach Wildelsigen und zur Balmhornhütte. Belohnt wird der steile Aufstieg mit der phantastischen Aussicht ins Gasterntal und in die umliegenden Berge.

www.oeschinensee.ch
www.kander-reisen.ch
www.kandersteg.ch

Kandertal BE

Zum Oeschinensee (3)

Bahnhof Kandersteg, Sessellift von Kandersteg nach Oeschinen, Heuberg, Oberbärgli, Underbärgli, Oeschinensee, Bahnhof Kandersteg:
4¼ h / 11,5 km / ↑310 m / ↓820 m / T2

Diese Wanderung führt an einen der schönsten Bergseen der Alpen, umgeben von Doldenhorn, Fründenhorn, Oeschinenhorn, Blüemlisalp, Wildi Frau, Schwarzhorn und Dündenhorn. Vom Bahnhof Kandersteg gelangt man in Kürze zum Sessellift nach Oeschinen (der See ist von der Bergstation aus in 20 Minuten erreichbar). Auf dem Wanderweg über Heuberg, Oberbärgli, Underbärgli sind einige steile Passagen zu begehen. Fixseile machen die Auf- und Abstiege sicherer. Zurück nach Kandersteg führt der Weg entlang dem Oeschibach und vorbei am Staubbachfall unter dem Doldenhorn. Die Wanderung ab Kandersteg zum Oeschinensee dauert ca. 1½ h länger.

Landeskarte 1:25 000, Blatt 1247, 1248
Landeskarte 1:50 000, Blatt 263, 264

Sessellift 2410: Kandersteg–Oeschinen

Berghaus am Oeschinensee, 3718 Kandersteg, Tel. 033 675 11 66
Gasthaus Underbärgli, 3718 Kandersteg, Tel. 079 673 61 66
Hotel Oeschinensee, 3718 Kandersteg, Tel. 033 675 11 19
Fründenhütte SAC, 3718 Kandersteg, Tel. 033 675 18 38

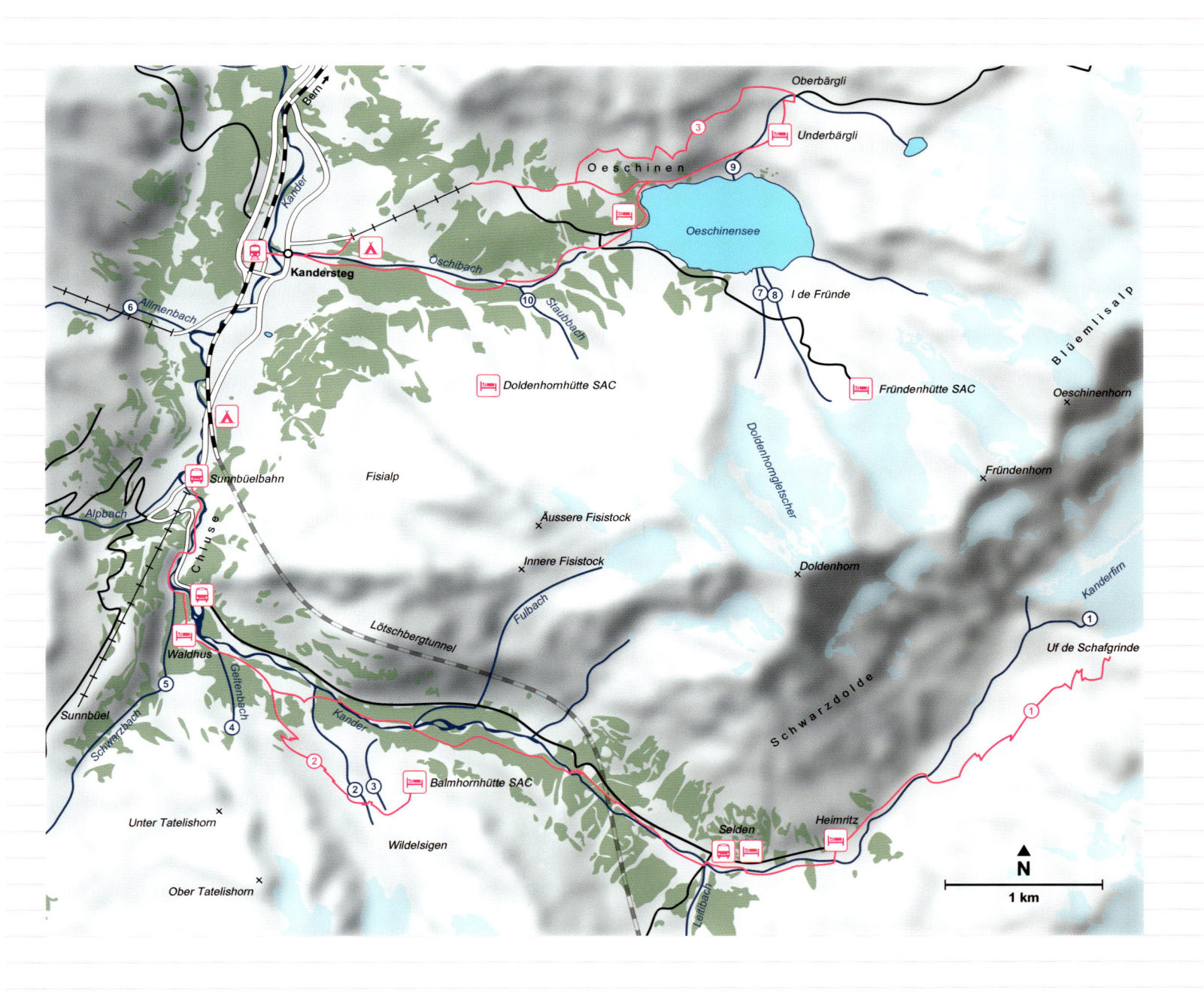

Engstligenfälle

Adelboden BE

Name	Oberer Engstligenfall
Kaskadenhöhe	370 m
Stufenhöhe	97 m
Koordinaten	609 500/144 241
Kopfzone	allmählich
Fallzone	verzweigt kaskadenartig
Prallzone	Kolk
Gewässername	Engstlige
Einzugsgebietsgrösse	14,4 km²
Ort	Adelboden

Name	Unterer Engstligenfall
Kaskadenhöhe	370 m
Stufenhöhe	165 m
Koordinaten	609 510/144 484
Kopfzone	allmählich
Fallzone	verzweigt kaskadenartig
Prallzone	Schuttkegel
Gewässername	Engstlige
Einzugsgebietsgrösse	14,4 km²
Ort	Adelboden

Adelboden BE

Auf die Engstligenalp

Bushalt Adelboden–Oey, Unter dem Birg, Engstligenalp, Unter dem Birg, Adelboden:
3¾ h / 14 km / ↕ 740 m / T2

Ein guter Weg führt entlang dem schönen und wilden Engstligenbach von Adelboden bis zur Prallzone der Engstligenfälle «Unter dem Birg», anschliessend folgt ein anspruchsvoller, steiler und teilweise exponierter Bergwanderweg auf die Engstligenalp. Als Alternative empfehlen sich die Busverbindung nach «Unter dem Birg» und die Luftseilbahn von «Unter dem Birg» auf die Engstligenalp. Auf der Fahrt mit der Seilbahn lassen sich die Fälle aus einer ganz anderen Perspektive betrachten.

Landeskarte 1:25 000, Blatt 1247, 1267
Landeskarte 1:50 000, Blatt 263

Buslinie 330.30: Frutigen–Adelboden
Buslinie 330.32: Adelboden Ausserschwand–Busstation Oey–Boden–Unter dem Birg
Luftseilbahn 2422: Unter dem Birg–Engstligenalp

Berghaus Bärtschi, Engstligenalp, 3715 Adelboden, Tel. 033 673 13 73
Berghotel Engstligenalp, Engstligenalp, 3715 Adelboden, Tel. 033 673 22 91

www.adelboden.ch
www.engstligenalp.ch

Simmenfälle

Lenk BE

Name	Simmenfall I	Simmenfall II
Kaskadenhöhe	18 m	18 m
Stufenhöhe	9 m	9 m
Koordinaten	603 659/141 472	603 614/141 483
Kopfzone	übergangslos	allmählich
Fallzone	einfach kaskadenartig	einfach kaskadenartig
Prallzone	Kolk	Kolk
Gewässername	Simme	Simme
Einzugsgebietsgrösse	32,6 km²	32,6 km²
Ort	Lenk	Lenk
Nr.	1	1

Die Simmenfälle

Die beiden jeweils neun Meter hohen Stufen der Simmenfälle, die in einen Kolk fallen, wurden schon von Wildwasserfahrern gemeistert. Den besten Einblick erhält man von der Barbarabrücke aus, die über das alte Bachbett der Simme unmittelbar unterhalb der Fälle führt. Die Gemeinde Lenk entschloss sich gegen Ende des 18. Jahrhunderts, wegen wiederkehrender Überschwemmungen im Talgrund, den Lauf der Simme zu korrigieren. Ein Kanal wurde an dieser Stelle aus dem Fels gehauen. Das Wasser fliesst anschliessend auf einer imposanten Kaskadenstrecke von 300 m Länge mit einem Höhenunterschied von 90 m. Der Wanderweg entlang dieser Kaskadenstrecke darf nur von unten nach oben begangen werden, der Abstieg erfolgt über den Wanderweg nach «Ob dem Bach» und zurück zur Bushaltestelle und zum Hotel Simmenfälle.

Flueseelifall

Lenk BE

Name	Flueseelifall
Kaskadenhöhe	126 m
Koordinaten	604 327/140 292
Kopfzone	übergangslos
Fallzone	einfach kaskadenartig
Prallzone	Schuttkegel
Gewässername	Flueseelibach
Einzugsgebietsgrösse	2,6 km²
Ort	Lenk
Nr.	2

Trüebbachfall

Lenk BE

Name	Trüebbachfall
Höhe	48 m
Koordinaten	604 321/139 012
Kopfzone	übergangslos
Fallzone	einfach freifallend
Prallzone	Fels
Gewässername	Trüebbach
Einzugsgebietsgrösse	12,3 km²
Ort	Lenk
Nr.	3

Iffigfall

Lenk BE

Name	Iffigfall
Höhe	112 m
Koordinaten	600 340/140 044
Kopfzone	allmählich
Fallzone	einfach freifallend
Prallzone	Kolk
Gewässername	Iffigbach
Einzugsgebietsgrösse	15,9 km²
Ort	Lenk
Nr.	4

Lenk BE

Über die Langermatt (1)

Busverbindung Bahnhof Lenk bis Bushaltestelle Iffigfall, Langermatt, Rezliberg, Simmenfälle, Busverbindung Simmenfälle bis Bahnhof Lenk:
3½ h / 8 km / ↑540 m / ↓760 m / T1

Auf dieser mittelleichten Wanderung auf gut angelegten Wegen können die unterschiedlichen Wasserfälle in der Lenk entdeckt werden. Vom Iffigfall gelangt man über die Langermatt nach Rezliberg, wo der Flueseelifall und die Sibe Brünne als Schichtquelle zu sehen sind. Auf dem weiteren Abstieg führt der Weg an den Simmenfällen vorbei. Die erweiterte Rundwanderung vom/bis zum Bahnhof Lenk dauert 6¾ h.

Über den Tierbergsattel (2)

Busverbindung Bahnhof Lenk bis Bushaltestelle Simmenfälle, Rezliberg, Flueseeli, Rezligletscherseeli, Tierbergsattel, Stiereläger, Iffigenalp, Busverbindung Iffigenalp bis Bahnhof Lenk:
7¾ h (7 h in umgekehrter Richtung) / 13,5 km / ↑1550 m / ↓1070 m / T3

Die anspruchsvolle, aber sehr schöne Tour bis 2654 m ü. M. führt an allen Wasserfällen in der Lenk vorbei. Der Weg zwischen Rezligletscherseeli und Stiereläger ist nur spärlich markiert; es wird deshalb dringend empfohlen, die erwähnten Blätter der Landeskarten mitzunehmen.

Landeskarte 1:25 000, Blatt 1266, 1267
Landeskarte 1:50 000, Blatt 263

Buslinie 320.26: Lenk im Simmental–Iffigenalp
Buslinie 320.27: Lenk im Simmental–Metschbahnen–Simmenfälle

Berghaus Iffigenalp, 3775 Lenk im Simmental, Tel. 033 733 13 33
Hotel Simmenfälle, Oberriedstrasse 76, 3775 Lenk im Simmental, Tel. 033 733 10 89

«Bi de Sibe Brünne» – die Karstquelle gilt als Ursprung der Simme.

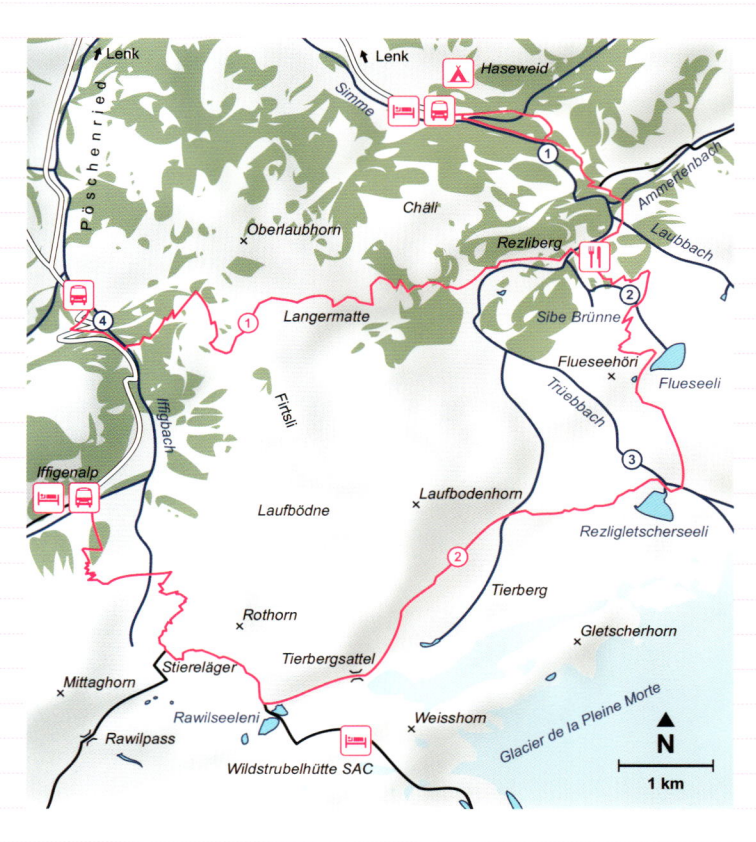

www.lenk.ch

Geltenschuss

Lauenen BE

Name	Geltenschuss
Höhe	100 m
Koordinaten	592 238/135 828
Kopfzone	übergangslos
Fallzone	einfach freifallend
Prallzone	Schuttkegel
Gewässername	Geltenbach
Einzugsgebietsgrösse	10,1 km²
Ort	Lauenen
Nr.	1

Schon bei der Anfahrt zum Lauenensee erblickt man unterhalb des Wildhorns den Kalkriegel, der das Lauenental von der Inneren Gelten trennt und über den das Wasser des Geltenbaches während der Schneeschmelze und in den Sommermonaten als mächtiger Strahl exakt 100 m ins Tal fällt.

Der Geltenschuss ist aber nur einer von vielen Wasserfällen, die sich in der Bergwelt hinter dem Lauenensee verstecken.

Der Geltenschuss als Wegmarke für den Schweizer Naturschutz

Die 1950er Jahre waren die Zeit des Totalausbaus der alpinen Wasserkraftnutzung. Die Energieknappheit der Kriegsjahre reichte als Begründung dafür, diese Ressourcen vollständig und ohne Rücksicht auf die Landschaft zu erschliessen. Allein zwischen 1942 und 1954 hatte die Eidgenössische Natur- und Heimatschutzkommission (ENHK) 76 Wasserkraftwerkprojekte zu begutachten, und einem grossen Teil dieser Vorhaben wurde vorbehaltlos zugestimmt. Auch für ein schon damals eingereichtes Projekt auf der Greina hatte sie ihre Einwilligung gegeben.

Öfter mit Kraftwerkbauten beschäftigt war auch der 1954 gegründete NVB, der Naturschutzverein des Kantons Bern. Um jeweils das Beste für ihre Anliegen herauszuholen, setzte man auf Kooperation mit den Bauherren. Dennoch gab es in einem Fall auch für moderate Naturschützer keine Kompromisse: Als eine Kraftwerkgesellschaft plante, das Wasser des Geltenschusses in ein Kraftwerk abzuleiten, war der NVB von Anfang an im gegnerischen Komitee aktiv. Diese Naturschönheit und touristische Attraktion wollten auch die Bewohner der betroffenen Gemeinde Lauenen trotz verlockender Wasserzinse nicht preisgeben. Als der Regierungsrat das Projekt im Dezember 1956 abgelehnt hatte, läuteten in Lauenen die Kirchenglocken, und der NVB konnte einen ermutigenden Erfolg verbuchen.

Der Naturschutzverein des Kantons Bern trat 1969 als Sektion dem Schweizerischen Bund für Naturschutz bei und nennt sich heute bernische Sektion von Pro Natura.

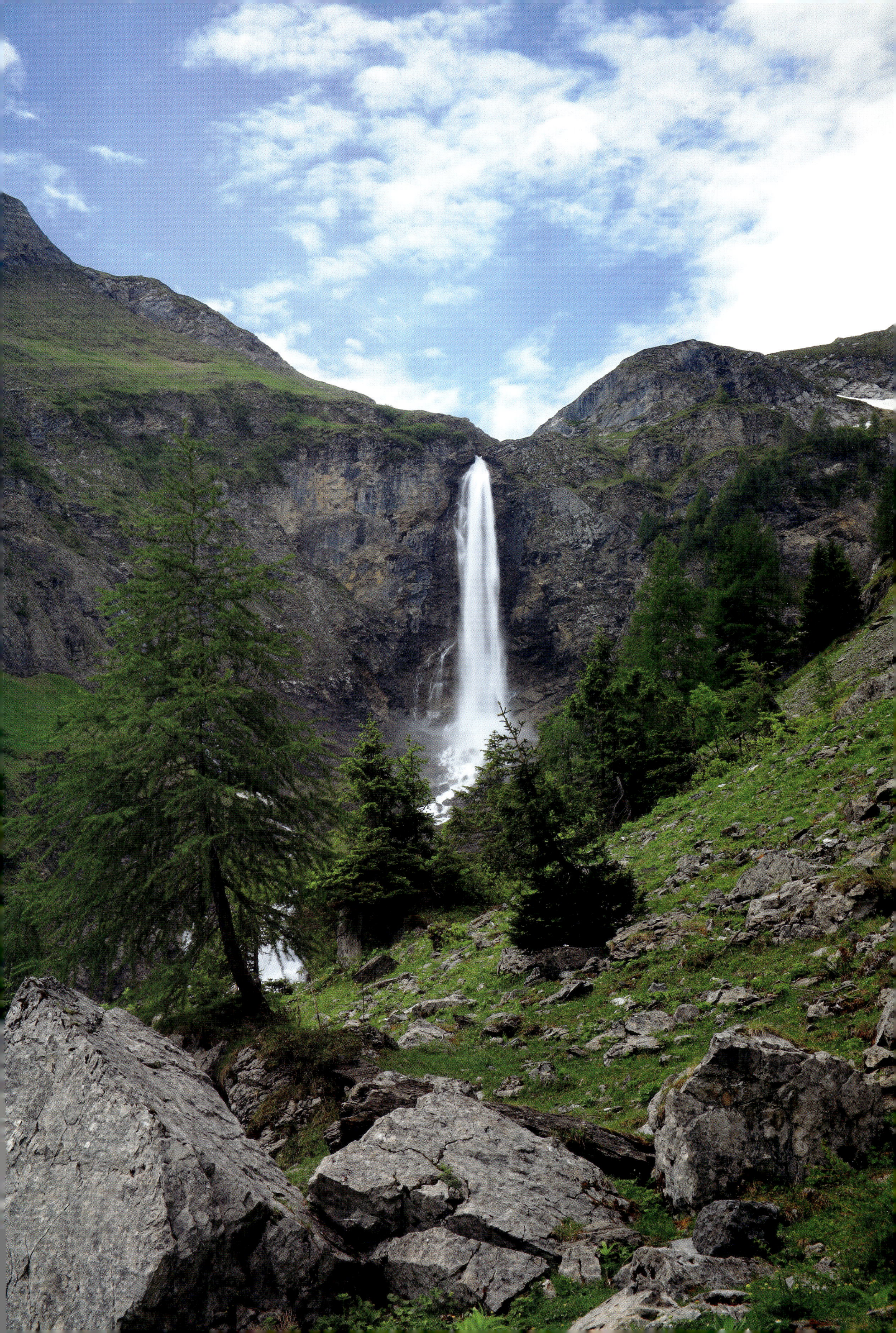

Geltenbachfall

Lauenen BE

Name	Geltenbachfall
Höhe	176 m
Koordinaten	593 020/134 754
Kopfzone	übergangslos
Fallzone	einfach freifallend
Prallzone	Schuttkegel
Gewässername	Geltenbach
Einzugsgebietsgrösse	1 km²
Ort	Lauenen
Nr.	2

Lauenen BE

Rundwanderung in die Innere Gelten [1]

Lauenensee, Geltenschuss, Inneri Gelten, Usseri Gelten, Chüetungel, Lauenensee:
4 h / 8 km / ↕670 m / T2

Vom Lauenensee ist der Geltenschuss in etwa 1½ h zu Fuss erreichbar, wobei man unmittelbar vor dem Fall eine 45 m hohe Kaskade passiert. Der Wanderweg führt dann mit verschiedenen Einblicken in den donnernden Wasserfall hinauf zur Inneren Gelten, wo der Geltenbachfall unmittelbar dem Geltengletscher entspringt und nach einer Fallhöhe von 176 m auf die Sanderfläche prallt. Dazwischen steht die Geltenhütte des Schweizerischen Alpen-Clubs auf einer einladenden Anhöhe. Entlang der Bergflanke des Hahnenschritthorns mit einigen luftigen Stellen gelangt man über die Ussere Gelten, wo man den Geltenschuss aus einer anderen, nicht weniger beeindruckenden Perspektive betrachtet, zum Chüetungel und entlang dem Tungelschuss (eine weitere Kaskadenstrecke) wieder zum Lauenensee.

Landeskarte 1:25 000, Blatt 1266
Landeskarte 1:50 000, Blatt 263

Buslinie 120.20: Gstaad–Lauenen–Lauenensee

Restaurant Lauenensee, Am Lauenensee, 3782 Lauenen bei Gstaad,
Tel. 033 765 30 62
Geltenhütte SAC Sektion Oldenhorn, 3780 Gstaad,
Tel. 033 765 32 20

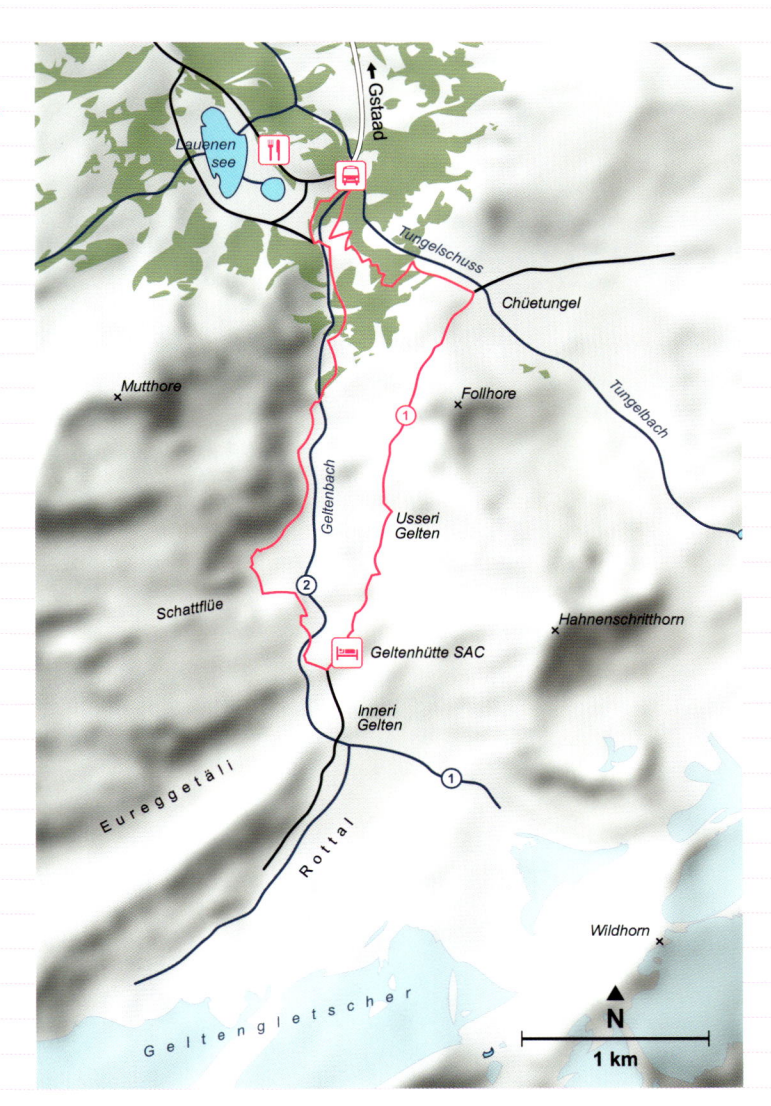

www.lauenen.ch
www.geltenhuette.ch

Cascade de Bonavau

Val d'Illiez VS

Name	Cascade de Bonavau I	Cascade de Bonavau II
Kaskadenhöhe	67 m	67 m
Stufenhöhe	22 m	43 m
Koordinaten	556 721/110 417	556 716/110 432
Kopfzone	allmählich	übergangslos
Fallzone	vielfach kaskadenartig	einfach freifallend
Prallzone	Kolk	Kolk
Gewässername	Saufla	Saufla
Einzugsgebietsgrösse	13,8 km²	13,8 km²
Ort	Champéry	Champéry
Nr.	1	2

Val d'Illiez VS

Zu den Lacs d'Antème (1)

Bahnhof Champéry, Grand Paradis, La Saufla, Rossétan, Metecoui, Cabane d'Antème, Antème, Les Mosses, Grand Paradis, Champéry:
7 h / 14 km / ↕ 920 m / T2

Vorbei an den beiden Stufen der Cascade de Bonavau und den Dents Blanches im Hintergrund führt der Weg hinauf zu den wunderschön gelegenen Lacs d'Antème unterhalb der Dents du Midi. Die Tour kann auch als Zweitagestour mit einer Übernachtung in der Cabane d'Antème geplant werden, die von Anfang Juli bis mindestens Ende September bewirtet ist.

Zur Cascade de Bonavau (2)

Bahnhof Champéry, Grand Paradis, La Saufla, Cascade de Bonavau, Bonavau, Grand Paradis, Champéry:
4 h / 10 km / ↕ 420 m / T1

Nicht nur der Anblick der Wasserfälle lohnt den Aufstieg nach Bonavau, das wunderschöne Seitental des Val d'Illiez und die umliegenden Berge machen die Wanderung zu einem ganz besonderen Erlebnis. Der Weg führt unmittelbar oberhalb der Wasserfälle vorbei auf die andere Talseite und macht den Blick frei auf die obere Fallstufe.

Landeskarte 1:25 000, Blatt 1304
Landeskarte 1:50 000, Blatt 272

Cabane d'Antème, Fernand Jordan, 1874 Champéry,
Tel. 079 473 71 40
Camping du Grand Paradis, 1874 Champéry, Tel. 024 479 19 90
oder 024 479 14 44
Auberge du Grand Paradis, 1874 Champéry, Tel. 024 479 11 67

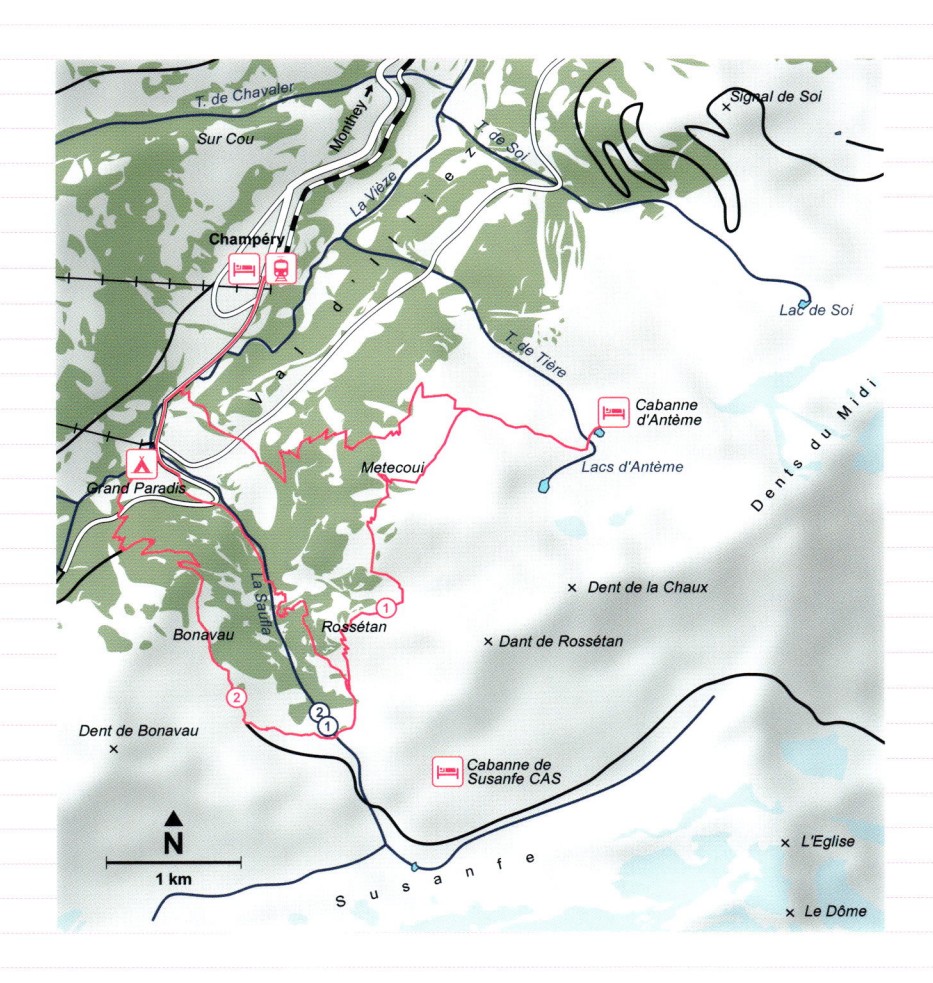

www.champery.ch

Cascade de Pissevache

Rhonetal VS

Name	Cascade de Pissevache I	Cascade de Pissevache II
Kaskadenhöhe	103 m	103 m
Stufenhöhe	43 m	60 m
Koordinaten	568 257/110 358	568 273/110 366
Kopfzone	allmählich	allmählich
Fallzone	mehrfach freifallend	mehrfach kaskadenartig
Prallzone	Fels	Kolk
Gewässername	La Salanfe	La Salanfe
Einzugsgebietsgrösse	18,4 km²	18,4 km²
Ort	Vernayaz	Vernayaz

Die Wasserfälle des Pissevache liegen direkt an der Hauptstrasse zwischen St-Maurice und Martigny. Vom Hotel/Restaurant La Cascade gelangt man nach wenigen Metern zur Prallzone des unteren Wasserfalls. Weil das Wasser aus dem Stausee Lac de la Salanfe zeitweise zur Elektrizitätsgewinnung abgeleitet wird, kann der Pissevache entweder relativ unscheinbar oder sehr beeindruckend sein. In der Nacht wird der untere Wasserfall zudem mit Scheinwerfern beleuchtet.

Landeskarte 1:25 000, Blatt 1305
Landeskarte 1:50 000, Blatt 272

Hotel/Restaurant/Camping Cascade, Route Cantonale, 1904 Vernayaz, Tel. 027 764 14 27

www.cascadepissevache.ch
www.vernayaz.ch

Fellbachfälle
Saastal VS

Name	Fellbachfall I	Fellbachfall II
Kaskadenhöhe	158 m	158 m
Stufenhöhe	90 m	62 m
Koordinaten	638 155/111 790	638 046/111 761
Kopfzone	übergangslos	übergangslos
Fallzone	einfach freifallend	verzweigt kaskadenartig
Prallzone	Fels	Kolk
Gewässername	Fellbach	Fellbach
Einzugsgebietsgrösse	7,9 km²	7,9 km²
Ort	Saas Balen	Saas Balen

Landeskarte 1:25 000, Blatt 1309
Landeskarte 1:50 000, Blatt 274

Buslinie 145.10: Brig–Visp–Stalden-Saas–Saas Fee

www.saastal.ch

Lagginafälle

Simplon VS

Name	Lagginafall Süd
Kaskadenhöhe	230 m
Koordinaten	646 625/111 192
Kopfzone	übergangslos
Fallzone	verzweigt kaskadenartig
Prallzone	Kolk
Gewässername	Laggina
Einzugsgebietsgrösse	3,8 km²
Ort	Simplon
Nr.	1

Name	Lagginafall Nord
Kaskadenhöhe	192 m
Koordinaten	646 552/111 424
Kopfzone	übergangslos
Fallzone	verzweigt kaskadenartig
Prallzone	Kolk
Gewässername	Laggina
Einzugsgebietsgrösse	1,8 km²
Ort	Simplon
Nr.	2

Alpjerfall

Simplon VS

Name	Alpjerfall
Höhe	95 m
Koordinaten	651 254/118 311
Kopfzone	übergangslos
Fallzone	einfach freifallend
Prallzone	Kolk
Gewässername	Alpjerbach
Einzugsgebietsgrösse	8,1 km²
Ort	Simplon
Nr.	3

Simplon VS

Zu den Lagginafällen (1)

Bushaltestelle Gabi, Wäxel, Laggin, Härd, Bidemji, Gärtjini, Laggin-Biwak, Färicha, Antonius, Weng, Simplon Dorf:
7 h / 14 km / ↑ 1200 m / ↓ 970 m / T3

Die Wanderung führt entlang der Laggina ins Laggintal auf der Südseite des Simplonpasses. Bis unter die Lagginafälle führt ein breiter Fahrweg, der auch zur Wanderung mit Kindern genutzt werden kann. Die Wanderzeit hierher und zurück nach Gabi beträgt ca. 2½ h. Die erfassten Wasserfälle sind schon von weitem sichtbar, wobei der südliche flächenhaft, der nördliche linear über den Felsriegel unterhalb von Weissmies und Lagginhorn fällt.
Der Weg steigt südlich der Fälle nach Gärtjini, wo die Traverse über die Moränen und Gletscherbäche zum Laggin-Biwak beginnt. Diese Strecke eignet sich nur für geübte Berggänger! Zwischen Färicha und Antonius besteht die Möglichkeit zum Abstieg zurück nach Gabi, empfehlenswert ist aber die Wanderung entlang der Talseite nach Simplon Dorf.

Zum Alpjerfall (2)

Bushaltestelle Alte Kaserne, Alpje, Inneri Alpa, Alpjerfall, Alte Kaserne:
3½ h / 11,5 km / ↕ 500 m / T1

Die einfache Wanderung verläuft auf einer breiten Naturstrasse nach Alpje. Die Alp liegt auf einer sonnigen, südexponierten Terrasse unterhalb des Monte Leone und des Alpjergletschers.

Landeskarte 1:25 000, Blatt 1309
Landeskarte 1:50 000, Blatt 274

Buslinie 145.40: Brig–Simplon–Gondo–Iselle–Domodossola

Hotel Gabi, Simplonstrasse, 3907 Gabi, Tel. 027 979 11 16
Hotel Post, 3907 Simplon Dorf, Tel. 027 979 11 21

www.simplon.ch

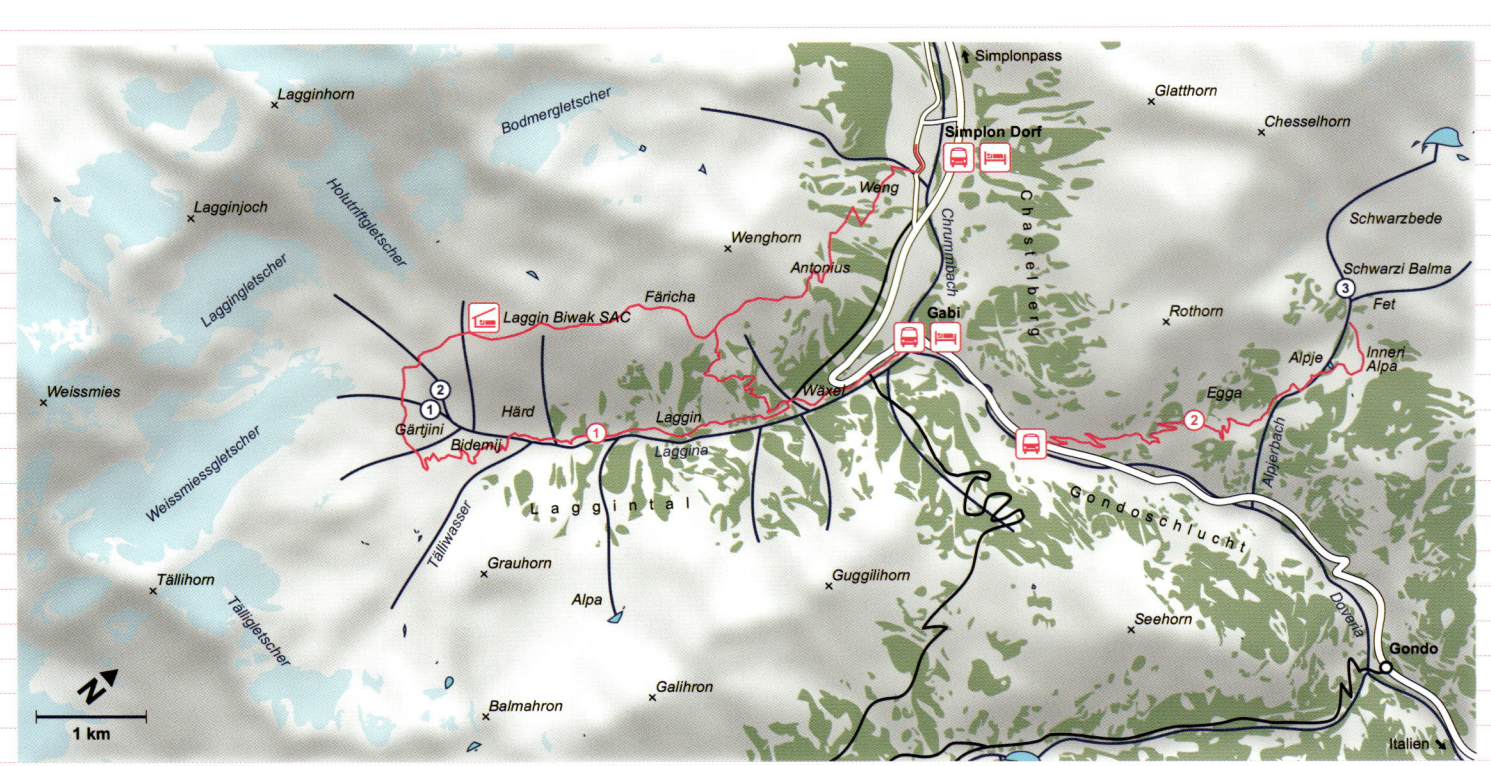

Cascade du Dar

Col du Pillon VD

Name	Cascade du Dar I	Cascade du Dar II
Höhe	72 m	79 m
Koordinaten	582 189 / 132 116	581 667 / 132 884
Kopfzone	allmählich	allmählich
Fallzone	einfach freifallend	einfach freifallend
Prallzone	Kolk	Kolk
Gewässername	Dar	Dar
Einzugsgebietsgrösse	2,1 km²	2,8 km²
Ort	Les Diablerets	Les Diablerets

Saut du Doubs

Les Brenets NE

Name	Saut du Doubs
Höhe	17,2 m
Koordinaten	544 970/215 381
Kopfzone	übergangslos
Fallzone	deckend kaskadenartig
Prallzone	Kolk
Gewässername	Le Doubs
Einzugsgebietsgrösse	917 km^2
Ort	Les Brenets
Nr.	1

Der Saut du Doubs

Mit einem durchschnittlichen jährlichen Abfluss von 19,1 m^3/s ist der Saut du Doubs nach dem Rheinfall der zweitmächtigste Wasserfall der Schweiz. Da der Doubs hier die Grenze zwischen der Schweiz und Frankreich bildet, kann er von beiden Seiten besichtigt werden. Die Aussichtsplattform auf der Schweizer Seite lässt den Besucher hautnah an die Überfallkante und die Kaskadenstrecke oberhalb des Falles treten. Eine neue Brücke führt über den Doubs auf die französische Seite, wo der Saut du Doubs vom Gegenhang in seiner vollen Grösse betrachtet werden kann.

Les Brenets NE

Les Moulins souterrains (2)

Als weitere Attraktion empfiehlt sich ein Besuch der Moulins souterrains beim Col-des-Roches. Das Tal von Le Locle wird natürlicherweise durch ein Höhlensystem zum Doubs hin entwässert. Seit dem 16. Jahrhundert wurden in den Kavernen dieses unterirdischen Abflusses Mühlen installiert; Menschen arbeiteten hier unter unmenschlichen Umständen. Verschiedene Hochwasser im Tal von Le Locle veranlasste die Bevölkerung, gegen Ende des 19. Jahrhunderts einen Kanal zu bauen und das Wasser schneller zum Doubs hin abzuleiten. Die Mühlen waren trockengelegt, und die Höhle diente fortan als Abfalldeponie. Seit 1987 kann dieses Höhlensystem dank enormem Aufwand von Höhlenforschern wieder begangen werden. Mehrere unterirdische Wasserfälle und eine neu installierte Mühle können besichtigt werden.

Zum Saut du Doubs (1)

Bahnhof Les Brenets, Saut du Doubs, Les Brenets:
2½ h / 7 km / ↕ 180 m / T1

Der breite Weg eignet sich hervorragend zur Wanderung mit der ganzen Familie. Zudem bietet sich für die Strecke Les Brenets–Hôtels du Saut die Fahrt mit dem Kursschiff auf dem Lac des Brenets an.

Landeskarte 1:25 000, Blatt 1143
Landeskarte 1:50 000, Blatt 231

Kursschiff 3204: Lac des Brenets

Restaurant Café Saut-du-Doubs, Le Saut-du-Doubs 225,
2416 Les Brenets, Tel. 032 932 10 70
Fondation des Moulins souterrains du Col-des-Roches,
2400 Le Locle, Tel. 032 931 89 89

www.saut-du-doubs.org
www.saut-du-doubs.biz
www.nlb.ch

Wasserfallliste

Kanton	Name	Ort	Stufenhöhe	Kaskadenhöhe	Koordinaten	Seite
AI	Leuenfall	Schwende	34 m		747 233/239 570	66
BE	Ägertenbachfall	Lauterbrunnen	255 m		635 321/157 264	170
	Almenbachfall I	Kandersteg	78 m	197 m	616 657/148 956	191
	Almenbachfall II	Kandersteg	119 m	197 m	616 668/148 952	191
	Alpbachfall I	Meiringen	50 m	84 m	657 725/175 715	153
	Alpbachfall II	Meiringen	30 m	84 m	657 675/175 683	153
	Bärglifall	Kandersteg	50 m		622 208/150 323	193
	dr Falcherebach	Meiringen	125 m		655 945/174 600	158
	Dündenfall	Reichenbach im Kiental	59 m		624 360/154 885	185
	Färrichbachfall	Reichenbach im Kiental		74 m	627 829/157 591	182
	Flueseelifall	Lenk		126 m	604 327/140 292	199
	Fründefall Ost	Kandersteg	81 m	162 m	622 482/149 059	192
	Fründefall West	Kandersteg	81 m	162 m	622 470/149 101	192
	Geltenbachfall	Kandersteg	60 m		617 617/144 991	189
	Geltenbachfall	Lauenen	176 m		593 020/134 754	204
	Geltenschuss	Lauenen	100 m		592 238/135 828	202
	Giessbachfall I	Brienz	15 m		644 785/175 737	160
	Giessbachfall II	Brienz	33 m		644 783/175 765	160
	Giessbachfall III	Brienz	12 m		644 776/175 804	160
	Giessbachfall IV	Brienz	13 m		644 752/175 832	161
	Giessbachfall V	Brienz	24 m		644 743/175 868	161
	Giessbachfall VI	Brienz	12 m		644 738/175 893	161
	Giessbachfall VII	Brienz	20 m		644 734/175 927	162
	Giessbachfall VIII	Brienz	35 m		644 732/175 966	162
	Giessbachfall IX	Brienz	25 m		644 715/176 058	164
	Giessbachfall X	Brienz	16 m		644 704/176 082	164
	Giessbachfall XI	Brienz	8 m		644 574/176 101	164
	Giessbachfall XII	Brienz	11 m		644 475/176 167	164
	Grosser Reichenbachfall	Schattenhalb	110 m		656 863/173 856	154
	Gwindlibachfall	Reichenbach im Kiental	118 m		623 407/155 198	185
	Hohkienfall	Reichenbach im Kiental		350 m	627 682/157 221	182
	Holdrifall I	Lauterbrunnen	25 m		635 147/151 574	176
	Holdrifall II	Lauterbrunnen	13 m		635 266/151 747	176
	Iffigfall	Lenk	112 m		600 340/140 044	200
	Mattenbachfall	Lauterbrunnen		840 m	636 755/155 095	174
	Mülibachfall	Brienz	147 m		644 395/179 735	166
	Mürrenbachfall	Lauterbrunnen		417 m	634 982/156 149	171
	Oberer Engstligenfall	Adelboden	97 m	370 m	609 500/144 241	196
	Unterer Engstligenfall	Adelboden	165 m	370 m	609 510/144 484	196
	Oberer Fall	Reichenbach im Kiental	140 m		627 609/157 112	183
	Unterer Fall	Reichenbach im Kiental	51 m		627 418/157 203	183
	Oltschibachfall	Meiringen	140 m		651 635/175 780	158
	Pochtenfall	Aeschi bei Spiez	81 m		625 470/163 220	180
	Pochtenfall	Reichenbach im Kiental	13,5 m		624 506/155 141	184
	Schmadribachfälle	Lauterbrunnen		200 m	634 950/150 917	177
	Schwarzbachfall	Kandersteg	22 m		616 994/145 384	190
	Sefinenfall	Lauterbrunnen	65 m		634 950/154 515	–
	Simmenfall I	Lenk	9 m	18 m	603 659/141 472	198
	Simmenfall II	Lenk	9 m	18 m	603 614/141 483	198
	Spissbachfall	Lauterbrunnen	265 m		635 647/159 204	170
	Staldenbachfälle	Lauterbrunnen		630 m	636 620/154 700	175

Wasserfallliste

Kanton	Name	Ort	Stufenhöhe	Kaskadenhöhe	Koordinaten	Seite
BE	Staubbachfall	Lauterbrunnen	297 m		635 744/159 914	168
	Staubbachfall	Kandersteg	172 m		620 348/148 981	193
	Talbachfall	Lauterbrunnen	18 m		634 895/151 741	175
	Trüebbachfall	Lenk	48 m		604 321/139 012	199
	Trümmelbachfälle	Lauterbrunnen		140 m	636 560/157 594	172
	Wandelbachfall I	Meiringen	77 m		653 100/175 040	156
	Wandelbachfall II	Meiringen	52 m		653 109/175 101	156
	Wandelbachfall III	Meiringen	58 m		653 095/175 440	156
	Wandelbachfall IV	Meiringen	122 m		653 225/176 015	156
	Wildelsigfall I	Kandersteg		233 m	618 771/144 452	188
	Wildelsigfall II	Kandersteg		300 m	618 892/144 508	188
	Wisistüber	Kandersteg	103 m		625 422/145 965	187
GL	Bärglistüber	Linthal	44 m		717 065/196 415	94
	Brummbachfall	Braunwald	56 m		717 270/200 155	93
	Darlibachfall	Glarus	115 m		718 225/209 017	90
	Diesbachfall I	Betschwanden	44 m	108 m	721 490/200 663	95
	Diesbachfall II	Betschwanden	64 m	108 m	721 464/200 701	95
	Dunggellauifall	Glarus	114 m		716 460/208 548	90
	Laubenfälle	Elm		393 m	731 615/196 073	98
	Mattbachfall	Elm		139 m	726 342/195 185	98
	Oberer Jetzbachfall	Elm	75 m		728 546/192 325	99
	Unterer Jetzbachfall	Elm	42 m		728 709/193 131	99
	Sulzbachfall I	Glarus	24 m	116 m	714 131/209 940	89
	Sulzbachfall II	Glarus	42 m	116 m	714 111/209 876	89
	Sulzbachfall III	Glarus	50 m	116 m	714 108/209 841	89
	Tscholbodenfall	Glarus	163 m		719 210/209 231	90
	Überlauffall	Linthal		242 m	718 174/192 482	96
	Wannenbachfall	Elm	110 m		728 470/193 221	100
	Zillibachfälle	Linthal		186 m	716 997/198 671	93
GR	Alteiner Wasserfall I	Arosa	59 m	73 m	772 090/181 299	107
	Alteiner Wasserfall II	Arosa	14 m	73 m	771 998/181 305	107
	Aua da Fluaz I	Andiast	52 m	221 m	726 013/188 595	102
	Aua da Fluaz II	Andiast	62 m	221 m	726 101/188 576	102
	Aua dil mer	Pigniu		215 m	727 012/188 981	103
	Bärentritt I	Wiesen	9 m	39 m	774 801/174 651	108
	Bärentritt II	Wiesen	28 m	39 m	774 801/174 651	108
	Cascada da Pisch	Müstair	80 m		830 370/166 780	116
	Cascata da Schinellas	Silvaplana	72 m		782 187/147 017	114
	Cascata del Frott	Rossa	107 m		730 170/136 159	118
	Cascata del Groven	Lostallo		68 m	735 467/131 832	118
	Cascata del Rizeu	Mesocco	107 m		738 523/137 713	117
	Cascata della Buffalora	Mesocco		243 m	736 475/134 518	117
	Ducanfall I	Davos	25 m	63 m	784 538/175 839	110
	Ducanfall II	Davos	21 m	63 m	784 542/175 857	110
	Ducanfall III	Davos	11 m	63 m	784 545/175 877	110
	Innfall	Maloja		65 m	773 037/142 208	115
	Rofflafall	Andeer	11 m		751 780/160 728	106
	Schaftobelfall	Filisur	63 m		769 585/170 049	112
NE	Saut du Doubs	Les Brenets	17,2 m		544 970//215 381	214

Wasserfallliste

Kanton	Name	Ort	Stufenhöhe	Kaskadenhöhe	Koordinaten	Seite
OW	Dundelbachfall I	Lungern	77 m	150 m	654 049/182 270	151
	Dundelbachfall II	Lungern	57 m	150 m	654 088/182 209	151
	Lauifall	Lungern	156 m		652 400/181 011	152
	Tätschbachfall	Engelberg	60 m		677 020/184 380	149
SG	Berschner Fall	Berschis	46 m		745 805/218 935	72
	Giessenfall I	Nesslau-Krummenau	10,6 m		734 685/230 438	69
	Giessenfall II	Nesslau-Krummenau	7 m		734 232/231 074	69
	Giessenfall III	Nesslau-Krummenau	9,4 m		734 136/231 128	69
	Gsponbachfall	Quarten		75 m	733 118/214 936	78
	Hohbachfall	Weisstannen	189 m		743 615/205 073	83
	Isengrindfall	Weisstannen	230 m		739 677/202 687	86
	Murgbachfall	Quarten	57 m		731 115/211 272	79
	Muttenbachfall	Weisstannen	45 m		745 527/202 358	85
	Oberer mattbachfall	Weisstannen	65 m		738 384/203 242	87
	Unterer mattbachfall	Weisstannen	75 m		738 951/203 337	87
	Piltschinabachfall	Weisstannen	81 m		745 952/202 552	84
	Rinquellenfall	Amden	45 m		730 950/222 236	76
	Saarfall	Vilters	55 m		754 170/209 360	81
	Sässbachfall	Weisstannen	86 m		745 802/202 367	85
	Seerenbachfall I	Amden	50 m	585 m	731 271/222 436	74
	Seerenbachfall II	Amden	305 m	585 m	731 172/222 412	74
	Seerenbachfall III	Amden	190 m	585 m	731 003/222 311	74
	Thurwasserfall I	Unterwasser	13 m	23 m	741 926/229 650	68
	Thurwasserfall II	Unterwasser	10 m	23 m	741 922/229 644	68
	Wasserfall	Quarten	12,5 m		734 815/218 820	78
SH/ZH	Rheinfall	Laufen/Neuhausen	23 m		688 315/281 427	62
SZ	Bettbachfall	Muotathal	176,5 m		697 523/204 774	–
	Märenfall I	Muotathal	143 m	210 m	704 818/205 886	–
	Märenfall II	Muotathal	35 m	210 m	704 814/205 851	–
	Richitobelfall I	Illgau	150 m	210 m	699 100/204 624	–
	Richitobelfall II	Muotathal	40 m	210 m	698 976/204 534	–
TI	Cascata del Boschetto	Boschetto	47 m		689 573/128 538	130
	Cascata del Botto	Melano	68 m		720 830/877 795	119
	Cascata del Soladino	Someo	100 m		691 958/127 200	129
	Cascata della Crosa	Peccia	129 m		688 097/142 919	134
	Cascata delle Sponde I	Someo	94 m		692 664/128 128	128
	Cascata delle Sponde II	Someo	20 m		692 646/127 960	128
	Cascata delle Sponde III	Someo	95 m		692 558/127 818	128
	Cascata di Foroglio	Foroglio	108 m		685 106/136 108	132
	Cascata di Giumaglio	Giumaglio	53 m		696 063/125 555	127
	Cascata di Santa Petronilla I	Biasca	112.5 m		718 898/134 508	120
	Cascata di Santa Petronilla II	Biasca	48 m		718 703/134 557	120
	Cascata di Santa Petronilla III	Biasca	37 m		718 329/134 666	120
	Cascata di Val mött	Gerra (Verzasca)	52 m		705 350/130 180	124
	Cascata di Vergeletto	Vergeletto	13 m		690 123/120 058	125
	Cascata Grande	Bignasco	75 m		690 424/132 288	131
	Cascata Piumogna	Faido		43 m	704 154/148 118	–

Wasserfallliste

Kanton	Name	Ort	Stufenhöhe	Kaskadenhöhe	Koordinaten	Seite
TI	Foss Torrente I	Quinto	55 m	74 m	695 407/152 675	–
	Foss Torrente II	Quinto	14,5 m	74 m	695 370/152 626	–
	La Froda	Sonogno	100 m		702 552/133 710	124
	Salto	Maggia	61 m		697 822/122 997	127
UR	Grassenbachfall I	Attinghausen	130 m	209 m	680 268/182 834	148
	Grassenbachfall II	Attinghausen	60 m	209 m	680 279/182 945	148
	Hüfiquelle	Silenen	133 m		704 625/184 228	140
	Lägerenbachfall	Attinghausen		147 m	681 484/183 501	149
	Lämmerbachfall	Silenen		340 m	703 591/182 626	140
	Milchbachfäll	Silenen	73 m		702 734/182 995	137
	Sidensackfall	Silenen	100 m		702 337/182 726	137
	Stäuber (Stäubifall)	Unterschächen	100 m		705 390/191 085	142
	Stäuber I	Silenen	64 m	164 m	703 044/182 025	138
	Stäuber II	Silenen	57 m	164 m	702 993/182 056	138
	Stäuber III	Silenen	18 m	164 m	702 947/182 092	138
	Stäuber I	Attinghausen	26 m	54 m	681 272/185 311	146
	Stäuber II	Attinghausen	26 m	54 m	681 283/185 256	146
	Stüber	Isenthal	167 m		680 800/192 404	144
VD	Cascade du Dar	Les Diablerets	72 m		582 189/132 116	213
	Cascade du Dar	Les Diablerets	79 m		581 667/132 884	213
VS	Alpjerfall	Simplon	95 m		651 254/118 311	211
	Cascade de Bonavau I	Champéry	22 m	67 m	556 721/110 417	206
	Cascade de Bonavau II	Champéry	43 m	67 m	556 716/110 432	206
	Cascade de Pissevache I	Vernayaz	43 m	103 m	568 257/110 358	208
	Cascade de Pissevache II	Vernayaz	60 m	103 m	568 273/110 366	208
	Fellbachfall I	Saas Balen	90 m	158 m	638 155/111 790	209
	Fellbachfall II	Saas Balen	62 m	158 m	638 046/111 761	209
	Lagginafall Süd	Simplon		230 m	646 625/111 192	210
	Lagginafall Nord	Simplon		192 m	646 552/111 424	210
	Schwarzgletscherfall	Leukerbad	109 m		616 571/141 466	190

Glossar

Glossar wichtiger Begriffe im Zusammenhang mit Wasserfällen

Destruktiver Wasserfall	Wasserfall mit rückschreitender (flussaufwärtsgerichteter) Erosion
Einzelfall	Einzelner Wasserfall in einem Gewässer
Erosion	Die lineare Abtragung von Oberflächenmaterial, hier insbesondere die Tiefenerosion eines Fliessgewässers
Fallkante	Klar definierte Stelle in der Kopfzone des Wasserfalls, wo das Gewässer vom Fliessen ins Fallen wechselt
Fallmacher	Die harte Gesteinsschicht, über die ein Wasserfall herabstürzt
Fallquelle	Quellentyp, bei dem das aus einer Kluft oder einer Felsspalte austretende Wasser sofort als Wasserfall die stark geneigte bis senkrechte Felswand hinabstürzt
Fallzone	Bereich des Wasserfalls zwischen der Kopf- und der Prallzone, wo das Wasser entweder frei oder kaskadenartig fällt
freifallend	Bezeichnung für einen Einzelfall, der ohne Berührung der Felswand in die Tiefe stürzt; Gegenteil: kaskadenartig
Hängetal	Seitental des Trogtales, das durch einen kleineren Gletscher geformt wurde. Infolge der geringeren Erosionskraft des kleineren Gletschers besteht zwischen dem Ende des Hängetalbodens und dem Trogtalboden eine Steilstufe, die vom Gewässer im Wasserfall oder in der Klamm überwunden wird.
Kalktuff	Poröser Kalk, der durch die Ausfällung in einem Gewässer entsteht (auch Kalksinter genannt)
Kaskade	Ein senkrechter Absturz des Wassers über mehrere kurz aufeinanderfolgende Stufen, die durch eine kurze Fliessstrecke des Wassers getrennt sind
kaskadenartig	Bezeichnung für einen Einzelfall, der über mehrere direkt aufeinanderfolgende Stufen treppenartig abfällt (ohne Fliessstrecke zwischen den einzelnen Stufen); Gegenteil: freifallend
Katarakt	Eine durch grosse Blöcke oder Felsriegel gegliederte Stromschnelle, wobei das Wasser nicht fällt
Kavitation	Dampfblasenbildung an festen Oberflächen bei hohen Geschwindigkeiten des strömenden Wassers
Keilanbruch	Keilförmige Hohlform der Erosion im Lockermaterial oder weichen Festgestein in der Prallzone eines Wasserfalls
Kolk	Rundliche kessel- oder trichterförmige fluviatile Hohlform in der Prallzone; entsteht durch Kavitation und Tiefenerosion
Konsequenter Wasserfall	Destruktiver Wasserfall, der durch geologische, glaziologische, geomorphologische oder andere hydrologische Prozesse entstand

Glossar

Konstruktiver Wasserfall	Wasserfall, der an die Kalziumkarbonat-Ausfällung gebunden ist und allmählich flussabwärts wandert
Kopfzone	Oberster Bereich des Wasserfalls oberhalb der Fallzone, wo das Gewässer vom Fliessen ins Schiessen und ins Fallen übergeht
Morphologie	Lehre von der äusseren Form oder Gestalt in der Geowissenschaft.
Prallzone	Unterster Bereich des Wasserfalls unterhalb der Fallzone, wo das Wasser aufprallt und sich wieder zu einem Gewässer sammelt (Merkmale: Nässe oder hohe Feuchtigkeit, eingeschränkte Vegetation)
Radialwind	Lokales Windsystem, ausgelöst durch die Abwärtsbewegung des fallenden Wassers. Breitet sich vom Aufprallpunkt ausgehend kreisförmig aus
Reliefenergie	Höhenunterschied zwischen dem höchsten und dem tiefsten Punkt in einem bestimmten Einzugsgebiet
Rückschreitende Erosion	Spezialform der Erosion, die durch die allmähliche Erosion des Fallmachers oder der Wasserströmungen im Kolk eines Wasserfalls bedingt ist und zu einer Aufwärtswanderung des Wasserfalls führt
Schiessgerinne	Erosionsform in stark geneigten Fliessgewässerabschnitten. Entsteht dadurch, dass die Fliessgeschwindigkeit des Wassers grösser ist als die Geschwindigkeit der Grundwelle
Stufe	Der einzelne Wasserfall innerhalb einer Kaskade
Subsequenter Wasserfall	Wasserfall, dessen Gefällsbruch durch die Tiefenerosion des Wassers freigelegt wurde
Sukzession	Die Abfolge von verschiedenen Entwicklungsstadien einer Pflanzen- oder Tiergemeinschaft. Hier im räumlichen Sinn
Tiefenerosion	Spezialform der Erosion in einem Fliessgewässer, die eine Einebnung von Höhenunterschieden im Gewässerlauf zur Folge hat
Trogtal	Postglaziale Talform, geschaffen durch die Erosionskraft des Gletschers mit beidseitig steilfelsigen Talhängen und einem im Querschnitt gerundeten Talboden
Wasserfall	Ein senkrechter Absturz des Wassers über eine Stufe
Wasserfalltyp	Gleiche oder ähnliche Wasserfälle, die zu Gruppen (Typen) zusammengefasst wurden; hier nach morphologischen Kriterien. Es werden sieben Typen unterschieden.

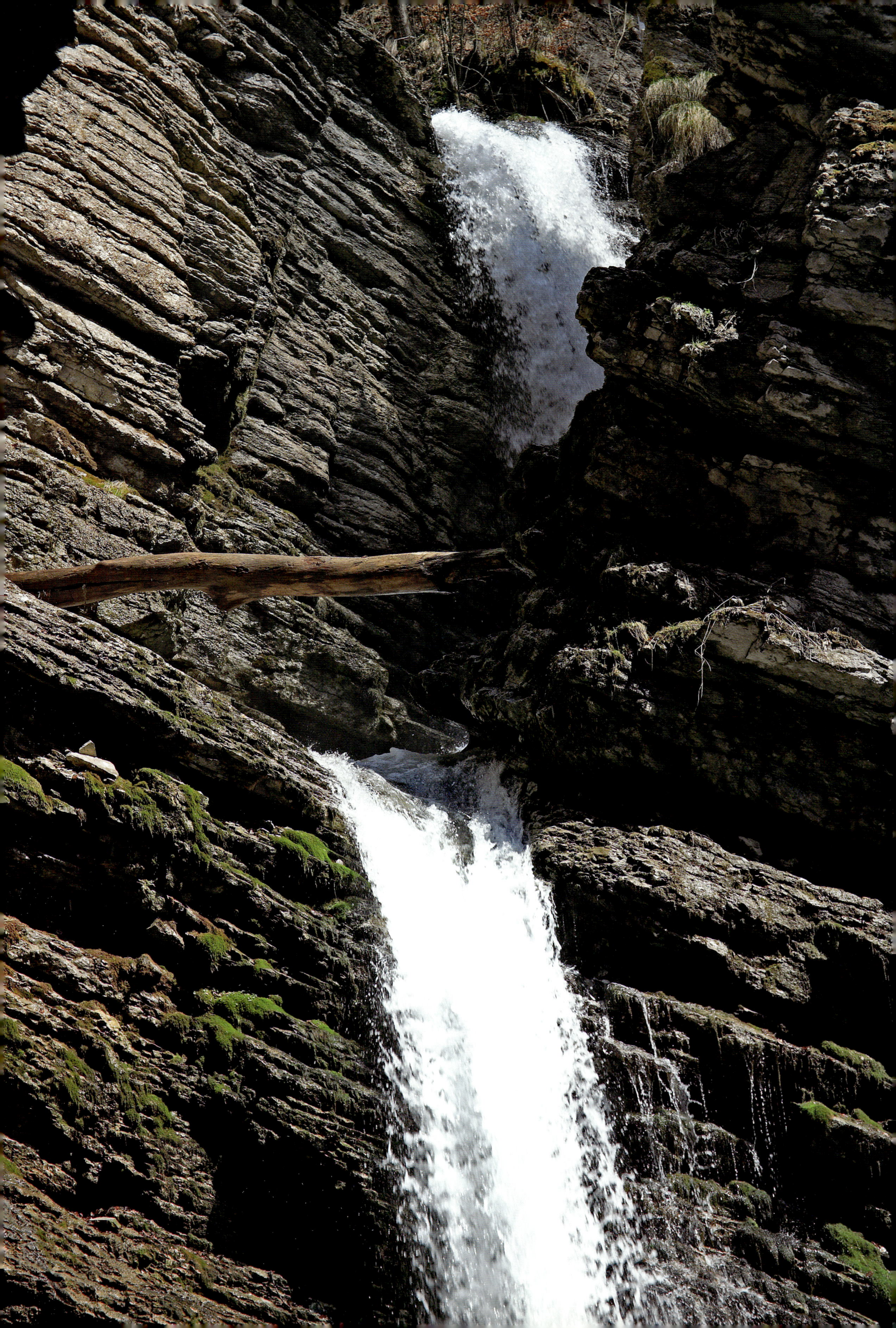

Autoren/Sponsoren

Florian Spichtig

In Obwalden geboren und aufgewachsen, Studium der Geografie, Geologie und Allgemeinen Ökologie an der Universität Bern. Diplomarbeit über die Wasserfälle der Schweiz. Wissenschaftlicher Mitarbeiter in einem auf Naturgefahren spezialisierten Forstingenieurbüro im Kanton Obwalden. Seit 2006 als selbstständiger Wissenschaftler tätig.

Christian Schwick

In Biel geboren und aufgewachsen, Grundstudium der Astronomie und Physik und Studium der Geografie, Allgemeinen Ökologie und Erdwissenschaften an der Universität Bern. Diplomarbeit über die Wasserfälle der Schweiz. Wissenschaftlicher Mitarbeiter an der Forschungsanstalt für Wald, Schnee und Landschaft (WSL), freier Mitarbeiter an der Professur für Natur- und Landschaftsschutz an der Eidgenössisch Technischen Hochschule Zürich (ETHZ). Seit 2004 selbstständiger Wissenschaftler.

Die Geografen schwick + spichtig vermassen unter anderem den höchsten Wasserfall der Schweiz, den Seerenbachfall II am Walensee, und gewannen im August 2006 den Swiss Mountain Water Award 2006 mit ihrem Projekt waterfall.ch.

www.waterfall.ch

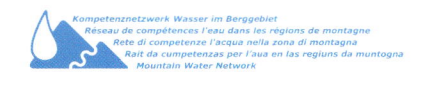

Links: Thurwasserfälle, Unterwasser SG
Seite 224: Alpbachfälle, Meiringen BE

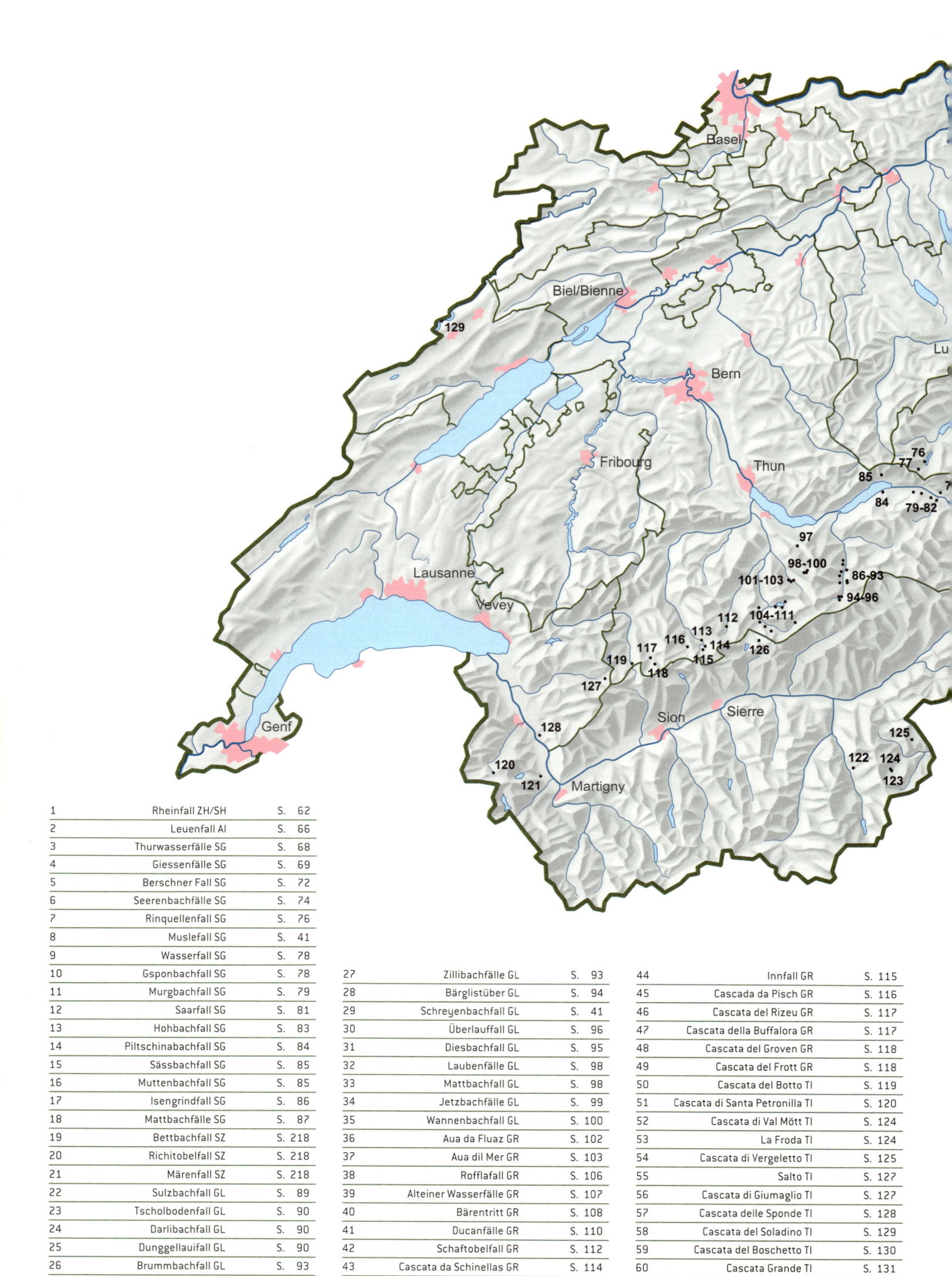

1	Rheinfall ZH/SH	S. 62
2	Leuenfall AI	S. 66
3	Thurwasserfälle SG	S. 68
4	Giessenfälle SG	S. 69
5	Berschner Fall SG	S. 72
6	Seerenbachfälle SG	S. 74
7	Rinquellenfall SG	S. 76
8	Muslefall SG	S. 41
9	Wasserfall SG	S. 78
10	Gsponbachfall SG	S. 78
11	Murgbachfall SG	S. 79
12	Saarfall SG	S. 81
13	Hohbachfall SG	S. 83
14	Piltschinabachfall SG	S. 84
15	Sässbachfall SG	S. 85
16	Muttenbachfall SG	S. 85
17	Isengrindfall SG	S. 86
18	Mattbachfälle SG	S. 87
19	Bettbachfall SZ	S. 218
20	Richitobelfall SZ	S. 218
21	Märenfall SZ	S. 218
22	Sulzbachfall GL	S. 89
23	Tscholbodenfall GL	S. 90
24	Darlibachfall GL	S. 90
25	Dunggellauifall GL	S. 90
26	Brummbachfall GL	S. 93
27	Zillibachfälle GL	S. 93
28	Bärglistüber GL	S. 94
29	Schreyenbachfall GL	S. 41
30	Überlauffall GL	S. 96
31	Diesbachfall GL	S. 95
32	Laubenfälle GL	S. 98
33	Mattbachfall GL	S. 98
34	Jetzbachfälle GL	S. 99
35	Wannenbachfall GL	S. 100
36	Aua da Fluaz GR	S. 102
37	Aua dil Mer GR	S. 103
38	Rofflafall GR	S. 106
39	Alteiner Wasserfälle GR	S. 107
40	Bärentritt GR	S. 108
41	Ducanfälle GR	S. 110
42	Schaftobelfall GR	S. 112
43	Cascata da Schinellas GR	S. 114
44	Innfall GR	S. 115
45	Cascada da Pisch GR	S. 116
46	Cascata del Rizeu GR	S. 117
47	Cascata della Buffalora GR	S. 117
48	Cascata del Groven GR	S. 118
49	Cascata del Frott GR	S. 118
50	Cascata del Botto TI	S. 119
51	Cascata di Santa Petronilla TI	S. 120
52	Cascata di Val Mött TI	S. 124
53	La Froda TI	S. 124
54	Cascata di Vergeletto TI	S. 125
55	Salto TI	S. 127
56	Cascata di Giumaglio TI	S. 127
57	Cascata delle Sponde TI	S. 128
58	Cascata del Soladino TI	S. 129
59	Cascata del Boschetto TI	S. 130
60	Cascata Grande TI	S. 131